◎湖南省教育科学规划课题（XJK20AXX002、XJK20CXX001）研究成果
◎湖南科技大学学术著作出版基金资助

"互联网+"背景下教育智力资源共享的机制研究

Research on the Mechanism of Educational Intelligence Resources Sharing under the Background of "Internet +"

张进良　著

中国矿业大学出版社
China University of Mining and Technology Press
·徐州·

图书在版编目（CIP）数据

"互联网+"背景下教育智力资源共享的机制研究／张进良著．—徐州：中国矿业大学出版社，2022.11

ISBN 978-7-5646-5658-4

Ⅰ.①互… Ⅱ.①张… Ⅲ.①教育资源－资源共享－研究 Ⅳ.① G40-054

中国版本图书馆 CIP 数据核字(2022) 第 222202 号

书　　名	"互联网+"背景下教育智力资源共享的机制研究 "Hulianwang +" Beijing xia Jiaoyu Zhili Ziyuan Gongxiang de Jizhi Yanjiu
著　　者	张进良
责任编辑	李　敬
出版发行	中国矿业大学出版社有限责任公司 （江苏省徐州市解放南路 邮编 221008）
营销热线	（0516）83885370　83884103
出版服务	（0516）83995789　83884920
网　　址	http://www.cumtp.com　　E-mail　cumtpvip@cumtp.com
印　　刷	湖南省众鑫印务有限公司
开　　本	710 mm×1000 mm　1/16　印张 16.5　字数 286 千字
版次印次	2022 年 11 月第 1 版　2022 年 11 月第 1 次印刷
定　　价	98.00 元

（图书出现印装质量问题，本社负责调换）

张进良 教育技术学博士，副教授，硕士生导师，现任湖南科技大学教育学院副院长，湖南省"十四五"教育科学研究基地"教育信息化研究基地（技术应用方向）"常务副主任，主要研究领域为教育大数据分析、农村教育信息化等，在《电化教育研究》《中国电化教育》《中国教育报》等刊物上发表论文50余篇（其中，CSSCI来源期刊为20篇），主持省部级以上项目8项。获湖南省第五届基础教育教学成果奖二等奖、湖南省第十三届高等教育教学成果奖三等奖各一项。

前 言

我国已进入"互联网+"时代,人们对教育的追求已经转向优质、个性化的教育,对优质智力资源的需求越来越强。但是我国优质教育资源配置依然欠佳,政府在党的二十大报告等多个文件中分别强调"办好人民满意的教育""探索'互联网+'新型教育服务模式""加快义务教育均衡发展"等问题。因此顺应"互联网+"时代潮流,构建促进教育智力资源常态化共享的机制,既是符合新时代我国深化教育体制机制改革的要求,也是实施《教育信息化2.0行动计划》中"教育大资源共享计划"的时代课题。

本书综合运用教育生态学、教育技术学等学科理论和思想方法,以信息化促进教育优质均衡发展与教育公平为价值追求,按照"理论—定性—理论"的研究范式,聚焦"教育智力资源共享服务生态构建"和"教育智力资源共享的机制"两大主题。其主要内容包括以下六章。

第一章主要阐释了本书的缘起、研究目标、研究意义,界定了相关概念,厘清研究思路与研究方法。

第二章主要对"互联网+"教育智力资源共享的研究现状进行述评,包括"互联网+教育"、智力资源共享机制等方面。

第三章从理论的视角,采用文献研究法和理论归纳法对教育智力资源的内涵、"互联网+"教育智力资源共享的特征、原则、价值及利益相关者分析模型进行研究。

第四章主要是案例分析,分别从教育体制内外选取了湖南省中小学网络联校等四个教育智力资源共享的案例,从案例描述、案例分析、案例小结三大维度,分析共享主体、共享中介、需求主体和政府四类主体的职责及利益诉求之间存在的问题和采用的机制,并分析每个案例对共享机制构建的启示。

第五章基于前述理论研究、案例分析的研究结论,从构建依据、构建原则和构建过程三个方面设计了共享机制的构建思路,并构建了由宏观层面和微观层面构成的教育智力资源共享的机制体系。最后,从构建"互联网+"教育智力资源共享服务生态、建立智力资源共享的机制、重构教师和学习者评价体系三个方面提出了促进教育智力资源共享常态化的政策建议。

  第六章基于对研究的回顾与反思,总结了本书的主要研究成果,预测了未来教育智力资源共享研究的发展趋势。

目录

第一章　绪论 …… 1
第一节　研究缘起 …… 1
第二节　研究目标与研究意义 …… 8
第三节　研究内容与概念界定 …… 10
第四节　研究思路与研究方法 …… 14
本章小结 …… 16

第二章　教育智力资源共享研究述评 …… 17
第一节　"互联网+教育"相关研究 …… 17
第二节　智力资源共享相关研究 …… 25
第三节　"互联网+"教育智力资源共享相关研究 …… 48
第四节　对本书的启示 …… 50
本章小结 …… 52

第三章　教育智力资源共享的理论框架构建 …… 53
第一节　教育智力资源的概念界定 …… 53
第二节　教育智力资源共享的理论内涵 …… 66
第三节　"互联网+"对教育智力资源共享的支持 …… 81
第四节　教育智力资源共享的利益相关者分析 …… 86
本章小结 …… 99

第四章　"互联网+"背景下教育智力资源共享案例分析 …… 101
第一节　案例分析方案设计 …… 101
第二节　促进两岸文化交流的跨区域教育智力资源共享 …… 108

第三节 助推学生个性化发展的区域教育智力资源共享 …………… 118
第四节 促进小规模学校发展的城区教育智力资源共享 …………… 132
第五节 促进区域教育优质均衡发展的名校教育智力资源共享 …… 154
第六节 案例分析总结 ……………………………………………… 169
本章小结 …………………………………………………………… 174

第五章 "互联网+"背景下教育智力资源共享机制构建 ……………… 175
第一节 教育智力资源共享机制的障碍分析 ……………………… 176
第二节 教育智力资源共享机制的构建思路 ……………………… 177
第三节 宏观层面的教育智力资源共享机制 ……………………… 183
第四节 微观层面的教育智力资源共享机制 ……………………… 193
第五节 促进教育智力资源共享常态化的建议 …………………… 236
本章小结 …………………………………………………………… 238

第六章 结论与展望 ……………………………………………………… 241
第一节 研究结论 …………………………………………………… 241
第二节 研究创新 …………………………………………………… 243
第三节 研究展望 …………………………………………………… 244

附录 ………………………………………………………………………… 245
附录1："互联网+"教育智力资源共享访谈提纲（面向教育管理人员）…… 245
附录2："互联网+"教育智力资源共享访谈提纲（面向校长、主任）…… 246
附录3："互联网+"教育智力资源共享访谈提纲（面向教师）……… 247
附录4：教育智力资源共享机制专家咨询问卷（第一轮）…………… 248
附录5：教育智力资源共享机制专家咨询问卷（第二轮）…………… 250

后记 ………………………………………………………………………… 253

第一章 绪 论

第一节 研究缘起

随着科技进步与信息技术的日新月异，人类由工业社会逐渐步入信息社会。信息社会是以人的知识、能力与智力为本的社会，智力资源是信息社会的第一资源，是社会经济增长的主要动力。智力资源作为一种特殊的教育资源，在当今社会优质教育资源匮乏、优秀教师资源结构性短缺的形势下，对社会进步和文化传承有着特殊的作用，已成为教育领域中重要的战略资源，智力资源共享对促进教育优质均衡发展具有重要作用。但是，由于智力资源具有主体依附性和环境依附性，不同区域、不同学校的智力资源存在分布不均、配置不合理等现象。如何利用"互联网+"手段，打通智力资源共享的壁垒，是当前教育领域必须要解决的主要问题之一。

一、我国教育已步入"互联网+"新纪元

我国已经步入移动互联网时代，以移动互联网等技术驱动的信息技术集群正在与社会各领域深度融合，成为促进我国社会转型的重要推动力[1]，中国进入"互联网+"时代。这是一个数字化、网络化、智能化的大连接时代，也是一个创新驱动与品质发展、高质量发展的时代。"互联网+"促进传统学校教育的改革与发展，给教育带来更大发展空间的同时也提出了诸多挑战。人们对教育需求的层次提高，进入高品质教育诉求时代，人们对教育的需求变化加速并日趋个性化、多样化，人们对教育的价值诉求不再是单一的知识诉求，而是一体化的体验价值、整体价值诉求，办好人民满意的教育呼声越来越强。

---

[1] 中国互联网络信息中心.第40次中国互联网络发展状况统计报告[R/OL].（2017-08-04）[2023-01-20]. http://www.cac.gov.cn/2017-08/04/c_1121427728.htm.

2015年5月22日，国家主席习近平在《致国际教育信息化大会的贺信》中指出，要通过教育信息化，逐步缩小区域、城乡数字差距，大力促进教育公平[①]。《教育信息化2.0行动计划》指出，要构建一体化的"互联网+教育"大平台，实施教育大资源共享计划。我国教育信息化已经从利用信息技术提质增效阶段发展到深层融合、机制创新阶段，需要调动全社会特别是产业界的力量，实现从教育质量向大资源转变，"构建'互联网+'人才培养新模式"，"探索'互联网+'新型教育服务模式"，促进教育优质均衡发展。

二、优质教育资源供给不足问题依然存在

教育均衡发展是世界教育发展的主旨之一，"教育公平与全民优质教育"是21世纪以来联合国教科文组织的终极目标。美国"连接教育"计划将随时随地为每一位师生提供可用数字教育资源确定为四大目标之一[②]。《国家中长期教育改革和发展规划纲要（2010—2020年）》明确指出，实现全民优质教育是我国教育改革与发展的最终目标[③]。党的十九大报告强调要"办好人民满意的教育"，能够实现优质资源共享是人民满意的教育的必要条件之一。《国务院关于统筹推进县域内城乡义务教育一体化改革发展的若干意见》（国发〔2016〕40号）中强调，教育要从"基本均衡"到"优质均衡"。《中共中央 国务院关于深化教育教学改革全面提高义务教育质量的意见》中提出，推进"教育+互联网"发展，建立覆盖义务教育各年级各学科的数字教育资源体系，为农村地区、边远贫困地区学校免费供给优质学习资源，促进城乡义务教育一体化发展。

促进教育优质均衡发展的根本措施是合理配置教育资源。虽然我国已经通过诸多手段在一定程度上促进了教育均衡发展，但是还存在很多问题。随着义务教育的基本普及，广大人民群众对优质教育资源的需求大大增加，教育领域主要矛

---

① 习近平.建设"人人皆学、处处能学、时时可学"的学习型社会[EB/OL].（2015-05-23）[2023-01-20].http://news.cnr.cn/native/gd/20150523/t20150523_518620985.shtml.

② 郭绍青，张进良，贺相春.美国K-12开放教育资源：政策、项目与启示[J].电化教育研究，2016，37（7）：122-128.

③ 周全，李云星.教育公平与教育质量："华东地区教育学博士学术论坛"综述[J].基础教育，2012，9（3）：123-128.

盾表现为人民群众对高质量教育的热切期盼与优质教育资源严重短缺且发展不均衡[①]。"上好学、读好书"成为人们对教育的新诉求,"入园难""择校热""大班额""留学热"等教育现象折射出优质教育资源配置不合理。在我国城乡之间、经济发展水平不同的区域之间,存在着明显的优质教师智力资源不均衡现象,农村学校尤其是地处偏远地区的农村教学点师资短缺,义务教育教师结构性短缺问题突出。教育资源包括人力资源、物力资源和教育信息资源等,其中作为特殊人力资源的教师智力资源,是信息时代重要的战略资源,为其他教育资源的建设与应用提供了源泉,属于优质教育资源的范畴,也是所有教育资源中最难以均衡配置的内容。从总体上来讲,我国教育领域中优质智力资源总量不足、供给不均衡,优质智力资源共享的有效机制尚未形成。

从本质上来讲,优质教育资源不足,属于教育供给侧问题,即教育供给不公平,主要是由于优质教育智力资源总量不足以满足人们的需求。面对当前人民对获得更好教育期盼与优质教育资源配置不合理之间的矛盾,革除教育体制机制障碍,创新教育体制机制,为实现教育现代化提供有力的制度支撑和保障,是当前教育信息化领域必须直面的课题。《2019年国务院政府工作报告》指出,发展"互联网+教育",明确了通过教育信息化实现优质教育资源共享、推进教育现代化的前瞻性。因此,如何充分利用"互联网+"构建虚实融合的学习空间,让教师等智力资源进驻网络学习空间,打破教育智力资源供给和配置的时空限制,使得教育智力资源能够有效流动,增强优质教育智力资源的辐射力,促进教育供给侧改革,是满足人们个性化教育需求和办好人民满意教育的必然选择。

三、"互联网+"教育智力资源共享现象渐显

我国教育发展不均衡的问题,如果按照常规途径解决,需要漫长的过程。"互联网+"集成移动互联技术、云计算、大数据等新型信息技术,不仅为人们共享智力资源提供了技术支持,也为人类构建了虚实融合的生存空间。"互联网+"秉持"开放、平等、共享"的精神特质,能突破时空限制,打破地区、学校、师生间的阻隔,以低成本、高效率的方式促进优质教育资源向农村和边远地区共享,促进教

---

① 钟秉林.解决教育发展不平衡不充分的根本途径是什么? [EB/OL].(2018-09-08)[2023-01-22].http://mp.weixin.qq.com/s/4kMmU6bSeDw5xS1Otz_aew.

育公平。"互联网+"是缓解优质资源不均、促进教育公平与提升教育质量的有效途径。党的十八届三中全会提出了"充分利用信息化手段扩大优质教育资源覆盖面，并构建其有效机制，逐步缩小校际、城乡、区域差距，从而促进教育公平"的战略部署[①]。伴随着"互联网+"发展与"网络学习空间人人通"的深入应用与发展，网络学习空间能够联通教师等智力资源主体，为优质智力资源的共享提供便捷通道，能够为教育体制内外的行业专家、教师、学生、家长架起资源共享的"立交桥"，为智力资源共享提供有效支持，教师在线上线下混合的教学环境中提供教学服务，学生在混合式学习环境中得到个性化发展[②]。《地平线报告》(2018高教版)指出，当今全球环境通过技术紧密地联系在一起，越来越多的机构联合起来，将他们的智力资本结合起来，或者在战略上与本领域的创新保持一致[③]。

近年来，已经出现了一些个人或组织借助"互联网+"共享智力资源的现象，并受到家长和学生的认可。

（一）通过同步课堂共享智力资源，促进教育均衡发展

通过网络直播平台，发达地区的优质教师给本校和远端的学生同步上课，这被称为"双师课堂"或"同步课堂"。如汤敏教授牵头的"双师教学"，将中国人民大学附属中学优秀教师的智力资源通过远程同步教学系统实时传递给云南偏远乡村学校，是近两年来比较普遍的一种"互联网+"智力资源共享模式，如成都的"捆绑模式"、湖南的"网络联校"、广东的"互联网+"优课等，这种基于互联网的跨区域、跨校的资源共享模式，通过深度共享教师智力资源以及优质教师在线陪伴式的教学示范或服务，促进薄弱地区的教师专业发展，能够在一定程度上改变教育发展不均衡的现状，为"互联网+"时代教育均衡提供有效解决方案。

[①] 中国共产党第十八届中央委员会第三次全体会议公报[EB/OL].（2013-11-12）[2023-01-20]. http://www.xinhuanet.com//politics/2013-11/12/c_118113455.htm.

[②] 张进良，郭绍青，贺相春.个性化学习空间（学习空间V3.0）与学校教育变革：网络学习空间内涵与学校教育发展研究之五[J].电化教育研究，2017，38（7）：32-37.

[③] BECKER S A, BROWN M, DAHLSTROM E, et al. NMC horizon report: 2018 higher education edition[M]. Colorado: educause, 2018.

（二）通过在线辅导共享智力资源，促进学习者个性化发展

2016年12月，"北京市中学教师开放型在线辅导计划"面向全市中学教师招募在线辅导教师，为试点的通州区31所学校的初一、初二年级学生提供在线教育服务，旨在促进骨干教师智力资源的网络流动，为郊区、薄弱学校的孩子提供智力服务，既促进了教育均衡，又解决学生个性化学习问题。专注于外教一对一的51Talk无忧英语，首创"外教一对一，在线学英语"的互联网学习模式，以优质的外籍师资、经济实惠的价格和全球专家研发的专业英语课程赢得了数万名英语学习者的认可和好评[①]。

曾经网络在线授课、在线教师家教等平台颇受追捧。教育体制外有不少教师利用互联网手段开展课外辅导和教学，并且受到学生和家长的好评，成为"网红教师"。这些老师独立于教育体制之外，所以将其称为"独立教师"。上海的项恩炜教师和浙江的郭初阳教师等就是独立教师的代表，这些老师利用互联网手段为提供课外的有偿教育服务，这是一种典型的"互联网+"智力资源共享现象，不仅促进了教育公平，也满足了学生个性化发展。当然，不是正式教师的普通"草根"也可以通过网络向他人提供智力服务，这就是"互联网+"新现象——"草根"服务"草根"，可汗学院也是其中的典型代表。

（三）通过网络共同体共享智力资源，促进教师专业发展

2015年9月，重庆市第二十九中学校启动了"千校共建教育云"工程，将名校与重庆市偏远地区学校联合起来，构建了慧学工作坊及创客教育联盟等教学共同体，以"孵化未来教师"为出发点，引入校外智力资源，采用双师课堂和同步研修模式，从而带动本地区的教师专业发展。

这三种教育现象有一个共同特点——利用"互联网+"手段促进智力资源共享，功能分别指向个性化学习、教师专业发展和教育均衡发展，从时间维度来看，已实现了课前、课中和课后的全时段覆盖。事实上，体制之外的"互联网+"智力资源共享，已经得到不少家长和学生的认可，学而思一对一网络辅导模式甚至成为学生选择名校的重要手段。体制外的"独立教师""网络教师""网红教师"等已经成为教育资源的有效组成部分，从事着教书育人的工作。这种教育现象更

---

① 51talk. 51talk 简介 [EB/OL]. （2011-11-10）[2023-01-21]. http://www.51talk.com/page/about/.

多关注学生的受益，尤其是"三区三州"等薄弱地区的学生，可以以低廉的成本获得最优质的智力资源服务。

但是，这些现象与现有的教育体制机制不相适应，2016年3月29日，一名物理老师在线教物理一小时收入一万八千元引争议[①]，由此引发了"冰火两重天"般的讨论。有人认为，在不影响本职工作的前提下，公办学校教师通过网络提供相关的辅导、授课应该被许可。宁波政府部门提倡并鼓励这种行为，如宁波教育界淘宝网于2016年暑假开通，允许教师在线授课并获取相应报酬。但也有人持明显的反对态度，如南京市教育部门一负责人表示，"网络辅导"属于"在校外民办教学机构兼职从事学科教学、文化补习并从中获取报酬"一类，应被禁止。

四、项目研究的启发

在教育部—中国移动科研基金项目"网络学习空间内涵与应用模式实证研究"的研究过程中，研究团队发现，随着移动互联技术驱动的技术交叉融合，数字教育资源产生新的变化，优质智力资源作为一种独特的资源类型，进驻网络学习空间等"互联网＋"教育服务平台，并且出现新的发展态势。这一研究发现激发了本人的研究兴趣，导师建议本人关注"教育智力资源共享"的相关教育现象，并且重点分析了为了促进优质智力资源合理流动，构建与之相适应的教育机制，这也是开展本研究的重要缘由之一。

五、问题提出

《中国教育现代化2035》中提出，教育要基本实现现代化，难点和重点在农村。在我国，由于东西部之间、城乡之间的经济发展水平存在差异，地域之间、城乡之间义务教育资源配置严重失衡，也是现阶段中国教育发展面临的最严峻问题，导致农村教育存在发展不理想的态势，并已成为满足人们日益强烈的对优质、个性化教育需求的主要瓶颈问题[②]。可喜的是，国家非常重视此问题，中共中央、国务院在《乡村振兴战略规划（2018—2022年）》中指出，积极发展"互联网＋教育"，优化

[①] 谷玥.公职老师网络授课赚钱引争议有人每小时收入过万[EB/OL].（2016-04-22）[2023-101-20].https://www.sohu.com/a/70854134_119826.

[②] 中国教育报评论员.坚持以人民为中心发展教育：六论学习贯彻习近平总书记全国教育大会重要讲话精神[N].中国教育报，2018-09-18（1）.

第一章 绪 论

数字教育资源公共服务体系。党的十九届四中全会提出，必须健全幼有所育、学有所教等方面国家基本公共服务制度体系，构建服务全民终身学习的教育体系。

因此，应该把研究目光投向农村，帮助农村提高教育质量，促进教育公平，让农村的孩子能享有公平而有质量的教育。要充分利用信息技术，把优质的教育资源输送到农村去，丰富农村的教育资源[①]。

资源共享是缓解教育资源配置问题，实现教育均衡发展的必然选择[②]。在"互联网+"时代，智力资源已成为重要的教育资源，学习者学习知识机会大大增多且趋于免费，但其对个性化辅导等需求正在增加，如何围绕用户的资源需求，借助"互联网+"探索智力资源共享的有效手段，使教育智力资源的应用效能最大化，是新时期我国教育体制创新的新思维[③]，同时也是"基本实现教育信息化对教育创新发展、均衡发展、优质发展的提升作用等"教育信息化发展目标的必然选择。

《中华人民共和国教育法》中指出，促进教育公平、提升教育质量，教师是关键。教师是教育资源之核心，是办好人民满意教育的中坚力量。优秀师资作为一种特殊的教育资源，是农村等薄弱地区教育最短缺、最迫切需要的。近年来，我国不同地区采取了送教下乡、顶岗实习等教育智力资源共享形式，以缓解农村优质师资资源不足的问题，但这不能短期内从根本上解决优质智力资源短缺的问题。如何有效利用"互联网+"手段探索优质智力资源服务的新模式与新机制，是我国教育信息化领域必须面对问题。《中共中央关于全面深化改革若干重大问题的决定》强调：构建利用信息化手段扩大优质教育资源覆盖面的有效机制[④]。国务院在《中国教育现代化2035》中指出：创新教育服务业态，建立数字教育资源共建共享机制。全国各地区、体制内外都在积极探索教育智力资源共享新模式和新机制，有体制内共享、企业与事业单位合作提供共享等，共享主体复杂、共享平台各异、共享情境多样、共享需求多元，这些教育智力资源共享实践与现行的教

---

① 顾明远.教育工作者要把眼光投向农村[R].中国教育三十人论坛，2019-12-08.

② 马费成，胡昌平.信息化与信息资源管理：2002信息化与信息资源管理学术研讨会论文集[M].北京：科学技术文献出版社，2003.

③ 徐刘杰.我国教师流动政策研究的知识图谱分析[J].数字教育，2018，4（6）：7-12.

④ 中共中央国务院.中共中央关于全面深化改革若干重大问题的决定[EB/OL].（2013-11-15）[2023-01-20]. http://www.scio.gov.cn/zxbd/nd/2013/document/1374228/1374228.htm.

育体制机制之间存在少许不适应，如何分析不同的教育智力资源共享情境下利益相关者的职责与利益诉求，确定各利益相关者的相互关系，创新教育智力资源共享机制，是本研究必须要解决的问题之一。

鉴于此，本书聚焦如何保证"互联网+"背景下教育智力资源的常态化、高质量共享。关注以下两个主要问题：如何借助"互联网+"构建教育智力资源服务生态以及如何实现共享智力资源常态化，保证教育智力资源共享的质量。现对以上两个问题分解如下。

（一）如何构建教育智力资源服务生态

什么是教育智力资源共享？共享主体是什么？教育智力资源共享具有什么特征与价值？应遵循什么原则？"互联网+"背景下教育智力资源共享的服务生态是什么？

（二）如何实现教育智力资源共享常态化

在智力资源共享过程中，为了确保教育智力资源的高质量共享，如何规范教育智力资源共享？各利益相关者到底应该如何发挥作用？存在哪些问题？需要构建哪些智力资源共享机制？如何优化这些机制、提升智力资源共享的效益？

第二节　研究目标与研究意义

一、研究目标

在广泛查阅和分析国内外"互联网+教育"、教育智力资源共享相关文献的基础上，综合运用教育经济学、教育技术学、教育生态学等相关学科的理论和方法，系统研究"互联网+"背景下教育智力资源共享的理论与实践。具体研究目标如下：

系统梳理国内外关于智力资源共享的相关文献，从"互联网+"促进教育优质均衡发展的角度，从定义、主体、特征和价值等维度对智力资源共享的内涵进行诠释。

在对教育智力资源共享现象分析基础上，运用教育生态学、复杂系统理论、利益相关者的理论与方法，分析教育智力资源共享过程中的利益相关者，构建教育智力资源共享的利益相关者关系模型。

· 第一章 绪　论 ·

从全国范围内选取专递课堂、同步课堂、名师课堂、在线辅导等代表性的教育智力资源共享案例，从案例描述、案例分析和案例总结三个方面对每一个案例进行梳理，深入分析每个案例中智力资源共享的各利益相关者的关系与职责、存在的问题及其需要构建的机制等，并对案例进行归类分析，初步构建"互联网+"背景下教育智力资源共享的机制。

基于案例分析部分对共享机制构建的启示，初步构建教育智力资源共享的机制，并经过专家咨询后对共享机制进行修正，最终总结归纳教育智力资源共享机制。

二、研究意义

本书将研究"互联网+"教育智力资源共享的典型现象，梳理"互联网+"背景下教育智力资源共享的典型做法，构建"互联网+"背景下教育智力资源共享机制，既有一定的理论意义，又具有一定的参考价值和指导作用。

（一）理论研究意义

1. 有助于深化"互联网+教育"理论内涵

从"互联网+"促进教育供给与服务创新的角度，分析"互联网+"对智力资源共享提供的支持作用，探索"互联网+"背景下教育智力资源共享的理论框架、共享机制，这些研究成果会深化"互联网+教育"的理论内涵。

2. 有助于丰富数字教育资源的理论内容

梳理教育领域中智力资源的内涵、智力资源共享的价值、智力资源的共享主体、智力资源共享的机制等，这些研究成果在一定程度上对数字教育资源的理论内容进行补充，丰富数字教育资源的理论内容。

3. 为国家制定教育智力资源共享政策提供借鉴

本研究中构建的教育智力资源共享机制体系，对于国家构建教育智力资源生态系统，制定教育智力资源常态化、高质量共享的政策提供依据。

（二）实践研究价值

1. 为教育领域内开展智力资源共享提供有价值的参考

本研究构建的教育智力资源共享机制，案例分析中得出的有效经验，会为教育实践中的组织或个人开展智力资源共享提供有价值的参考，对开展智力资源共享的实践操作具有一定的借鉴意义。

2. 为促进区域教育均衡发展提供借鉴

通过"互联网+"这一通道，聚合不同地域、不同行业的优质智力资源，为我国边远地区、农村地区、民族地区的薄弱学校或者教学点提供更加优质的教学服务，在帮助这些学校开齐开好课程的同时，还能帮助实现信息化，实现促进教育优质均衡发展与教育公平的目标，也是落实《中共中央关于坚持和完善中国特色社会主义制度、推进国家治理体系和治理能力现代化若干重大问题的决定》中"全面贯彻党的教育方针，坚持教育优先发展，聚焦办好人民满意的教育，完善立德树人体制机制"[①]等战略部署的重要举措。

第三节 研究内容与概念界定

一、研究框架

本书的主要研究内容包括四部分，各部分之间的逻辑关系如图1-1所示。

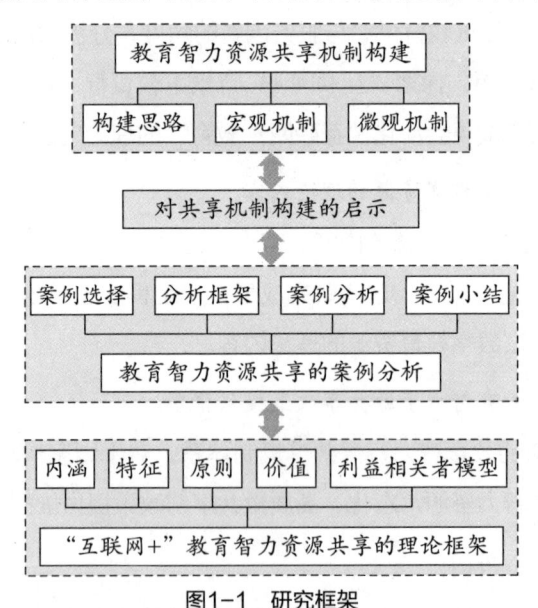

图1-1 研究框架

---

① 新华网.中国共产党第十九届中央委员会第四次全体会议公报[EB/OL].（2019-10-30）[2023-01-21].http://www.xinhuanet.com/politics/2019-10/31/c_1125178024.htm.

二、研究内容

（一）教育智力资源共享的理论框架研究

在文献梳理的基础上，分析"互联网+"背景下教育智力资源共享的现象，采用逻辑归纳法，从教育智力资源共享的内涵、特征、价值等维度对教育智力资源共享的内涵进行界定。在梳理国内外有关"互联网+教育"和智力资源共享相关文献的基础上，分析"互联网+"对教育智力资源共享提供的支持作用，依据教育生态学、复杂系统理论、利益相关者理论构建"互联网+"教育智力资源共享的利益关系模型。

（二）"互联网+"背景下教育智力资源共享的案例分析

在教育领域中选取并分析教育智力资源共享的典型案例，对智力资源共享的相关主体进行访谈，对实证资料进行总结归纳，分析案例中的机制，存在的问题、风险与应该构建的机制。

（三）"互联网+"背景下教育智力资源共享机制构建

依据前序章节的研究结论，综合考虑我国目前教育领域对智力资源共享的需求、教育服务模式改革需要等因素，从宏观和微观两个层面初步构建共享机制，并咨询专家，最终从宏观和微观两个层面构建"互联网+"背景下教育智力资源的共享机制。

三、概念界定

（一）"互联网+教育"

对"互联网+教育"的定义很多，本书采用陈丽教授的定义：特指运用云计算、学习分析、人工智能等新型技术，跨越区域、学校或班级的边界，面向学习者群体或个体，提供自适应、个性化的新型教育服务模式，其是在线教育发展的新阶段，具有技术与教育融合、创新的特征[1]。

本书一方面从技术层面关注"互联网+"发展，为对教育智力资源提供怎样的技术支持和共享环境；另一方面，从教育层面分析"互联网+"的发展对教育各方面产生影响，进而促使教育的需求、供给与服务方式等方面发生变化，在"互

---

[1] 陈丽."互联网+教育"的创新本质与变革趋势[J].远程教育杂志，2016（4）：3-8.

联网+教育"的大背景下研究教育智力资源共享。

(二) 智力资源

对智力资源这一概念范畴的界定,可谓众说纷纭。归纳起来,大概有两种定义。

狭义层面的定义:"智力资源"的内涵不同于一般的"人力资源",智力资源指的是能通过智力活动创造一定经济效益和社会效益的个人或组织,是从智力活动效能方面对人力资源的一种特殊规定,一般需要有较高的智力水平和智力活动能力[①]。智力资源是以人的脑力形式存在的一种资源,较之体力资源,智力资源是一种主要通过人脑活动而发挥作用的资源,是一种价值含量高、创造力强、能量大的资源,其必须通过大量的投资、教育培训、后天学习而形成的资源。

广义层面的定义:"智力资源"是人力资本的重要组成部分,是人类经过自身脑力劳动及一系列加工后形成的对客观事物发展变化状况和规律性的认识成果,是有形和无形的统一体,既包括人才和物化了的智力成果和产品,更包括无形的信息、知识和创造力[②]。智力资源既包括知识、信息、资料等理论性资源以及学习能力、组织能力等人的能力、智力自身这一无形资源,又包括机器、设备和工具等智力物化产品以及携带创新智力的人这一有形资源[③]。

本书比较倾向于狭义的智力资源,把教育智力资源定义为在教育领域中从事智能活动的个人或群体。

(三) 机制

机制(mechanism)一词最早源于希腊文,原指机器的构造和工作原理,即机器运转过程中各个部件之间互为因果的联结关系及运转方式。《辞海》中将"机制"界定为有机体的构造组成及各组成部分之间相互联系,后来借指一种生物功能的内在工作方式,包括有关生物结构组成部分的相互关系等。《现代汉语词典》(第7版)中机制的其中一种解释为机器的构造和工作原理,也可泛指一个工作系统的

---

① 周久凤.学科馆员智力资源效能:评价与管理[J].图书馆理论与实践,2009(4):64-66.
② 王前.智力资源管理的若干基本问题[J].公共管理学报,2004(2):44-50,95.
③ 杜一平,王前,许迎军.智力资源基本概念的辨析[J].科技管理研究,2006,26(12):34-36.

第一章　绪　论

组织或部分之间相互作用的过程和方式，也叫机理[①]。

　　系统科学视阈中的机制是指系统为规范内部各要素之间的联系、调节系统与外部环境之间的关系而实施的规则及协调方式。机制亦指复杂系统中各个子系统构造、功能和相互关系，系统各部分的存在是机制存在的前提，机制是以一定的运作方式把系统各组成部分联系起来，使它们协调运行而发挥作用，机制的建立过程分为系统要素分析及要素关系分析两个步骤[②]。随后被医学、社会学、经济学等学科通过类比广泛应用，社会科学领域中泛指一个工作系统的组织或部门之间相互作用的过程和方式，也指社会机构或组织应该具备的职责，以及各有机组成部分之间客观存在的关系，如市场机制、管理机制、合作机制和竞争机制等。对于事物发展的内部机制而言，实际上就是把握事物内部结构的关键部分，也就是事物内部结构中可能对整个事物发展方向和状态起关键作用的节点，而机制的形成，还需要诉诸这些关键节点的作用原理。管理学领域中认为机制是指一个系统中各子系统构造、功能和相互关系。

　　机制具有依存性（机制和系统相互依从）、自控性（机制对系统要素具有调节作用）、内生性（机制作用于系统内部）、规律性（依据某种规则发挥作用）、外依性（受到外部环境制约）等特征。机制也具有不同类别，可从不同维度对其进行分类，从机制产生的动因维度可分为助发型和自发型机制；从机制作用方式的不同维度可分为导向型机制和强制型机制；按照机制的作用强度，可分为主导型机制和从属型机制[③]。按照机制作用的层次不同，机制可分为宏观机制与微观机制两个相关的机制系统[④][⑤]，宏观机制的功能是对整个子系统的有效协调与控制，各利益相关者的利益整体协调发展。

---

① 中国社会科学院语言研究所词典编辑室.现代汉语词典：第7版 [M].北京：商务印书馆，2016.

② 智库百科.机制的定义 [EB/OL].（2015-9-26）[2023-01-20].http://wiki.mbalib.com/zh-tw/%E6%9C%BA%E5%88%B6.

③ 兰亚明，陆洋.终身教育发展与体系构建的机制创新 [J].终身教育研究，2018，29（3）：24-28.

④ 周兴国，李子华.高校教学管理机制研究 [M].合肥：安徽人民出版社，2008.

⑤ 史国瑞.结构•机制•发展：社会主义初级阶段研究 [M].西安：陕西人民出版社，1991.

本书中将教育智力资源共享视为一个系统，教育智力资源共享机制既包括宏观层面的各利益相关者之间的整体运作方式，又包括微观层面的两个利益主体之间的相关关系，因此，本研究对教育智力资源共享机制的构建将从宏观和微观两个方面来进行。

第四节　研究思路与研究方法

一、研究思路

本书以"互联网+"时代信息化促进教育优质均衡发展为背景，综合运用管理学、教育技术学等学科的理论和方法，以服务薄弱地区教师和学生发展为根本，以促进区域教育均衡发展、提升教育质量为目标。按照"理论—实证—理论"的研究范式，运用归纳法构建教育智力资源共享的理论框架，通过案例分析梳理教育智力资源共享现象中存在的问题，提出应该构建的机制，最后总结前两部分研究结论，初步构建教育智力资源共享机制，通过对共享机制的两轮专家咨询，修改完善教育智力资源共享的机制，并对每一个机制进行简要阐释。整个研究分为四个阶段，如图1-2所示。

（一）基础研究阶段

根据课题研究的相关概念域，对"互联网+教育"、智力资源、教育信息资源共享等的相关研究文献分析与梳理，厘清我国教育领域内智力资源共享的历史演进，找寻支撑本研究开展的理论支点，确定案例分析的理论依据。

（二）理论分析阶段

利用第一阶段文献分析的结果，梳理"互联网+教育"的发展阶段，重点分析"互联网+"对教育智力资源共享提供的支持，归纳教育智力资源共享的定义、特征、主体、价值、原则等。运用系统论理论，分析"互联网+"背景下教育智力资源共享系统的基本组成及利益相关者关系模型。

（三）现象分析阶段

从教育体制内选取从事"双师教学""同步课堂"等教育智力资源共享试点案例，从体制外选取"一对一辅导的网络教师"案例，对案例中的教育智力资源共享过程进行归纳与分析,对开展智力资源共享的有关组织和个人展开走访调查,分析每种教育智力资源共享现象的流程和存在的问题与风险,从不同类型的案例中构建共享机制。

(四)理论构建阶段

根据前三阶段的研究结果,初步构建教育智力资源共享的机制,经过两轮专家咨询,修改完善教育智力资源共享机制,并提出促进智力资源共享常态化的策略建议。

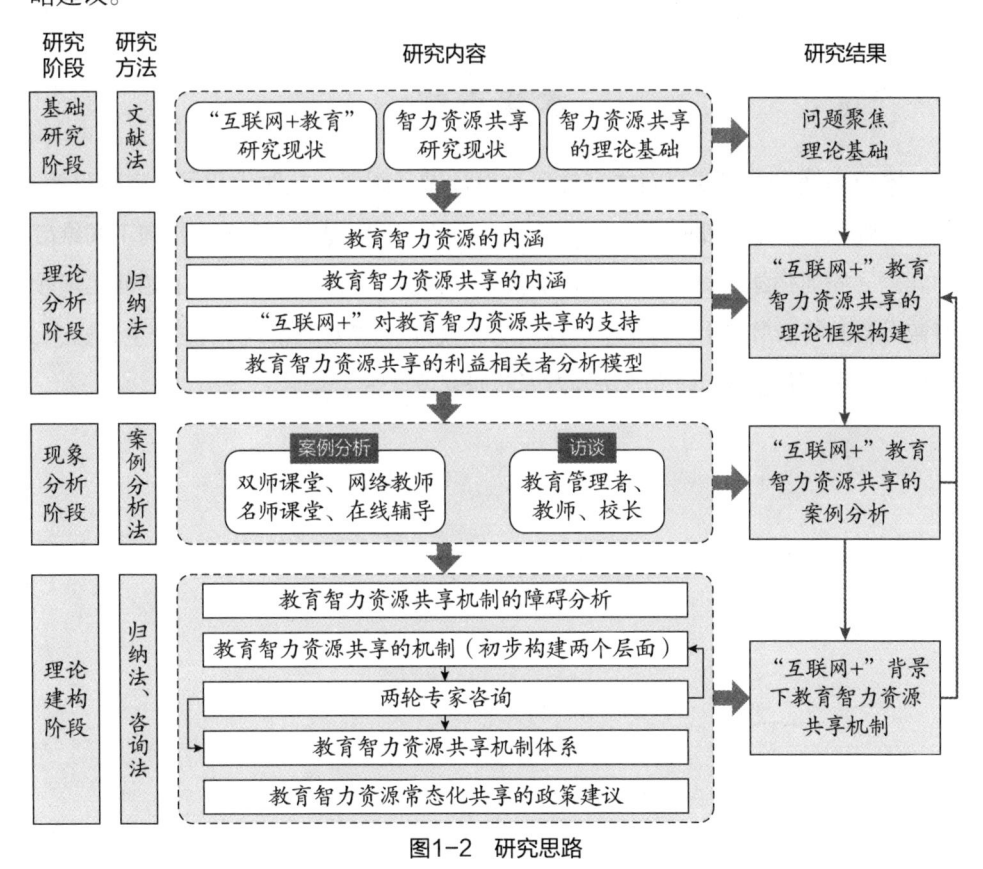

研究阶段	研究方法	研究内容	研究结果
基础研究阶段	文献法	"互联网+教育"研究现状；智力资源共享研究现状；智力资源共享的理论基础	问题聚焦 理论基础
理论分析阶段	归纳法	教育智力资源的内涵；教育智力资源共享的内涵；"互联网+"对教育智力资源共享的支持；教育智力资源共享的利益相关者分析模型	"互联网+"教育智力资源共享的理论框架构建
现象分析阶段	案例分析法	案例分析：双师课堂、网络教师、名师课堂、在线辅导；访谈：教育管理者、教师、校长	"互联网+"教育智力资源共享的案例分析
理论建构阶段	归纳法、咨询法	教育智力资源共享机制的障碍分析；教育智力资源共享的机制(初步构建两个层面)；两轮专家咨询；教育智力资源共享机制体系；教育智力资源常态化共享的政策建议	"互联网+"背景下教育智力资源共享机制

图1-2 研究思路

二、研究方法

(一)案例分析法

从全国教育体制内外遴选专递课堂、名师课堂、在线辅导等教育智力资源共享的典型案例,构建案例分析框架,对教育智力资源共享过程进行分析,走访教育智力资源共享的相关主体，发现教育智力资源共享过程中存在的风险及问题，根据实证的结果提出智力资源共享机制。

（二）德尔菲法

在机制构建部分，针对初步构建的教育智力资源共享机制，为了保证教育智力资源共享机制的系统性和合理性，自编教育智力资源共享机制专家咨询问卷，从国内选取30余名相关领域专家，经过两轮专家咨询，根据结果修改完善教育智力资源共享的机制。

本章小结

本章为绪论，主要是对本书的研究设计做了阐释，从时代背景、实践需要、现实呼唤和项目启发四个方面分析了研究背景，然后提出两个分别指向不同维度的问题：如何构建教育智力资源共享服务生态？"互联网+"背景下如何实现教育智力资源共享常态化？界定了"互联网+教育"、智力资源、机制三个主要概念，最后分别从研究思路与研究方法等方面对研究设计做了说明。

第二章　教育智力资源共享研究述评

第一节　"互联网+教育"相关研究

一、"互联网+教育"研究热点

选择中国知网（CNKI）文献数据库，检索主题为"互联网+教育"或者"互联网+"教育，时间跨度为2008—2017年（"互联网+教育"主题最早始于2013年），文献类型选择"全部"，最后获得共计1 363条文献数据，发文总量的趋势如图2-1所示。

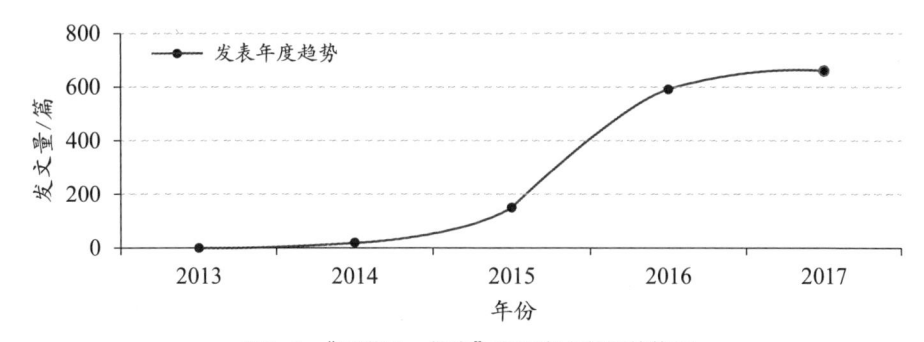

图2-1　"互联网+教育"期刊发文总量趋势图

资料来源：http://kns.cnki.net/。

2013—2017年，国内共发文1 363篇，其中发表在核心期刊上的论文有215篇。2014年之前，发文量一直处于平稳状态，从2014年开始，发文量出现急剧增长，从2014年每年22篇跃迁至2017年的608篇，占据目前的最高峰，几乎每年成倍数增长，这预示着"互联网+教育"成为国内学者近年来关注的焦点。

从CNKI文献库检索到的文献中剔除掉普通刊物发表的文章，经遴选得到218篇文献，作为研究样本。然后利用Citespace 5.0.1对这些文献样本的题录进行分析。如图2-2是样本文献关键词共现图谱。图中各深色圆圈代表节点，节点的大小表示关键词出现的次数。

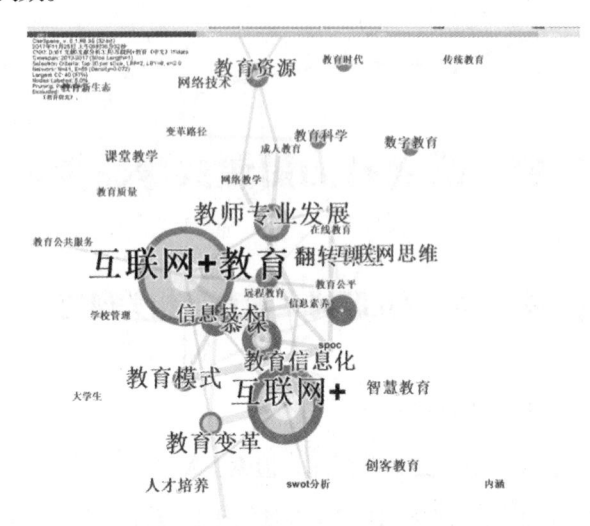

图2-2 "互联网＋教育"关键词共现知识图谱

对图2-2中的聚类图进一步分析可以得出如表2-1所示的"互联网＋教育"相关文献的关键词频次表，其中"互联网＋"出现32次，"互联网＋教育"出现45次，教师专业发展出现14次，翻转课堂出现9次，慕课出现11次，教育模式出现11次，教育变革出现11次，教育资源出现7次，教育信息化出现9次。说明学者们对"互联网＋教育"的研究主要集中在教师专业发展、教育教学模式、教育变革和教育资源等方面。

表2-1 "互联网＋教育"关键词出现频次表

关键词	频次	中心度	发表年限	关键词	频次	中心度	发表年限
互联网＋教育	45	0.37	2015	翻转课堂	9	0.22	2015
互联网＋	32	0.51	2015	教育信息化	9	0.04	2016
教师专业发展	14	0.35	2016	教育资源	7	0.32	2016
慕课	11	0.42	2015	信息技术	7	0.47	2015
教育模式	11	0.13	2016	互联网思维	7	0.01	2016
教育变革	11	0.18	2015	智慧教育	4	0.01	2016

根据上述关键词共现图，结合本研究的主要目标，对相关的研究焦点进行述评。

二、"互联网＋教育"内涵与特征

"互联网＋"这一理念最初由易观国际董事长于扬在第五届移动互联网博览会上首次提出[①]。2014年4月21日,《人民日报》首次公开提出"互联网＋"概念,文中,腾讯总裁马化腾认为"＋"的是传统行业,并指出"互联网＋"是时代发展的趋势。[②]马化腾认为"互联网＋"是"基于互联网平台,通过利用信息技术与各行业的跨界融合,助推产业转型升级,孵化新产品或新模式,构建连接一切的新生态"[③]。国务院在《关于积极推进"互联网＋"行动的指导意见》中将"互联网＋"上升为国家战略,认为"互联网＋"是推动我国经济社会发展的新杠杆[④]。"互联网＋"是知识创新2.0背景下催生的互联网思维,代表着先进的生产力。"互联网＋"中的"＋"都并非传统意义上的加法,而是逻辑内涵极其丰富的"化",意指通过互联网与其他各行各业的双向连接,促使互联网对传统行业的要素进行渗透、协同、耦合而导致"化学反应"一样的创新和融合。"互联网＋"是指以移动互联技术、大数据等为代表的新型信息技术在社会、经济等各行各业的应用过程,其本质特征是促使传统产业的网络化和数据化,促进产业升级或形成新的产业链[⑤]。

"互联网＋"具有四个核心特征:一是先进的基础设施,即由移动互联网、物联网、3D打印、可穿戴技术、人工智能技术等构建的基础设施;二是新的生产要素,数据与信息已成为各行各业最核心的资产[⑥];三是新的生存空间,形成了互联互通、虚实融合的社会空间;四是新的行业体系,"互联网＋"促使行业内部重

---

① 高宏."互联网＋"背景下高等教育面临的机遇、挑战与应对[J].黑龙江高教研究,2016(11):78-81.

② 乔杉.20年互联网带来的改变才刚开始[J].红旗文稿,2014(10):41.

③ 马化腾,张晓峰,杜军."互联网＋"国家战略行动路线图[M].北京:中信出版集团,2015.

④ 中华人民共和国国务院.国务院关于积极推进"互联网＋"行动的指导意见[EB/OL].(2015-07-04)[2023-01-22].http://www.gov.cn/zhengce/content/2015-07/04/content_10002.htm.

⑤ 张忠华,周萍."互联网＋"背景下的教育变革[J].教育学术月刊,2015(12):39-43.

⑥ 王元卓,靳小龙,程学旗.网络大数据:现状与展望[J].计算机学报,2013,36(6):1125-1138.

新分工,各行业将形成基于互联网的新体制、新机制[①];五是新手段,"互联网+"以其平等、开放、共享的特质及富有颠覆式创新的思维特征,成为促进教育公平的新动力和新手段[②]。

(一)"互联网+教育"的内涵

"互联网+教育"近年来的关注度持续上升,对于"互联网+教育"内涵界定可谓众说纷纭,总结起来主要有以下几种观点。

1. 服务模式说

持这种观点的学者认为"互联网+教育"就是伴随着新型信息技术的发展促使教育服务模式产生变革,如陈丽将"互联网+教育"界定为"运用大数据、人工智能、物联网等新型信息技术,突破区域、学校和班级的界限,向学习者群体或个体提供优质个性化的新型教育服务模式"[③]。这一观点认为"互联网+教育"的突出特征为利用网络突破时空等限制的个性化服务。

2. 新型教育形态说

持这种观点的学者认为"互联网+教育"不仅仅是为教育提供技术平台,更重要的是通过互联网与教育各要素之间的深度融合,催生新型教育形态。具体来说,有以下几种说法。第一,将"互联网+教育"等同于在线教育,李光等认为"互联网+教育"的内涵和本质在于遵循互联网思维,将互联网基因进驻教育,形成以互联网为核心要素的全新教育生态体系[④]。张忠华等认为"互联网+教育"等同于在线教育,通过创建"互联网+教育"平台,开发、汇集并利用优质教育资源,促进教学内容朝着数字化、教学方式朝着网络化转变,让学生真正成为学习

---

① 张天勇. 技术异化与现代性的走向:海德格尔与鲍德里亚的视域 [J]. 科学技术哲学研究,2015,32(2):63-67.

② 俞明雅,叶波."互联网+"能促进教育公平吗?:兼论"互联网+"教育公平的挑战与应对 [J]. 教育科学研究,2017(4):15-18,23.

③ 陈丽."互联网+教育"的创新本质与变革趋势 [J]. 远程教育杂志,2016(4):3-8.

④ 李光,栗晨."互联网+"背景下的成人学习范式探索 [J]. 中国成人教育,2016(21):9-13.

的主体[①]。第二,"互联网+教育"的发展有助于形成智慧教育[②],其代表着教育信息化发展的未来方向[③]。第三,将"互联网+教育"界定为教育发展的新生态,吴南中[④]、赵慧娟认为"互联网+教育"就是互联网与传统教育深度融合,借助互联网平台催生教育的新生态[⑤]。第四,将"互联网+教育"的本质界定为素质教育的实践样态,张晓东认为"互联网+教育"是素质教育的一种实践样态。当然,"互联网+"只是当代教育众多发展维度中的一个维度,但是绝不代表教育发展的所有维度,教育发展还受到经济、政治、文化变迁等综合因素的影响[⑥],还有心理、德育、社会等维度的发展形态。

3. 融合变革说

持这种观点的学者认为"互联网+教育"发展的过程就是促进教育系统内各要素变革及教育体系整体变革的过程。如秦虹等认为"互联网+教育"就是在互联网等技术与教育深度融合的过程中,促使教育的效率、组织和创新能力等要素不断发生变革的过程[⑦]。平和光等认为"互联网+教育"就是让互联网与传统教育行业深度交叉融合[⑧]。陈丽等认为,"互联网+教育"是以互联网变革思维为底层基础,促使教育的组织形式、服务模式、教学模式等方面的创新,其本质就是通过互联网实现对教育体系的升级与重构[⑨],进而构建新型教育生态体系[⑩]。陈耀华等

[①] 张忠华,周萍."互联网+"背景下的教育变革[J].教育学术月刊,2015(12):39-43.

[②] 杨槟."互联网+教育"构建智慧教育生态圈[N].绵阳日报,2015-04-20(6).

[③] 胡钦太,郑凯,胡小勇,等.智慧教育的体系技术解构与融合路径研究[J].中国电化教育,2016(1):49-55.

[④] 吴南中."互联网+教育"内涵解析与推进机制研究[J].成人教育,2016(1):6-11.

[⑤] 赵慧娟."互联网+"时代高职课堂教学的学习流程再造分析[J].成人教育,2017,37(6):68-72.

[⑥] 张晓东."互联网+"教育的哲学反思[J].江苏高教,2017(1):37-39.

[⑦] 秦虹,张武升."互联网+教育"的本质特点与发展趋向[J].教育研究,2016(6):8-10.

[⑧] 平和光,杜亚丽.互联网+教育:机遇挑战与对策[J].现代教育管理,2016(1):13-18.

[⑨] 陈丽,李波,郭玉娟,等."互联网+"时代我国基础教育信息化的新趋势和新方向[J].电化教育研究,2017(5):5-12,27.

[⑩] 陈丽,林世员,郑勤华."互联网+"时代中国远程教育的机遇和挑战[J].现代远程教育研究,2016(1):3-10.

认为"互联网＋教育"就是互联网等现代信息技术推动教育变革的过程①。俞明雅等认为"互联网＋教育"是发生在教育领域的"新"革命,"新"意味着革新与重建,"＋"意即互联网对各类教育形态的催化及促进其换代升级,彻底重构教育形态②,主要体现在对传统知识观、师生观和教学观三个方面的重塑：突破时空限制的知识观,在教学过程中人人平等的师生观,注重差异化和个性化的教学观。南旭光等认为"互联网＋教育"就是要以互联网技术为引擎,通过优化资源配置方式、推动教与学模式、办学模式、人才培养模式创新,促进教育供给和需求之间实现"多维对接"和"立体协同",提升教育产品和服务的品质等推动教育的转型升级③④。

（二）"互联网＋教育"的功能特征

"互联网＋教育"具有跨界链接、优化关系、扩大开放和更具生态性等特征,使教育更具多样、进化和渐进⑤。对于"互联网＋教育"有哪些与传统教育形态不同的功能,众多学者从不同视角进行分析和论述,通过归纳和总结,主要有以下几种观点：第一,促进教育公平。高宏认为"互联网＋"能够促进教育公平,"互联网＋"能促进教育个性化⑥。刘俊玮等认为"互联网＋"有助于缓解地域间的教育不公平现象⑦。张忠华等认为"互联网＋教育"能够促进教育资源的多样化,教与学方式的自主化、个性化,加快终身教育体系和建设学习化社会构建的步伐,有

---

① 陈耀华,陈琳.互联网＋教育智慧路向研究[J].中国电化教育,2016（9）：80-84,135.

② 俞明雅,叶波."互联网＋"能促进教育公平吗？：兼论"互联网＋"教育公平的挑战与应对[J].教育科学研究,2017（4）：15-18,23.

③ 南旭光."互联网＋"职业教育：逻辑内涵、形成机制及发展路径[J].职教论坛,2016(1)：5-11.

④ 南旭光,张培."互联网＋"教育：现实争论与实践逻辑[J].电化教育研究,2016（9）：55-60.

⑤ 秦虹."互联网＋"时代的教育改革与创新（笔谈）[J].教育研究,2016（6）：4-10.

⑥ 高宏."互联网＋"背景下高等教育面临的机遇、挑战与应对[J].黑龙江高教研究,2016（11）：78-81.

⑦ 刘俊玮,马勇.互联网教育崛起的原因及发展趋势探究[J].教育理论与实践,2017,37（12）：15-17.

利于推进教育公平[①]。余胜泉等认为"互联网+教育"构建了全新的教育体系，促进教育公共服务的均等化与个性化，缩小义务教育的区域、城乡、校际之间的差距，让学习者能够平等地受到应有的教育[②]。第二，促进学校教育制度的变革。陈丽认为"互联网+教育"的价值不仅是技术环境建设或技术应用推广，更是试图利用互联网思维框架破解教育发展难题，优化传统学校教育制度[③]。第三，促进教育供给方式的变革，余胜泉等认为"互联网+教育"构建了虚实融合的教育空间，能够提供线上线下的双重服务供给[④]。"互联网+教育"可以助力破解教育中教育规模和教育质量这一对永恒矛盾，可以同时兼顾大规模教育和个性化教育[⑤]。第四，优化资源配置方式，任恺认为互联网技术改变了学习资源的获取和共享的基本法则，通过数字教育资源服务平台，使学习资源的获取渠道更广、成本更低[⑥]。高宏认为"互联网+教育"将大大地提升我国教育资源供给与适应性服务能力，"互联网+"使教育突破时空限制，能优化教育资源配置，使跨行业、跨区域的教育与研究成为可能。

三、"互联网+教育"对教师提出的挑战

教师是教育改革的关键实体，"互联网+教育"作为一种新型的教育形态，对教师提出了哪些方面的机遇和挑战，近年来有关此问题的文献可归纳为以下几个方面。

第一，"互联网+教育"为教师的专业发展提供了便捷的支持。一方面，"互联网+教育"为教师专业发展提供了更加开放的平台，拓展了教师获取知识的途径，提高教师专业发展的开放程度。另一方面，为教师专业发展提供多种途径，为教师寻求个性化发展的协同伙伴或者指导专家，参加在线研修活动等，增强教师专业发

[①] 张忠华，周萍."互联网+"背景下的教育变革[J].教育学术月刊，2015（12）：39-43.

[②] 余胜泉，汪晓凤."互联网+"时代的教育供给转型与变革[J].开放教育研究，2017，23（1）：29-36.

[③] 陈丽."互联网+教育"的创新本质与变革趋势[J].远程教育杂志，2016（4）：3-8.

[④] 同②.

[⑤] 余胜泉，王阿习."互联网+教育"的变革路径[J].中国电化教育，2016（10）：1-9.

[⑥] 任恺."互联网+"背景下的课堂范式转型[J].当代教育与文化，2016，8（3）：59-64.

展的多样性①。第二,"互联网+教育"对教师的理念和思维提出新要求。如教育理念有待深化,信息技术应用能力有待提高②,教师的专业素养结构需要重新调整与适应③,应树立以学生需要为导向的"用户思维"。第三,"互联网+教育"对教师的素质和定位提出了新要求。首先,"互联网+"时代对教师的需求已经悄然发生变化,由之前注重数量到结构再到质量为先,对教师的素质要求正在由之前的单一技能到研究型、专家型教师的转变④。其次,教师角色由知识的传授者到学生学习的组织者、引导者和帮助者,再变为学生创新的激励者、指导者、陪伴者⑤。第四,"互联网+教育"重构教师的专业分工。基于互联网教育平台,将优质教师和学习者的需求紧密联系在一起,使得教师的教育教学呈现出一定的独立性,教师可以通过为学习者提供智力服务而获得良好的经济收入和社会价值,获得了精神和物质的双重报偿⑥,授课大师、名师将成为面向大众大规模授课的专业性教师,另一部分教师的分工不再是教学知识,而是从事教学支持、教学管理与服务工作等⑦。

四、"互联网+教育"对教育供给提出的挑战

伴随着"互联网+"技术在教育领域中的应用与创新,公共教育服务发生了一定的变化,呈现出一些新方式和新特点,据有关学者的研究,主要变化体现在以下几个方面。第一,在"互联网+"背景下,师资作为一种新的学习资源,在互联网环境下开始共享⑧。第二,教育供给服务的社会化,未来提供教育供给的主体不再局限于校内教师,校外教师、行业专业人士可以通过互联网突破组织服务的边界,向学习者提供教育服务。第三,教育供给服务的虚实融合。"互联网+"

---

① 崔俊阁. 互联网+教育背景下教师专业发展新探 [J]. 中国成人教育,2016(11):136-139.

② 平和光,杜亚丽. "互联网+教育":机遇、挑战与对策 [J]. 现代教育管理,2016(1):13-18.

③ 陈曦. "互联网+"对小学教师素养结构的挑战及提升 [J]. 教学与管理,2017(5):15-17.

④ 崔俊阁. 互联网+教育背景下教师专业发展新探 [J]. 中国成人教育,2016(11):136-139.

⑤ 同④。

⑥ 刘姗姗. 独立教师开启了教育的创新 [J]. 教育发展研究,2016,36(4):82-84.

⑦ 陈耀华,陈琳. 互联网+教育智慧路向研究 [J]. 中国电化教育,2016(9):80-84,135.

⑧ 陈丽,李波,郭玉娟,等. "互联网+"时代我国基础教育信息化的新趋势和新方向 [J]. 电化教育研究,2017(5):5-12,27.

形成了融人类社会、信息空间、物理空间为一体的虚实融合的社会空间，跨界融合衍生出线上线下融合的教育供给服务。第四，教育服务模式的个性化。"互联网+"教育背景下的教育服务模式将是由学习者消费驱动，以往由教育部门设计的标准化服务模式已不能满足学生的需求，"互联网+"致使供给方式趋于基于学习者全学习过程的精准、个性化教师服务[1]。

网络学习空间是"互联网+"时代教育的具体产物，也是教育领域中使用较为广泛的应用之一[2]。网络学习空间是通过新兴信息技术的不断发展与交叉融合，聚合数字教育资源和智力资源，为学习者提供虚实融合的学习资源环境，能够实现智能个性化教育的教育新生态[3]。网络学习空间的功能主要聚焦于数字教育资源的交互、知识生成、智力资源共享和资源云服务[4]。网络学习空间发展不仅会使智力资源成为一种资源有效组成部分，而且可以借助"网络学习空间人人通"联通不同地域、不同行业的人员，促进智力资源的共享。

第二节 智力资源共享相关研究

选择CNKI文献数据库，检索主题为"智力资源"，时间跨度是2000—2017年，文献类型选择"全部"，最后获得共计2 767条文献数据，对文献的关键词进行聚类分析，关键词共现网络如图2-3所示。

从图2-3中可以看出，与智力资源相关的文献主要有知识管理、图书馆信息资源管理、人力资源管理和知识经济等。对关键词进行统计分析，得出如图2-4所示关键词分布图，可以看出，知识经济和智力资源两个关键词频次最高，分别是155

---

[1] 余胜泉，汪晓凤."互联网+"时代的教育供给转型与变革[J].开放教育研究，2017，23（1）：29-36.

[2] 佟钰."网络学习空间人人通"促进小学教师专业发展的研究：以吉林省教育社区为例[J].中小学电教，2013，12：26-29.

[3] 郭绍青，张进良，郭炯，等.网络学习空间变革学校教育的路径与政策保障：网络学习空间内涵与学校教育发展研究之七[J].电化教育研究，2017，38（8）：55-62.

[4] 张进良，贺相春，赵健.交互与知识生成学习空间（学习空间V2.0）与学校教育变革：网络学习空间内涵与学校教育发展研究之四[J].电化教育研究，2017,38（6）：59-64.

次和177次,其次是图书馆(65次)、人力资源(56次)和创新(46次)。

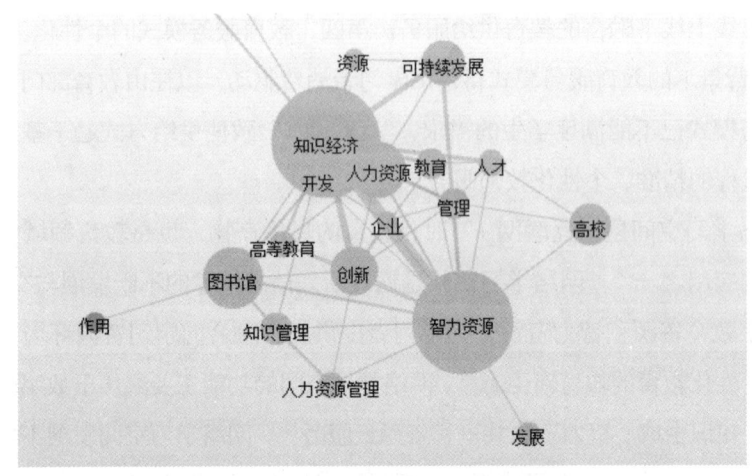

图2-3 "智力资源"关键词共现网络图

资料来源:http://kns.cnki.net/。

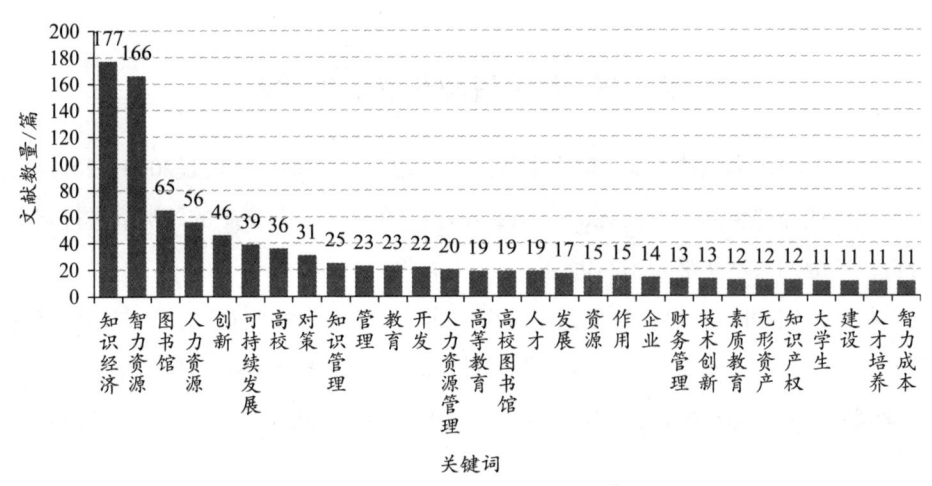

图2-4 "智力资源"关键词分布图

对发文作者进行统计分析,得到如图2-5所示的作者发表文章的频次图,从图可知,发表4篇以上文章的作者分别是金福(10篇)、吕永波(7篇)、王前(7篇)、张平宇(6篇)和倪胜利(5篇)。

从前文可知,智力资源的界定分为狭义和广义两个层面,狭义的智力资源指共享高智力活动的个人或组织,广义的智力资源不仅包括智力资源主体,也包括智力资源经过一定手段转化而成的智力产品,如教育信息资源、知识资源等。因此,要研究智力资源共享的文献,不仅要梳理与智力资源直接相关的文献,还要关注广义层面智力资源的相关内容。

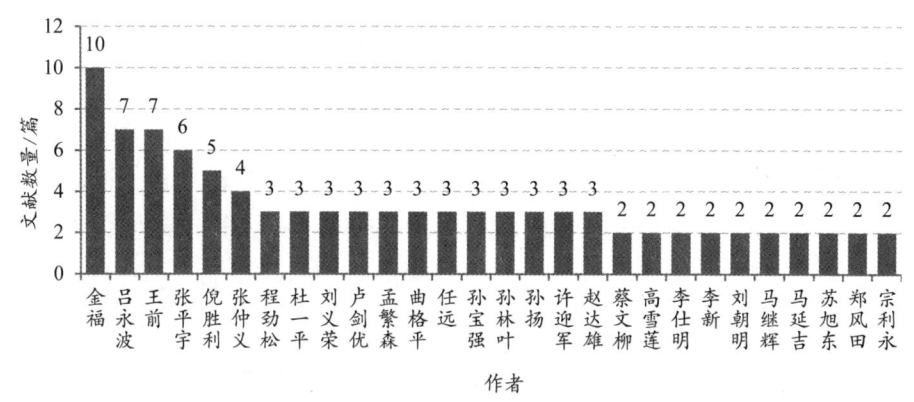

图2-5 "智力资源"作者发表文献频次

一、智力资源的内涵

从查阅的文献来看,智力资源目前没有比较公认的定义,经过对文献中有关智力资源内涵的归纳分析,不难发现,学者们从以下几个维度对智力资源的内涵界定。

(一)从词源学的角度界定

从字面上来看,智力资源由"智力"和"资源"两个词组成。在词源学上,"智力"一词在汉语中的含义由"智"和"力"两字的本义转化和发展而来。"智"意指智慧、智谋,力有能力之义[1]。古人把"智力"同于"智慧""智能"[2]。《现代汉语词典》(第7版)中把智力界定为人认识、理解客观事物并运用知识、经验等解决问题的能力[3]。智力集中表现在对客观事物认识与理解深刻的程度上和应用知识解决问题的速度和质量上,它是人们在实践活动中发展的,不等同于知识和实践本身[4]。智力是一种创造性的存在,处于相对活跃的状态,智力是对知识的驾

---

[1] 辞海编辑委员会.辞海(缩印本)[M].上海:上海辞书出版社,1989.

[2] 同[1]。

[3] 中国社会科学院语言研究所词典编辑室.现代汉语词典:第7版[M].北京:商务印书馆,2016.

[4] 同[1]。

驭和操纵①。心理学界认为智力指人在心智活动中的一种内在特征，如抽象思维能力、解决问题能力和创造新事物能力等，或者以上多种能力的综合②。迪尔伯恩（Dearborn）、伯金汉（Buckingham）等从教育学视角认为智力等同于学习能力，即学习的潜能。智力越高的人，越能够比较容易理解较难的材料，学习绩效也可能较高，但是这一观点把智力和学习成绩等同起来就窄化了智力的含义。比纳（Binet）、推孟（Terman）等从理性哲学的观点出发，认为智力是一种抽象思维的能力，如判断力、推理力、创造力等，具有较高智力的人能运用抽象思维能力解决问题。纵观上述观点，虽然不同学者的着眼点和侧重点不同，但是总结起来，不外乎两种观点：即智力包括基本的认知能力和适应环境的能力。1996年，斯腾伯格从智力构成的视角，提出智力系统理论，即"成功智力"应当由三部分构成：即在分析问题过程中体现出的分析性智力，在解决问题过程中体现出的创造性智力及在实际执行与操作应用中体现出的实践性智力③。作为一种潜在的教育资源，要使智力资源变成一种现实的教育资源，必须使智力主体参与智力活动，尤其是参与高智力活动。

马克思在《资本论》中指出资源是财富两个原始的形成要素，资源除了客观存在的自然资源之外，人也是资源的有效组成部分之一，其包含了社会、经济、技术等因素，还内嵌了人力、人才、智力等资源④。人类的资源按属性可划分为自然资源和社会资源，人力资源、知识资源、文化资源和制度资源等构成社会资源。教育资源作为社会资源的一种，其最早源于经济学领域对教育资源经济价值的关注。对于教育资源的界定，有两种比较有代表性的观点，一种观点认为教育资源指为保证教育活动正常开展所必须的人、财、物的总和⑤，另一种观点认为教育资源指从事人才培养、智力开发等智力活动的能力⑥。第一种观点认为教育资源由教育人力资源、教

---

① 秦江萍，朱磊. 智力资本及其相关概念辨析 [J]. 财会月刊，2002（7）：38-39.

② 凌培炎. 能力结构与智力资源 [J]. 河南大学学报（社会科学版），1981（3）：65-73.

③ R. J. 斯腾伯格. 成功智力 [M]. 吴国宏，钱文，译. 上海：华东师范大学出版社，1999.

④ 中共中央马克思恩格斯列宁斯大林著作编译局. 马克思恩格斯选集（第4卷）[M]. 北京：人民出版社，1972.

⑤ 顾明远. 教育大辞典 [M]. 上海：上海教育出版社，1998.

⑥ 张焕庭，李放，张燕镜，等. 教育辞典 [M]. 南京：江苏教育出版社，1989.

育财力资源和教育物力资源组成,第二种观点比较侧重于智力资源。

人类社会进入以知识经济为主导的社会,智力资源的分配和使用(消费)是知识经济中最核心的要素[①]。智力资源是生产力发展到一定历史阶段,以人才资源为内核的智力资源逐渐从社会资源中游离出来,成为一种独特的资源形态,是继土地、资本等物质资源之后成为新的、决定性的资源和核心生产要素。随着经济全球化、一体化,智力资源已经成为最具价值、最稀缺的资源。自然资源、物质资源的开发或利用,知识资源的创造和使用必须以智力资源为基础条件。联合国教育、科学及文化组织(以下简称"联合国教科文组织")从技术进步和生产力发展角度,将经济划分为劳动力经济阶段、资源经济阶段和智力经济阶段三个阶段,在智力经济阶段,对智力资源的占有和配置在某种程度上决定着社会和经济的发展[②]。

《中国教育百科全书》把"智力资源"称为"第三资源",人们一般把资源分为三类:第一类资源是指自然资源和物质资源等以物质形态存在的资源;第二类资源是以知识形态存在的资源,如人类科学技术活动、社会文化活动成果的知识化形态;第三类资源是智力形态构成的资源。具体而言,智力资源主要指科技人员或行业专业人员,其主要从事知识创造或指导人们利用自然资源或物质资源[③]。智力资源的范畴关系如图2-6所示。

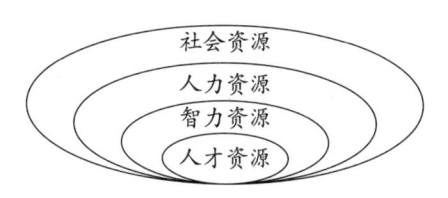

图2-6 智力资源范畴关系

(二)从组成要素来界定

有学者从智力资源组成要素维度对智力资源进行界定。

第一,动静态说。赵普光等认为高层次人才的智力资源,既包括静态资源(如知识储备、学历、工作经验等),也包括动态资源,即知识能力中具有潜能的部分

---

① 吴季松.21世纪社会的新趋势:知识经济[J].决策咨询通讯,1998(3):72.
② 张平宇,马延吉,赵燕霞.智力资源的特性和内涵[J].经济地理,2002,22(增刊):1-4.
③ 张念宏.中国教育百科全书[M].北京:海洋出版社,1991.

（如学习能力、工作潜能、管理才能等）[①]。同时，智力资源的生成与环境变化密切相关，静态智力资源是指一定时间段内知识和能力相对稳定的个人或组织，而动态智力资源特指伴随着环境变化较快的组织或个人[②]。智力资源是知识的核心[③]，也就是说优质智力资源主体一般不仅具有丰富的显性知识，而且具有较为独特的隐性知识。科学家、工程师、高级技工、行业能手、手工巧匠等创造知识和挖掘利用物质的科技团队和管理群体都属于智力资源。

第二，有形无形说。于佳宾等认为智力资源即涵盖智力本身的无形资源，又包括科研机构等有形资源，还包括作为智力成果或智力载体的有形资源[④]。智力资源是有形资源和无形资源的组合[⑤]。蔡来幸、丁艳华等认为智力资源包括人才，也包括物化之后的智力成果或产品，还包括无形的信息、知识或创造力等智力劳动等[⑥⑦]。张红霞等认为智力资源既包括作为智力资源主体的所有者本身，也包括人类经过脑力劳动而产出的创造性的无形资源[⑧]。智力资源是知识型企业的一种潜在的、无形的，并能带来价值增值的资源，企业员工的技能、经验、隐性知识等都是智力资源[⑨]。智力资源具备整合和利用一切资源的智慧和能力，其实际上是一种软资源。

第三，综合形态说。谢元泰认为智力资源是信息资源、知识资源和智慧资源

[①] 赵普光，王青梅.国外对高层次人才智力资源开发利用模式研究[J].中共青岛市委党校青岛行政学院学报，2016（5）：52-57.

[②] 陈驰.智力资源显性化方法与应用研究[D].北京：北京交通大学，2016.

[③] 王平换，冯喜娟.人工杠杆对人力资源危机管理的启示[J].企业导报，2013（9）：204-205.

[④] 于佳宾，王宇航，李虹.智力资源开发与提高区域竞争力对策研究[J].齐齐哈尔大学学报（哲学社会科学版），2012（2）：159-161.

[⑤] 孙林叶.论"引智"的内涵[J].山西科技，2001（1）：21-22.

[⑥] 蔡来幸.推进智力资源资本化[J].中国科技产业，2003（4）：43-45.

[⑦] 丁艳华，霍军亮.如何应对中国农村人力资本与智力资源的流失[J].安徽农业科学，2007，35（3）：874-875.

[⑧] 张红霞，肖玲.中国智力资源空间分布及其影响因素研究[J].云南地理环境研究，2005，17（4）：20-24.

[⑨] 金福.知识型组织智力资源管理研究[D].大连：大连理工大学，2006.

等的总称①。也有学者将智力资源界定为有型和无型的综合体，如杜一平等认为智力资源是蕴含智力的各种物化形式的"硬件"或"软件"、智力和经验高于一般人并具有最佳能力组合状态的"斡件"的有机组合体②。也有人将智力资源完全等同于人，如塔娜、吕永波等认为智力资源就是指具有运用知识、经验解决问题能力的智力主体③，如智力个体、智力群体和人工智能系统④。王刚等认为对智力资源以及其他资源的开发、使用、管理本身等也属于智力资源⑤。

（三）从形成过程来界定

从形成的条件来看，智力资源的形成一般需要长期的时间积累，并且需要花费大量时间、劳动和资金。从形成过程来看，智力资源主要需要通过人脑活动，或者必须通过大量的投资、培训、学习而形成，其价值含量高、创造力强。从应用方式来看，智力资源不同于自然资源，其既是智力资源主体独占性的资源，又可以在一定条件下通过共享智力资源或创造性地开展智力服务活动，并且实现增值，解决组织或个体的实际问题，能着眼于经济效益和社会效益全面提升⑥。从形式上来看，智力资源可分为个体智力资源、组织智力资源和社会智力资源三种。

（四）从隶属关系维度界定

有学者专门以智力资源和人力资源的关系界定智力资源的内涵。

从企业经济管理学的角度，人力资源是指某一组织内部体力和智力的全部人员之和，大学资源包括大学内部教师群体的体力资源、智力资源、知识技能资源等。从企业经济学的视角，与一般意义上的"人力资源"的含义不同，智力资源

---

① 谢元泰.文献加工新概念与产业化设想："智力资源开发"理论研究笔记[J].四川图书馆学报，1988（Z1）：8-12.

② 杜一平，王前，许迎军.智力资源基本概念的辨析[J].科技管理研究，2006，26（12）：34-36.

③ 塔娜.抓住机遇促进内蒙古智力资源的合理开发利用[J].赤峰教育学院学报（自然科学版），2003（6）：6-7.

④ 吕永波，任锦鸾，任远，等.虚拟智力资源共享系统研究[M].北京：清华大学出版社，北京交通大学出版社，2007.

⑤ 王刚，李志祥.智力资源与企业竞争力提升[J].商业时代，2006（25）：49-50.

⑥ 夏敏.大学智力资源效能：评价与管理[J].教育研究，2007（12）：70-72.

在所有人力资源中算是一种比较特殊的资源，比较注重智力活动效能，特指经过一定的专业培训或教育之后，能够通过智力活动而创造一定教育效益、经济效益或社会效益的个人或群体（组织）[①][②]。张平宇等认为狭义智力资源实质上是智力资源的核心和主体，即拥有一定科学技术、文化艺术和经营管理等方面系统的知识与技能的人才[③]。王刚等指出智力资源不仅指拥有一定知识和技能的人力资本及其智力，还包括以各种载体形式存在的智力成果等有形资源，以及各种科研机构等[④]。智力资源主要指开发和创造知识资源、开发和利用物质资源的科技队伍或管理队伍[⑤]。智力资源主体一般需要有较高的智力水平和较强的智力活动能力[⑥]。并不是所有的人力资源都能被称为智力资源，具有高学历和深资历的人未必就是智力资源，只有不断获取知识、创新技能并参与高智力活动的群体或个体才被称为智力资源。智力资源的载体既有物的形式也有人的形式，其中群体或个体既是智力资源生产和加工的母体，又是较具活力的载体。智力资源在大学资源系统中处于支配地位，决定着大学其他资源功能与作用的发挥。如图2-7所示，智力资源只是大学中具有较高的信息获取和知识创造能力，并通过高智力活动为大学创造价值、为社会创造效益的特殊人力资源[⑦]。

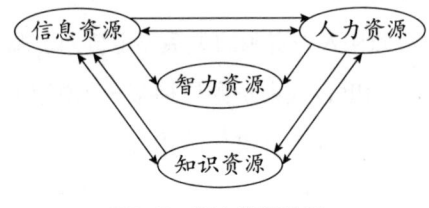

图2-7 智力资源关系

---

① 王前.智力资源管理的若干基本问题[J].公共管理学报，2004，1（2）：44-50，95.

② 陈驰.智力资源显性化方法与应用研究[D].北京：北京交通大学，2016.

③ 张平宇，马延吉，赵燕霞.智力资源的特性和内涵[J].经济地理，2002，22（增刊）：1-4.

④ 王刚，李志祥.智力资源与企业竞争力提升[J].商业时代，2006（25）：49-50.

⑤ 同③。

⑥ 周久凤.学科馆员智力资源效能：评价与管理[J].图书馆理论与实践，2009（4）：64-66.

⑦ 夏敏，康翠萍.优化智力资源效能管理与提升大学核心竞争力[J].沈阳师范大学学报（社会科学版），2008，32（4）：1-4.

在管理学领域,智力资源源于智力资本这一概念。智力资本这一概念由美国经济学家加尔布雷斯(John Kenneth Calbraith)于1996年提出[①],智力资本中的智力不同于传统意义上的智力概念,其精髓在于强调动态的能够创造高科技知识或创造才能的智力性活动,特别是脑力劳动在劳动中的作用的发挥,智力资本本质不仅仅是静态的无形资产,更趋向于思想形成过程及达到目的的方法[②]。作为知识型企业重要资源的人,是企业众多活动得以开展的基础[③]。斯图尔特(Thomas A Stewart)把企业内员工的知识、技能,企业文化、制度和集体知识都视为知识资本,知识资本日益成为企业重要的资源。智力资源逐渐成为企业核心竞争力的关键因素[④]。

二、智力资源的特征

与其他类型的资源相比,智力资源具有什么特征?众多学者对这一主题展开了研究,代表性观点如下。

季爱华、张昌英等认为智力资源具有以下特性:有形与无形的组合性,易流动性、共享性、高度增值性、递增性和长期受益性,价值易损性,开发与投入的连续性、不可继承性、商品性等[⑤⑥⑦⑧]。陈永平认为智力资源具有层次性、流动性、累积性和可更新性[⑨],张平宇等认为智力资源具有继承性、增值性、附着性、时效

---

① 吴艳,陈跃刚.我国知识服务业发展评价的实证研究[J].科技管理研究,2010,30(23):54-58.

② 刘剑虹,王雯.智力资本报告:图书馆管理与发展的重要工具[J].图书情报工作,2011,55(13):55-58.

③ 卡尔·爱瑞克·斯威比,汤姆·劳埃德.知识型企业的管理:通过鼓励创造性来增加价值[M].梁立新,译.北京:海洋出版社,2002.

④ 王前,李作学.试论智力资源管理的现实问题[J].科学学与科学技术管理,2004(10):113-117.

⑤ 季爱华.基于智力资源的知识型企业并购[J].农经,2005(8):76-78.

⑥ 张昌英,徐昀.智力资源在农村地区反贫困中的作用:以沂蒙老区为例[J].农村经济与科技,2012,23(2):81-83.

⑦ 成素梅,孙林叶.析智力的内涵与本质[J].自然辩证法研究,2000,16(11):38-42,55.

⑧ 王刚,李志祥.智力资源与企业竞争力提升[J].商业时代,2006(25):49-50.

⑨ 陈永平.智力资源的特征[J].南方人口,1990(1):68,67.

性、不易度量性等特性①，高云正认为智力资源具有能动性、再生性、非守恒性和智力资源的多科性②。杜一平等认为智力资源作为知识经济时代人类社会的第一资源，由于其具有独特方式和表征性能，可从生存特性、效用特性和评估特性三个维度分析其特征，生存维度的特征有传承性、增值性、依附性和流动性；应用维度的特征主要有时效性、产权性和多元性；评估维度的特征主要有难测性、复杂性和动态性③。

夏敏等认为大学智力资源具有独特性、社会共有性、动态生成性、可持续性四大特征，独特性指大学智力资源是人力资源中的较为独特并具有独特价值的一种资源形态；社会共有性是指大学智力资源可以跨越组织界线，为全社会利用；动态生成性即大学智力资源是由信息资源、知识资源和人力资源等的有机结合、相互渗透而形成的④；可持续性是指大学智力资源一旦形成，将对大学起到可持续支持作用⑤。

经济学中的稀缺原理不太适用于智力资源，因为智力资源具有开发上的无限性，其使用频率越高，资源越丰富⑥。安源等认为网络智力资源本质特征主要表现在组织结构柔性、群体智能涌现性、创意成本低廉性三个方面⑦。

智力资源的根本属性是生命性，它可以再生、重组，可以根据环境的变化进行调整、合理利用和开发，可导致智力资源主体知识经验的积累和智慧的增长，

---

① 张平宇，马延吉，赵燕霞．智力资源的特性和内涵 [J]．经济地理，2002，22（增刊）：1-4．

② 高云正．试论智力资源的内涵与特点 [J]．生产力研究，1989（3）：23-25．

③ 杜一平，方建平，许迎军．论智力资源的主要特性 [J]．科技管理研究，2007，27（2）：23-25．

④ 康翠萍．人力资源管理的新视角：以智力资源优化来提升大学核心竞争力 [J]．大学教育科学，2010（6）：47-52．

⑤ 夏敏，康翠萍．优化智力资源效能管理与提升大学核心竞争力 [J]．沈阳师范大学学报（社会科学版），2008，32（4）：1-4．

⑥ 胡振华，易佳琳．人才智力资源的优化配置 [J]．科学管理研究，1998，16（6）：46-48．

⑦ 安源，滕广青．面向企业核心竞争力的网络智力资源聚合研究 [J]．情报科学，2015，33（11）：23-27．

是一个用之不竭的资源宝库①。另外，由于智力资源具有动态性，所以智力资源主体需要不断地更新自身的智力资源，保持其先进水平，不然在竞争中会被淘汰。智力资源的应用方式即智力服务，即智力资源主体为需求者提供知识服务，智力服务由于其高增值性，具有非常大的开发潜力②。智力资源虽然以个人为载体，但是往往集中起来其效用才能更好地被发挥，所以要使智力资源得到较好的利用，转换为一种产品，在市场中流通并应用，在市场经济条件下，需要企业、单位或信息化公司的组织。当然，智力资源的生存条件是要有充分的智力服务需求③，智力资源提供智力服务必须能满足需求。

三、智力资源的共享

（一）共享

共享是本研究的核心概念之一，因此需要对共享这一概念进行明确界定，以便把握共享的本质含义，从而便于开展系统研究。

共享一词由"共"和"享"二字组成，从词源学的角度来看，古人认为"共"有"拱手"的意思，拱手是古人之间的社交礼仪，即通过做"拱手"的动作，向对方表示恭敬和敬意，《新华字典》中对共（gòng）的意义解释为共性、共同、同甘共苦；彼此都具有、使用或承受；患难与共等。《广韵》中说：公，共也，"共"字有"共同""共享""共用"的意思。"享"的本意是给祖先和神灵献祭。《新华字典》中对享（xiǎng）的意义解释为享用，享有，安享，分享，贡献等。《英汉 - 汉英字典》中对"Share"的中文解释为共享、分享和共有。作为名词词性的解释为股份、份儿、分担、分担量、分摊和贡献等；作为动词的词性解释为分配、平均分享、共享、共用、共有、参与等。今天，"共享"一词既有给予的意思，又带有平等的含义，"我把资料共享给你"中的共享有给予的意思，"我和你一起共享这个作业"中的共享带有"平等"的含义。因此，共享一词的本意就是"供奉""给予"的意思，即共享就是

---

① 倪胜利. 西南民族智力资源可持续发展的教育文化战略 [J]. 民族教育研究, 2010, 21（5）: 10-14.

② 谢友柏. 知识服务：提高智力资源利用效率的途径 [J]. 西部大开发, 2002（1）: 23-25.。

③ 同①。

付出并不索求回报①。在学术界，学者们从不同的视角对共享进行了界定：如有学者从社会学的视角认为共享是人们之间关系的一种表征，共享连接着有特定目标和任务的群体，他们共同关注具有特定价值的资源，这些群体中的个体协调并妥协行动，以达到个体与群体之间的理性妥协，达到某种程度的资源共享。

由此可见，"共享"是一个较为广泛的术语。仅从字面上来理解，根本无法满足研究的需求。本书试图给共享下一个定义："共"就是某一组织或系统在发展过程中对制度、机制、文化的趋同化追求，"享"就是各主体之间对资源的享用、享有的现实期待，因此，"共"和"享"有机结合又相辅相成，"共"以"享"为追求目标，"享"以"共"为必然手段和途径②。

（二）智力资源共享的内涵

智力资源是知识经济社会人类争夺和共享的主要对象。管理大师彼得·德鲁克（Peter Drucker）认为，组织内脑力工作者和他们的生产力是21世纪组织最有价值的资产。脑力劳动者是智力的源泉，智力资源管理是21世纪企事业单位管理的核心。共享是要素之间最好的运作方式之一，知识经济时代社会发展需要智力资源共享，只有通过共享才能使智力资源的价值最大化。

谈及智力资源共享，人们必然会与信息共享、知识共享、教育资源共享等联系起来，那么这些概念之间到底有什么关系？

信息共享是指通过谈话、文字和互联网等媒介对信息的传输和共用。知识共享即把知识以文本、图形、动画等符号形式编码之后，利用各种传播渠道和方式，促使知识在一定范围内充分地流动、转化和应用，从而扩大知识的应用价值，提高个人或组织绩效③。信息、知识和智力资源在共享过程中，不会像物质资源伴随着共享频率的提升而使其应用价值减少，而其应用价值反而会增加，智力资源共享与知识共享的根本区别在于怎样把隐含在人脑中的知识激发出来并共享。

从层次结构方面来看，信息资源、知识资源和智力资源之间存在一定的上下位层次关系，信息资源处于底层，知识资源则处于中间层，智力资源处于上层。

---

① 符马活.活字纪[M].南京：江苏文艺出版社，2014.
② 刘佳.山海公司核心员工激励机制优化研究[D].长沙：中南大学，2009.
③ 韩彦军.知识服务产业的知识共享机制研究[J].图书馆学研究，2015（9）：39-45.

第二章 教育智力资源共享研究述评

在这种层析关系中,层次越低越具体,资源也容易表示和传播;层次越高越抽象,资源也难以表示和传播。这些资源最有效的利用方式就是实现充分共享,信息共享、知识共享、信息向知识的转化、知识向智力的转化过程都是不可缺少的,都是智力资源的基础。三者之间的关系如图2-8所示。

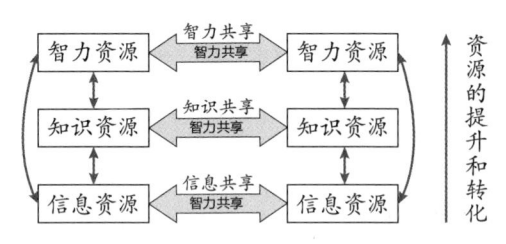

图2-8 信息、知识、智力资源关系模型

智力资源共享也与知识管理有密切关系,知识管理就是协助组织或个人合理利用信息技术等手段,加速知识的生产、应用、共享等,以提升个人或组织的绩效。安达信会计公司(Arthour Andersen)将知识管理用公式 $KM = (P+K)^S$ 来表达,其中,K是指组织的知识(organization knowledge),P指组织的成员(people),"+"指技术(technology),S就是分享(share)。其具体含义就是组织只有将人和技术充分结合起来,才能实现知识的积累,如果组织的分享文化较浓厚则可以达到几何指数的效果。智力资源共享与知识共享有某些相似性,隐性知识共享是智力资源共享中的核心内容之一,即组织内部、组织之间的员工通过线上或线下的交流方式,推动组织内外人员的知识创造与知识传播[①]。

因此,智力资源共享是指将分布在不同地域、组织或系统中的智力资源主体,以其专业背景、工作经历等为参考依据,通过互联网技术组织起来,以相互交流、合作等活动来完成某一特定任务[②]。数据、信息和知识共享是智力资源共享的基础,智力资源共享比较侧重于更高层次的资源共享。个人智力资源共享具有时空自由、内容自定等特征,组织智力资源共享具有跨组织共享、智力流动的市场化配置、汇集组织内部优质智力资源形成整体优势等特点[③]。智力资源共享在企业管理领域比较活跃,虚拟企业的建设与发展是智力资源共享的一种具体形式,虚拟企业建设的

---

① 韩彦军. 知识服务产业的知识共享机制研究[J]. 图书馆学研究,2015(9):39-45.
② 夏敬华. 协同的灵魂:知识管理[J]. 人才资源开发,2006(5):86.
③ 金福,王前. 知识型组织智力资源管理新论[J]. 科学学研究,2006,24(4):591-596.

本质就是智力资源共享。要达到智力资源共享，每一个参与共享的成员需要有合作共享意识。互联网为智力资源共享提供了技术支持与思路，可以大大降低知识分享的成本。卡尔·夏皮罗（Carl Shapiro）认为网络价值 = $(N^2-N)/2$，加入网络的人数越多，网络价值也越高。智力资源的增值过程与网络价值的提升过程在某种程度上是相似的，但是随着互联网中智力资源数量的增加，智力资源的管理难度也随之增加，必须有合理的管理机制，才能充分共享智力资源，使得智力资源的效用发挥到最大[①]。

四、智力资源共享的途径

智力资源的共享途径就是智力资源主体将智力资源共享给需求者或者为需求者提供服务的门路或渠道。

由于智力资源具有主体依附性，智力资源共享的途径必须涉及共享双方的交流或者联系渠道。因此，智力资源共享的关键在于如何利用信息技术把从事智力资源共享的主客体双方组织起来，使之通过构建共同体、搭建交互空间等形式在其中开展思想交流、碰撞观点、激发灵感与创造力，促进各方隐性知识的转化、外化或知识创新能力的提升[②]。对智力资源共享途径，主要有以下几种大致的观点。

（1）通过构建共同体开展教育智力资源共享。刘奇燕等认为企业、高等院校、科研院所或政府组织等组织机构，以促进组织内成员的利益最大化与合作创新为目的，基于成员之间的智力资源共享，在约定俗成的契约约束下形成科研共同体，在共同体内开展智力资源共享联合行动[③]。还有，张宛艳认为在面对面的人际交流环境或者实时人际交互环境中，共享双方可以借助眼神、语气、形体动作交流信

---

① 吕永波，任锦鸾，任远，等. 虚拟智力资源共享系统研究 [M]. 北京：清华大学出版社，北京交通大学出版社，2007.

② KIANTO A, SÁENZ J, ARAMBURU N. Knowledge-based human resource management practices, intellectual capital and innovation[J]. Journal of business research, 2017, 81: 11–20.

③ 刘奇燕，张海涛. 开放式创新智力资源生态圈构建研究 [J]. 现代国企研究，2017（4）：135-138.

息，进行智力资源共享[①]，也可通过组织内部智力资源的管理促进智力资源共享[②]。高等学校的管理者在高校智力活动管理中，有效管理学校的优质智力资源，激励多主体通过多种渠道共享智力资源。Garten 认为应从智力资源的涌现特性出发，在智力活动过程中不断地甄别、培育、发展与及时完善智力资源[③]，合理利用并科学评价智力资源[④]，增强大学核心竞争力及其可持续发展。

（2）通过图书馆开展信息资源共享而进行智力资源共享途径。邓群认为应加强图书馆之间的联合实现资源共享，是充分开发并利用图书馆智力资源的有效途径[⑤]。曲晓玮认为采用项目管理方法，可以更好地激活各类专业人员的智力资源，图书馆也可以通过互联网直播系统定期组织专题讲座，集聚社会智力资源[⑥]。

（3）通过智力资源形态的转化渠道而进行智力资源共享。前文已经证实，智力资源既包括狭义层面的作为智力资源主体的人，又包括广义层面的技术资料、软件、产品等虚拟资源，组织或个人可以通过以下三种途径将智力资源转化为不同的虚拟智力资源而实现共享：①将智力资源转化为某种具体的产品进入市场；②将智力资源转化为可转让的技术进入市场；③将智力资源转化为知识资源服务进入市场[⑦]。

（4）通过网络学习空间共享智力资源。丁学淑等认为应该利用互联网技术手段打破组织界线，建立智力资源网络地图，汇集一定区域内的智力资源，促进智

[①] 张宛艳. 科技创新环境中古籍修复人才培养模式的研究 [J]. 大学图书情报学刊，2011（3）：12-14.

[②] 康翠萍. 人力资源管理的新视角：以智力资源优化来提升大学核心竞争力 [J]. 大学教育科学，2010（6）：47-52.

[③] GARTEN E D. Providing intellectual resources through technology to transnational virtual universities: good practice and lessons learned from world-class examples[J]. Higher education in Europe, 2000, 25(3): 361-71.

[④] 夏敏. 大学智力资源效能：评价与管理 [J]. 教育研究，2007（12）：70-72.

[⑤] 邓群. 图书馆智力资源的开发与利用 [J]. 湖北科技学院学报，1990（3）：59-60.

[⑥] 曲晓玮. 人才蔚起事业兴：对开发图书馆专业人员智力资源的几点思考 [J]. 高校图书馆工作，2003，23（3）：50-52.

[⑦] 郭峰，武建伟，潘双夏，等. 支持智力资源服务的产品开发过程管理系统 [J]. 计算机辅助设计与图形学学报，2007，19（10）：1359-1364.

力资源协同管理,突显智力资源的集群优势[①]。安富海认为在利用网络学习空间等信息技术手段,将优质教师智力资源及其服务在虚拟空间中聚合起来,通过机制创新、服务迁移等手段,帮助薄弱地区或学校的教师专业发展和学生的成长,这是实现民族地区、薄弱地区义务教育发展的有效途径[②]。

五、智力资源共享系统模型

在互联网环境下,智力资源主体分布在不同的地域,在现实环境下难以面对面地开展智力服务与指导,因此,智力资源共享必须以共享系统为中介。学术界对智力资源共享系统模型的研究呈现方式,经过文献查阅和梳理,主要有以下几种比较典型的观点。

熊才平等构建了信息技术促进教师资源配置城乡一体化方案模型(图2-9),在此模型中有城市学校的教师、学生和农村学校的教师、学生四类主体,网络平台为城市学校的师生和农村地区的师生架起了智力资源共享的桥梁,如城乡教师之间可以通过网络平台开展协同教研、集体备课等智力资源共享活动。城市学校的学生和农村学校的学生也可以通过网络平台开展交流。更为重要的是,城市学校的教师可以通过网络平台为农村学校的学生实施教学或辅导,此系统模型是典型的利用互联网手段促进教师智力资源在城乡之间流动的典型模型[③]。王仰东等运用系统工程的研究方法,构建了面向信息服务业的 $B2E-I^3-ASPP$ 平台,应用该体系结构构建面向特定行业的智力资源或信息资源共享环境,可以为政府或企业等社会组织,为行业专家、专业技术人员甚至全社会提供跨时空、交互性、全方位信息服务与智力加工活动支持,其共享过程如图2-10所示[④]。

---

① 丁学淑,王晓霞,马如宇.古籍修复人才智力资源管理研究 [J].河南图书馆学刊,2014,34(2):86-88.

② 安富海.学习空间支持的智力流动:破解民族地区教师交流困境的有效途径 [J].电化教育研究,2017(9):102-107.

③ 熊才平,吴瑞华.以信息技术促进教师资源配置城乡一体化 [J].教育研究,2007(3):83-86.

④ 王仰东,胡燕祝,张仲义.面向石化工业的网上智力资源共享系统 [J].石油大学学报(自然科学版),2003,27(3):112-114.

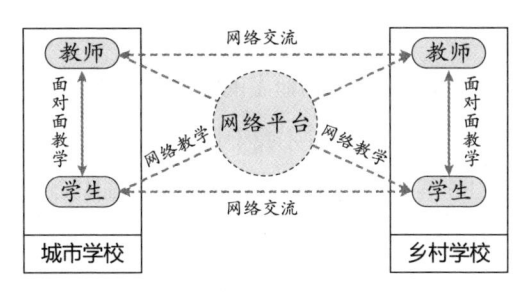

· 第二章　教育智力资源共享研究述评·

图2-9　区域教师资源配置城乡一体化模型

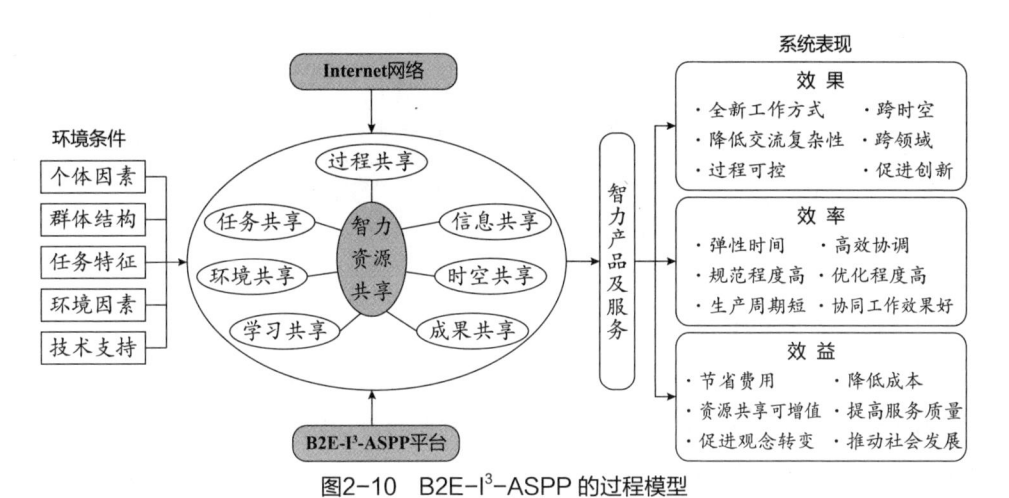

图2-10　B2E-I³-ASPP 的过程模型

安源等构建了面向企业核心竞争力的网络智力资源聚合模型（图2-11），其最终目标是建立一个体量庞大的、知识多元的、充分自组织的、动态更新的企业外部智库[①]。

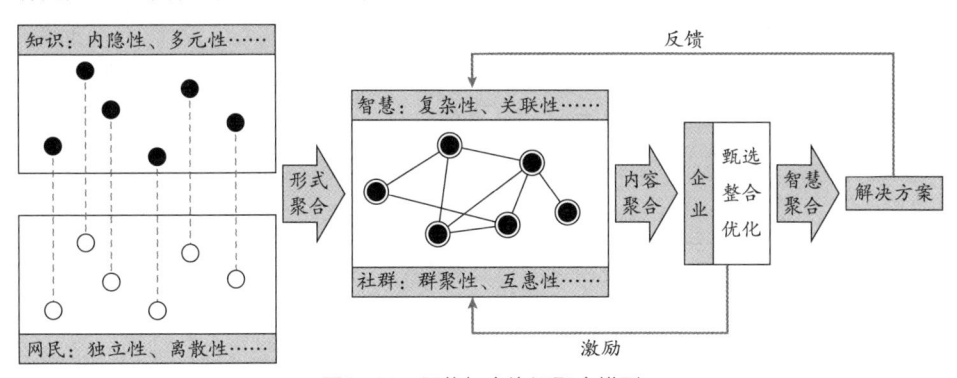

图2-11　网络智力资源聚合模型

---

① 安源，滕广青.面向企业核心竞争力的网络智力资源聚合研究[J].情报科学，2015，33（11）：23-27.

马继辉等以应用为出发点，提出的虚拟智力资源共享系统（Virtual Intelligence Resource Sharing System，VIRSS）项目研发的整体概念模型，如图2-12所示。VIRSS理念核心是智力或知识共享，在虚拟环境中通过协同工作实现智力资源共享，其目标是构建虚拟的智力共享中心，其包括虚拟科技管理中心、虚拟信息服务中心、虚拟群体决策中心、虚拟软件协作中心等[1]。

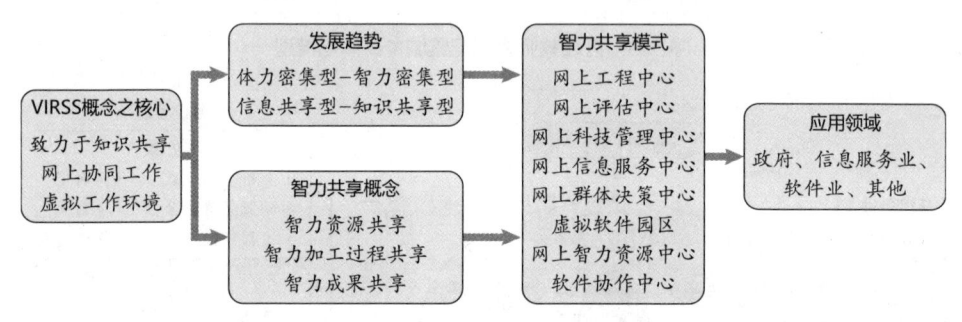

图2-12 虚拟智力资源共享系统研发的整体概念模型

金福等依据智力资源管理的基本原则，构建了组织智力涌现概念模型[2]，如图2-13所示。选择、变异、互动三个因素是智力资源复杂自适应系统应该考虑的[3]，其中变异能够使智力资源系统萌发新成员，互动与对话是智力资源系统共享的具体活动，选择是共享主体识别并选用合适的信息与知识。在复杂多变的环境背景下，个人、团队与组织通过不断学习产生自适应[4]。

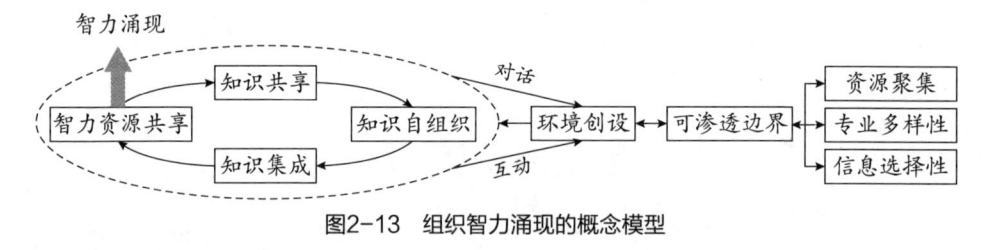

图2-13 组织智力涌现的概念模型

---

[1] 马继辉，孙明春，张仲义. 虚拟智力资源共享系统[J]. 电脑与信息技术，2003（6）：1-4, 49.

[2] 金福，王前. 知识型组织智力资源管理新论[J]. 科学学研究，2006, 24（2/3/4）：591-596.

[3] O'REGAN P, O'DONNELL D. Mapping intellectual resources: insights from critical modernism[J]. Journal of European industrial training, 2000, 24(2-4): 118-27.

[4] 黄辰. 基于智力资源共享的企业学习系统研究[D]. 北京：北京交通大学，2009.

从以上智力资源共享系统模型可以看出,虽然各个智力资源共享模型的应用领域不同、理论依据不同,共享主客体不同,共享系统要素多寡不同、详略不一,但是经过对比分析发现,智力资源共享系统中有几个基本的构成要素:共享平台、共享主体、智力资源服务(活动)、共享主体、客体之间的联结关系等。

教育智力资源共享系统与数字教育资源共享系统之间具有一定的相似性,数字教育资源共享系统的研究对教育智力资源共享系统模型的构建具有一定的借鉴意义。国内学者主要观点有:数字化教育资源共享系统涉及提供者、共享者和共享平台三大要素[①]。资源共享的关键因素包括共享主体、共享对象、共享平台、共享机制[②]。数字教育资源共享系统由主体、资金、用户、开发者和管理者等要素构成[③]。从建设和共享的角度来看,数字教育资源共享系统有供方、需方、外部技术环境因素和内部的动力机制等四个要素[④]。从以上学者们对数字教育资源共享系统的研究,归纳起来主要的系统构成有资源供给方、需求方、平台方和共享机制,另外还受到外部环境因素的影响。

六、智力资源共享机制

共享机制是数字教育资源配置中的一个关键问题,共享是靠机制完成的[⑤]。共享机制和推送机制是智力资源共享机制的两个方面[⑥]。智力资源共享机制是将身处不同地域、不同组织中的智力资源组织起来,通过人际交流或互动等来完成某一特定目标的智力活动过程。智力资源的推送机制,就是对智力资源的内容、主体等个性化特征梳理之后,依据智力资源属性与资源需求之间的匹配程度,自动推

---

① 李智晔,邓承敏,刘世清.数字化教育资源共享的传播:消费模式及其特征[J].教育研究,2016,37(11):54-57,73.

② 毕经美.区域性优质职业教育数字化资源共享的影响因素[J].中国远程教育,2014(10):67-70.

③ 张世明.数字教育资源共享生态系统研究[M].上海:复旦大学出版社,2011.

④ 钱冬明,管珏琪,祝智庭.数字教育资源共建共享的系统分析框架研究[J],电化教育研究,2013(7):53-58,70.

⑤ 王德禄.知识经济和知识管理[N].中国经营报,1998-08-11(21).

⑥ 刘奇燕,张海涛.开放式创新智力资源生态圈构建研究[J].现代国企研究,2017(4):135-138.

送比较适宜的智力资源[①]。作为智力资源密集、以知识创新为核心的现代大学组织，要想促进其核心竞争力的提升，智力资源管理至关重要，即需要有行之有效的管理机制和运行机制，其中运行机制主要包括智力环境创设、智力资源共享、智力涌现调控三个方面，而智力资源管理机制主要包括对智力资源的甄别、获取、培育、发展与完善智力资源等[②]。金福等针对智力资源管理中存在的问题，基于复杂适应系统理论（complex adaptive systems，CAS）与智能复杂自适应系统理论（Intelligent Complex Adaptive System，ICAS），创建了组织智力资源管理的环境创设机制、资源共享机制与智力涌现调控机制[③]。

从智力资源的内涵可知，科技资源、知识资源和数字教育资源等是智力资源的物化形式，这些资源的共享机制与智力资源的共享既有区别又有联系，这些资源的共享机制研究具有一定的参考意义。因此，有必要对数字教育资源等相关共享机制进行梳理。

数字教育资源共享机制是指区域、校际、部门之间数字教育资源共享的方式和过程。张虹波等认为资源共享与管理机制的实现是构建先进资源共享环境的关键[④]。颜荆京等基于资源分类的视角，将基础教育数字教育资源的共享机制分为内部共享机制和外部共享机制。内部共享机制包括分类筛选机制、激励机制、安全监控机制、质量审核机制、评价反馈机制和激励表彰机制等，外部共享机制包括系统规划机制、经费保障机制、激励共享机制和管理服务机制等。只有内部机制与外部机制联动配合，才能持续促进基础教育数字教育资源的共建共享（图2-14、图2-15）[⑤]。

---

① 张海涛，刘奇燕.开放式创新智力资源生态圈构建研究：来自云南中烟技术中心的案例[J].知识管理论坛，2017（2）：167-174.

② 康翠萍.人力资源管理的新视角：以智力资源优化来提升大学核心竞争力[J].大学教育科学，2010（6）：47-52.

③ 金福，王前.知识型组织智力资源管理新论[J].科学学研究，2006，24（4）：591-596.

④ 张虹波，李玉顺.教育资源共享环境及共享机制建设发展现状研究[J].中国电化教育，2009（11）：68-73.

⑤ 颜荆京，汪基德，安冉.基于资源分类的基础教育数字资源共享机制[J].现代远程教育研究，2014（3）：94-99.

第二章 教育智力资源共享研究述评

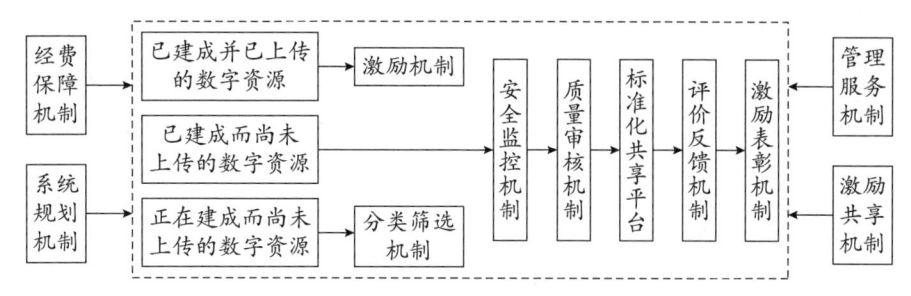

图2-14 基于资源分类的基础教育数字资源共享机制

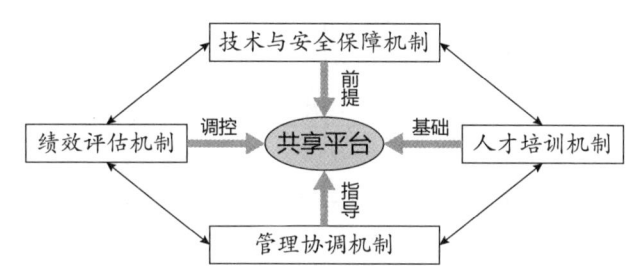

图2-15 高校科技信息资源共享平台运行机制

郑朴芳等以区域内与区域间为划分标准，将数字教育资源的区域内共享机制分为规划机制、激励保障机制、资源准入机制、评价反馈机制等，区域间的数字教育资源共享机制包括宏观调控机制、区域联盟机制等[①]。程结晶等认为区域性数字化教育资源共享机制要从宏观管理协调机制、法规与标准化协调机制、资金协调机制和技术协调机制来建设一个科学、合理的区域性数字化教育资源共享途径[②]。毕经美认为应该建立由政府主导区域内优质教育资源的区域共享鼓励与保障机制[③]。王亚杰等认为京津冀研究生教育资源共享机制由协同领导机制、人事和科研管理机制、监管与考评机制等组成[④]。林坤等认为民族教育资源共建共享机制的

---

① 郑朴芳，胡小勇.区域数字化教育资源整合与共享机制研究[J].中国教育信息化，2011（2）：71-75.

② 程结晶，黄晶晶，潘琰.区域性数字化教育资源共享途径研究[J].现代教育技术，2011，21（4）：125-129.

③ 毕经美.区域性优质职业教育数字化资源共享的影响因素[J].中国远程教育,2014（10）：67-70.

④ 王亚杰，陈岩.京津冀教育协同与资源共享：以研究生教育为例[J].国家教育行政学院学报，2016（4）：17-22.

构建主要包括政策调控机制、制度保障机制、主体优化机制等三方面[①]。孙彦明等根据系统动力学理论，构建科技资源共享模型，演示要素之间变化规律和运行机制（图2-16），主要机制有基于利益驱动的科技资源共享运行机制（图2-17）、基于绩效驱动的科技资源共享运行机制（图2-18）、基于价值驱动的科技资源共享运行机制（图2-19）等[②]。

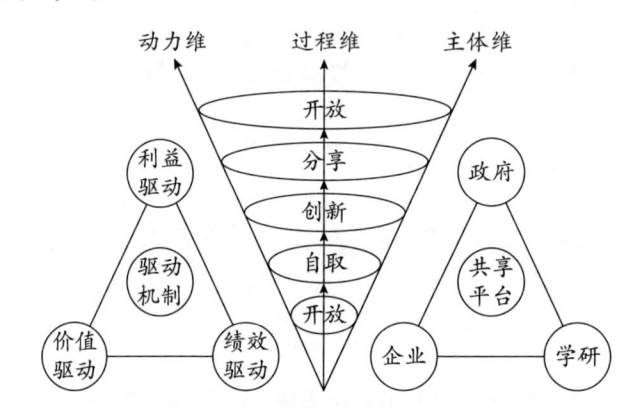

图2-16 科技资源共享运行机制

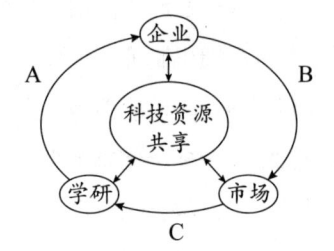

图2-17 基于利益驱动的科技资源共享运行机制

图2-18 基于绩效驱动的科技资源共享运行机制

---

① 林坤，李雁翎. 教育资源均等化背景下民族教育资源的共享共建机制[J]. 贵州民族研究，2015（11）：229-232.

② 孙彦明，赵树宽，王泷，等. 协同创新视阈下科技资源共享机制研究[J]. 科技管理研究，2017（13）：1-8.

·第二章 教育智力资源共享研究述评·

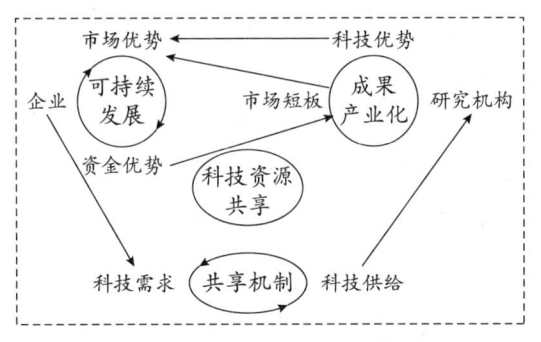

图2-19 基于价值驱动的科技资源共享运行机制

张新鹤认为信息资源共享系统战略目标的制定和实现必须以合适的机制体系为基础，共享机制的完善、共享机制创新主要内容是绩效评估，绩效评估同样也是信息资源系统绩效稳步提升、实现可持续发展的关键[①]。苏坤等认为信息资源的共享机制有市场机制、社会协调机制、基于网络的数字资源共享机制[②]。穆颖丽从政策法规、组织协调、人力资源、经费、利益平衡等方面构建高校图书馆信息资源共享保障机制[③]。

龙敏认为高校图书馆应该结合自身资源优势参与资源共享，首要任务是健全高校信息资源共享机制，完善信息资源共享的保障机制、监督机制、激励机制、管理机制等[④]。李静等也认为建立健全包括资源保障、监督约束保障、协调保障等在内的保障机制是图书馆文献资源共享的必要条件[⑤]。杨巧云等认为信息资源共享的机制还包括市场机制、动力机制、信息沟通与交流机制等[⑥]。

知识是智力资源的核心之一，知识共享机制对研究智力资源共享具有一定的借鉴价值。邱均平等认为知识共享机制的构建应更侧重于组织建构、文化建构、

---

① 张新鹤.信息资源共享机制绩效评估初探[J].国家图书馆学刊，2010，19（3）：13-17.
② 苏坤，杨洁.2003—2012年我国信息资源共享研究的现状[J].情报杂志，2013，32（11）：175-180.
③ 穆颖丽.高校图书馆信息资源共享保障机制探析[J].高校图书馆工作，2013（6）：40-42.
④ 龙敏.高校图书馆信息资源共享运行机制研究[J].图书情报知识，2009（2）：90-95.
⑤ 李静，李红.我国区域资源共享现状及保障机制的再思考[J].医学图书馆通讯，1997(3)：43-44.
⑥ 杨巧云，苏海潮.图书馆人际网络分析[J].图书与情报，2008（2）：94-97.

人力资源建构等三个方面[①]。罗志勇认为知识共享机制包括组织机制、构建机制、激励机制等[②]。众多学者从不同维度对不同领域的知识共享机制、科技资源共享机制等做了研究,范道津等将知识共享激励和成本作为相互制约的条件,提出了企业知识共享的最优激励机制[③]。王进富等运用协同学、生态学等多学科交叉的理论分析内嵌于产学研协同创新全过程的创新行为特征,提出了由动力协同、知识管理协同、路径协同组成的产学研协同创新机制[④]。王晓园等认为科技项目管理中的知识共享机制包括信任机制、情景机制和沟通机制三个方面[⑤]。顾兢晶从学习机制、信任机制和文化机制等方面介绍了供应链知识共享机制的建设[⑥]。对以上有关共享机制文献分析可知,学界已对共享机制达成以下共识:共享机制往往是由多个子机制构成的一个机制系统,共享机制的建立也是一个系统工程。

第三节 "互联网+"教育智力资源共享相关研究

近年来,全国各地都在积极探索利用"互联网+"共享教育智力资源,以促进教育公平与教育优质均衡发展。一方面,"互联网+"共享教育智力资源,创新面向农村薄弱学校的新型服务模式,"互联网+在地化"即构建以在地化教学共同体为主体的双轨混成乡村数字学校[⑦]。王继新等在湖北省咸宁市咸安区、恩施土家族苗族自治州等地探索出包括双轨数字学校建设、城乡牵手等具有区域教育特色

---

① 邱均平,许丽敏,陈瑞.社会网络视角下企业内部知识共享机制研究[J].图书情报工作,2011,55(10):25-29.

② 罗志勇.知识共享机制研究[M].北京:北京图书馆出版社,2003.

③ 范道津,郭瑜桥.对SECI知识创造模型的改进研究[J].西北农林科技大学学报(社会科学版),2008,8(4):77-80,84.

④ 王进富,张颖颖,苏世彬,等.产学研协同创新机制研究:一个理论分析框架[J].科技进步与对策,2013,30(16):1-6.

⑤ 王晓园,李东风,陈道新.科技项目管理中的知识共享机制研究[J].科技资讯,2014(30):118.

⑥ 顾兢晶.供应链协同管理中知识共享机制的研究[D].合肥:合肥工业大学,2007.

⑦ 田俊,王继新,王萱."互联网+在地化":乡村学校教学质量提升的实践研究[J].中国电化教育,2019(10):38-46.

的"互联网+"教学点发展模式[①],吉林省榆树市武龙中学牵头创建覆盖全省的"武龙中学数字校园联盟"及"吉林省乡村学校教育信息化支持行动"[②],这些都是通过互联网连接优质教育资源与农村薄弱学校,探索出"一校带多校、多校带区域"的推广模式,有效促进了区域义务教育的优质均衡发展。另一方面,"互联网+"优化农村薄弱学校课程教学。教育部推出旨在促进资源共享和教育均衡的专递课堂、名校课堂、名师课堂、同步课堂等具体措施,各地纷纷开展"互联网+"促进农村薄弱学校课程教学的实践探索,利用"互联网+"促进跨区域教育共享教育智力资源。2013年9月,由汤敏牵头、友成基金发起,将中国人民大学附属中学初一(7)班的数学课堂教学实况通过远程在线直播课堂实时共享给到广西、内蒙古、重庆、河北等五个省(自治区、直辖市)的13所乡镇项目学校,拉开了"双师教学"的帷幕,也是"互联网+"教育智力资源共享的实践探索[③]。厦门市同安区阳翟小学与同安区最偏远的莲花白交祠教学点的远程同步互动课堂[④]。"互联网+"区域内共享教育智力资源,促进区域义务教育城乡一体化发展,如湖南省的"中小学网络联校建设工程",广东省的"互联网+"优课,广西壮族自治区的"同步在线教学",徐州市同步课堂教学模式[⑤]等。2016年11月开始,北京市教育委员会正式启动面向通州区31所中学初中生、9门学科的在线教师一对一辅导,名为"北京市中学教师开放型在线辅导计划(教师走网)"。2018年,此试点工作拓展到密云等六个区[⑥],开始大规模应用,作为"互联网+"时代教师流动的独特形式,通

---

① 王继新,施枫,吴秀圆."互联网+"教学点:新城镇化进程中的义务教育均衡发展实践[J].中国电化教育,2016(1):86-94.

② 刘忠民,王喆."互联网+教育"精准扶贫助推城乡教育均衡发展:以吉林省武龙中学为例[J].中国电化教育,2016(8):98-101.

③ 宋晓梦.我们和人大附中一起上课:关于"慕课1+1"即"双师教学"项目的调研[N].光明日报,2014-06-17(15).

④ 冉新义.农村小规模学校"互联网+同步课堂"教学模式研究[J].教育探索,2016(11):35-39.

⑤ 张尧,王运武,余长营.面向城乡教育均衡发展的教育变革:徐州市同步课堂教学模式的设计与实践[J].现代教育技术,2019,29(6):90-95.

⑥ 李奕,赵兴龙.教师队伍建设的新动能:北京市教师走网带来的启示[J].教育研究,2019,40(1):153-159.

过互联网将教师的现实服务与经验共享给学习者，提供答疑、辅导等在线智力服务，为学习者提供精准的服务。其特点是人岗不动、服务迁移、身份流转、服务与经验共享，是"互联网+"时代教育公共服务模式创新的一大举措[①]。

第四节 对本书的启示

目前"互联网+"教育背景下智力资源共享的相关研究呈现以下研究趋势。

一、"互联网+"为智力资源共享提供了支持

从技术的维度来看，"互联网+"集成了移动互联网技术、大数据分析技术、虚拟现实技术和人工智能技术，并将形成技术集群，技术集群的协同效应会给智力资源的共享提供坚实的技术支撑，为智力资源的共享提供虚实融合的共享空间。

从应用的维度来看，以"用户至上、体验为王、颠覆式创新"等为主的互联网思维为教育改革与发展提供了新思路，对个性化教育、优质公平教育、教师能力提出了新要求，同时对当前公共教育服务提出了新要求："互联网+"呼吁以教育服务供给的社会化、教育服务供给的个性化、教育服务业态的虚实融合为特征的公共教育服务新模式的产生。

二、对广义智力资源共享研究已经趋于成熟

智力资源共享与数字教育资源、知识资源等有着密切的关系，国内外对这些相关资源共享的研究比较活跃，并且已经取得较为丰硕的成果，如教育技术学领域对数字教育资源共享的影响因素、共享机制的研究；图书情报学领域对教育信息资源共享的影响因素、共享机制的研究；知识管理领域对知识共享的影响因素与共享机制的研究，这些研究成果为智力资源共享的研究提供了坚实的基础。

三、对智力资源的研究分布于管理学等领域

从国内文献的学科分布来看（图2-20），企业经济、人才学与劳动科学、图书情报与数字图书馆、宏观经济管理与可持续发展对智力资源的研究较为活跃，教

---

① 赵兴龙，李奕. 教师走网：移动互联时代教师流动的新取向[J]. 教育研究，2016, 37 (4): 89-96.

育领域中对智力资源的研究主要分布在高等教育的教育理论和教育管理两个子学科领域，在初等教育、职业教育和中等教育有少量的研究。

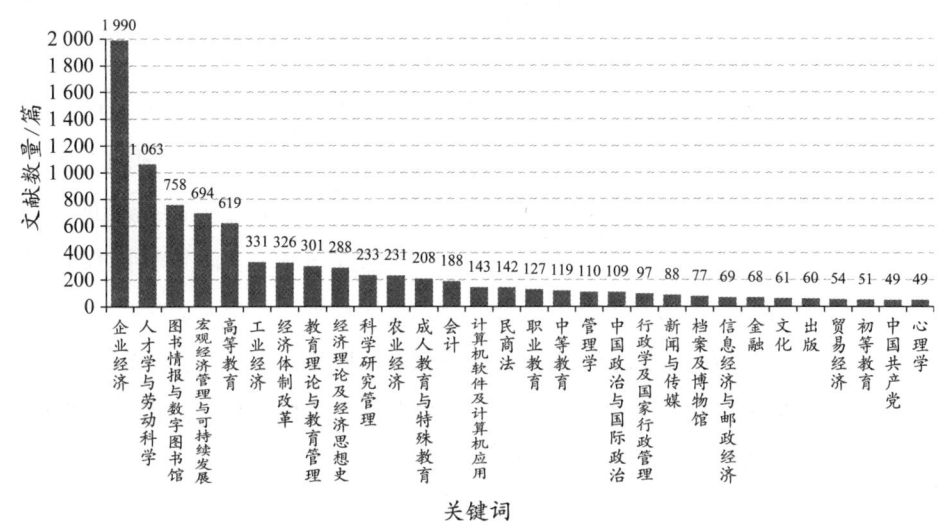

图2-20 智力资源相关文献学科分布

这一结果也是符合新技术、新方法在教育领域中的应用滞后于其他领域这一趋势，智力资源是知识经济时代的核心资源，其已经受到企业经济、管理学和图书情报学等学科的持续关注，虽然教育领域目前对这一主题的研究较少，但是随着"互联网+"教育的发展，智力资源及其共享必将成为教育领域中一个重要的研究领域，同时其他领域对智力资源研究的成果可以为教育中的智力资源共享研究提供借鉴和支持。

四、研究智力资源管理居多

理论研究主要包括对智力资源的基本概念、智力资源的特性、智力资源与人力资源、智力资本等相关概念关系的研究，智力资源在知识经济时代的地位和价值的研究，智力资源的管理研究等，这类研究占文献的绝大部分。实证研究主要以企业智力资源和管理为出发点的研究，如知识型组织的智力资源管理研究、虚拟智力资源共享系统研究、企业智力资源的共享服务研究等，而且大多数研究都是着眼于企业内部或者从社会资源的视角，研究对象也只局限于专业研发人员，且大部分都是基于传统环境下的智力资源共享。

五、教育智力资源共享初见端倪，机制缺失

教育领域中有少数学者对大学智力资源展开了研究，但是很少有教育领域的学者关注智力资源共享。本书认为，对教育智力资源共享的研究还有以下几个内容需要加强：①教育智力资源的理论框架，教育智力资源共享的运行机理等教育智力资源共享的理论研究。②从近两年来"互联网+"教育发展，在体制内外已经有个人或组织开展智力资源共享的研究，引起教育领域的持续关注，但缺乏对"互联网+"背景下教育智力资源的系统研究。如何保障智力资源共享主客体的合法权益和利益等方面的研究也较少涉及。智力资源共享的影响因素有哪些？如何有序引导并推进智力资源共享，这是理论研究和实践应用中十分重要的环节。因此，在"互联网+"背景下，研究教育智力资源共享的机制，既符合当前时代要求，又在一定程度上契合教育均衡发展的现实需求。

本章小结

本章从主要运用文献研究方法，首先对"互联网+""互联网+教育""互联网+"对教师和教育公共服务提出的挑战等国内外文献进行了梳理。然后从智力资源内涵、智力资源的特征、智力资源共享内涵、智力资源共享的途径、智力资源共享系统的模型、智力资源共享机制等方面对智力资源共享相关文献进行了梳理。最后对国内外研究现状的结论和不足进行了分析，为开展研究找到了立足点。

第三章 教育智力资源共享的理论框架构建

前文已经对智力资源共享相关的文献进行了梳理,那么,从理论层面,教育智力资源、教育智力资源共享的内涵是什么?教育智力资源共享具有怎样的特征、价值和原则?本章拟在文献分析的基础上,结合教育智力资源共享的现象,厘清教育智力资源共享的相关概念与理论框架,为后续实证研究提供理论支持。

第一节 教育智力资源的概念界定

一、教育资源

《辞海》中认为资源是"资财的来源,即创造人类社会财富的源泉",通常指天然的财源。马克思在《资本论》中指出资源是财富原始的形成要素,资源除了客观存在的自然资源之外,人既是财富形成的重要来源之一,也是一种比较特殊的资源,人这种特殊资源既包括人类劳动的社会、经济和技术等因素,也包括人力、智力等资源[1]。资源有量、质、时间和空间等多种属性,稀缺性、环境差异性、时空相对性都会影响资源的价值[2]。按属性,可以将人类的资源划分为自然资源和社会资源,其中社会资源由人力资源、知识资源和制度资源等构成。

教育资源作为社会资源的一种,最早源于经济学领域对教育资源经济价值的关注。对于教育资源的界定,有两种比较有代表性的观点,一种观点认为教育资源通常指为确保教育活动正常开展所必须的人、财、物的总和[3],另一种观点认为

---

[1] 中共中央马克思恩格斯列宁斯大林著作编译局.马克思恩格斯选集(第4卷)[M].北京:人民出版社,1972.

[2] 阿兰·兰德尔.资源经济学[M].施以正,译.北京:商务印书馆,1989.

[3] 顾明远.教育大辞典[M].上海:上海教育出版社,1998.

教育资源是一种能力，即能够培养人才、开发智力的能力，这种能力是比物质资源更重要的一种资源①。第一种观点认为教育资源由教育人力资源、教育财力资源和教育物力资源组成，第二种观点比较侧重于智力资源。教育学领域中对教育资源的关注不是因为它的经济价值，更是它的教育价值，教育资源是任何教育活动得以开展的资源基础和前提条件，也是教育系统能够利用进而创造更高教育价值的能量、物质和信息等的总和。学者们对于教育资源的分类如图3-1所示。

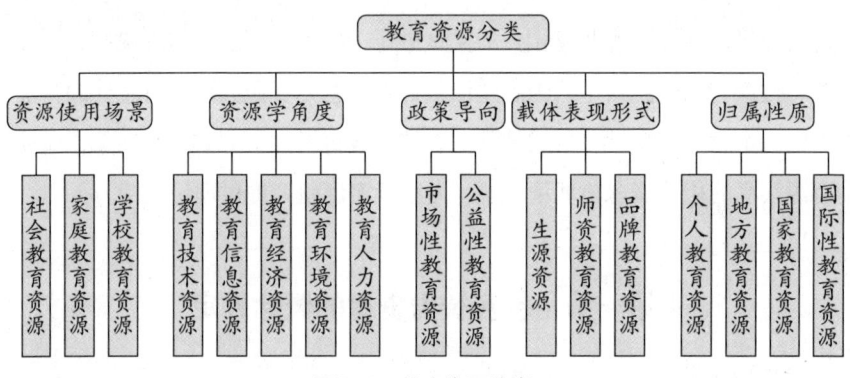

图3-1 教育资源分类

按照归属性质来划分，教育资源可分为国际性教育资源、国家教育资源、地方教育资源和个人教育资源四种。国际性教育资源就是跨越国界，通过各类教育行业组织或团体以网络的形式共享，供全球教育者和学习者使用的教育资源，如通过国际交流来共享的教育人力资源，近年来出现的MOOC课程资源等数字教育资源。国家教育资源就是国家层面能够调配、使用的教育资源，如全国性的教育经费和数字教育资源等。地方性教育资源就是可供地方政府支配的教育资源，如地方教育政策法规、教育经费和区域数字教育资源等。而个人教育资源就是由个人支配的教育资源，包括个人的学习经验、学习资源、隐性知识资源和智力资源等。

按照载体表现形式来划分，可分为品牌教育资源、师资教育资源和生源资源②。品牌教育资源即一个国家或地区在一定范围内所形成的品牌性教育资源，如四川省成都市第七中学教育品牌本身、组织内部和外部可利用资源。师资教育资

---

① 张焕庭，李放，张燕镜，等.教育辞典 [M].南京：江苏教育出版社，1989.

② 罗泽意，颜佳华.资源分配公平视角下的教育管理 [M].湘潭：湘潭大学出版社，2014.

源则是教师经过一定时间的教学实践和经验积累，所形成的蕴含于教师身上的知识、技能、经验和态度及体力、脑力等的总和，师资教育资源是教育资源中关键性的资源之一。生源质量是影响教育系统教育绩效的一个因素，生源的质量是学校教育效果的重要影响因素之一。

按照政策导向来分，教育资源可分为公益性教育资源和市场性教育资源。所谓公益性教育资源就是以政府投资为主要供给方式的教育资源，如国家或地方图书馆、慕课等。市场性教育资源就是由个人、团体、企业等市场微观主体根据预期效用最大化、预期利润最大化等行为目标而做出教育投资、并投放到教育行业的教育资源[1]，如课外辅导机构的课程、多媒体学习材料等。

从资源学角度来看，教育资源可以分为教育人力资源、教育环境资源、教育经济资源、教育信息资源和教育技术资源五大类[2]。

从资源使用场景来划分，教育资源可以大致分为学校教育资源、家庭教育资源及社会教育资源三大类[3]。

教育资源是教育发展的主要要素，人力资源是教育资源中的核心要素之一，而教师是人力资源中的重要组成部分，教学名师、骨干教师等是一种教育智力资源。除此之外，伴随着时代的发展，教育信息、教育文化、教育政策、教育制度等非物质教育资源也属于教育资源的有效组成部分[4]，使得教育资源的内涵日益丰富，这些非物质教育资源不仅有可能转换成物质性资源，甚至有可能直接或间接影响人、财、物等物质性资源的配置[5]。

二、教育智力资源

（一）教育智力资源的定义

教育智力资源是高水平的人力资源，包括优秀教师、科研工作者、行业专业人士等，他们能够利用网络学习空间等互联网平台，快速组织知识资源，提供网

---

[1] 罗泽意，颜佳华.资源分配公平视角下的教育管理[M].湘潭：湘潭大学出版社，2014.
[2] 唐明钊.教育资源系统研究[M].西安：西南交通大学出版社，2014.
[3] 同[2]。
[4] 钟秉林.教育资源怎样配置[N].光明日报，2011-12-05（5）.
[5] 张国强.教育资源配置的价值取向问题研究[J].山东高等教育，2015（3）：21-25.

络学习环境，为他人提供综合服务，不仅提供数字教育资源服务，更重要的是把自己的智慧与数字资源进行有机整合，进行体系化的服务[①]。

但是，随着教育智力资源共享环境的变化，笔者对教育智力资源定义的认识不断深入，发现前序界定存在一定的局限性。笔者综合考虑智力资源和教育资源的概念，对教育智力资源的内涵做如下界定：教育智力资源是对教育领域内外具有较强的信息素养和知识创造能力，从事知识创造、问题解决等高智力活动的个人、群体或组织等教育人力资源的一种特殊规定。教育智力资源以教育体制内的高水平教师为主体，以教育体制外的行业专家、离退休人员、其他社会名流及人工智能教师等为辅助。当然不是所有的人力资源都能称为智力资源，只有通过智力活动创造一定的社会效益和教育效益的具有较高智力水平和智力活动能力的个人或者组织，才能称得上真正的教育智力资源。到底什么是高智力活动？从智力的定义可以看出，智力集中表现在反映客观事物深刻、正确、完全的程度上和应用知识解决问题的速度和质量上。所以，高智力活动特指在教育教学活动和教育实践中，创造性地、高效地解决实际问题，并促进他人智力发展和解决问题能力提升的活动，如对比较难理解的知识的巧妙讲解、对特定问题的创造性解答等活动。

教育智力资源包括个人或团体通过教育投资、"干中学"所形成的隐性知识、经验、技能等，还包括内隐于个人或组织中不易洞察的社会资本或情感资本，以及存在于个人内心深处的隐性知识[②]。教育智力资源的内容包括知识、诀窍和创造力等，也包括内隐于个人心智中的洞察力、感悟力等[③]，教育智力资源是主体通过自身学习和创新行为逐步积累而成的。

具体而言，教育领域中的智力资源包括教学名师、骨干教师、科研工作者、行业专家等，他们能够利用网络学习空间等教育智力资源共享平台，从公有资源云或私有资源云中获取并组织数字教育资源，为学习者构建网络学习环境，并为其提供融自身智慧与数字教育资源为一体的体系化教育智力服务。如教学名师通

[①] 贺相春，郭绍青，张进良，等.网络学习空间的系统构成与功能演变：网络学习空间内涵与学校教育发展研究之二[J].电化教育研究，2017，38（5）：36-42，48.

[②] 王丹丹.核心员工隐性人力资本产权归属分析[J].吉林省经济管理干部学院学报，2014，28（6）：38-41.

[③] 刘丽.高潜人才隐性人力资本研究[M].北京：首都经济贸易大学出版社，2012.

过自己的名师空间,建立主题网络研修工作室,并为工作室内部成员提供一对一的教育智力服务与咨询;根据工作室成员的需求,调用在线直播工具或者网络会议等工具,定期开展案例研讨、课题申报、观课磨课等教研活动,既促进了工作室成员之间的教育智力资源共享,又促进了工作室内部成员的专业发展。优秀学科教师通过区域教育云平台中的个人空间,对相关的学科教学内容进行个性化加工与处理,形成具备自身特色的教育智力资源服务,为学习者提供多样化、个性化和实时性的学习支持服务等[①]。

(二)教育智力资源的特征

1. 附着性

教育智力资源必须依赖特定的载体而存在。从微观方面来看,智力资源的附着载体主要是指拥有一定科技、文化艺术、特殊技能的人才;从宏观方面来看,表现为环境依托,教育智力资源的效能发挥和增值需要依托特定的环境,如大学、科研院所、企业研发机构等具有发明创新环境,能够激发教育智力资源作用的发挥,反之,如果智力资源离开特定的生存环境,将会影响智力资源效用的发挥。

2. 创造性

自然资源和物质资源的生产过程基本上是重复性的过程,比如某产品的生产往往是按照一定标准大批量地生产出来的。而教育智力资源的生产往往需要智力资源主体在学习他人生产、生活和教育活动等各方面知识的基础上,花费一定的时间和精力,进一步发明创造而形成的,主要以新理念、新技术、新专利、新成果或新产品等形式存在[②],其智力产出一般是独一无二的,其中渗透着智力资源主体对某一知识点、某一问题的创造性解答或者解释,一般是绝招、妙招或从独特视角对某一知识的解答或解说,具有一定的独特性。从智力资源的核心组成部分来看,智力资源是主体个人知识的外在表现。

3. 共享性

教育是具有经济属性和公共属性的产品或服务,从经济学的视角来看,教育

---

① 郭绍青,张进良,郭炯,等.网络学习空间变革学校教育的路径与政策保障:网络学习空间内涵与学校教育发展研究之七[J].电化教育研究,2017(8):55-62.

② 徐爱萍.智力资本的三维协同机理与绩效评价研究[D].武汉:武汉理工大学,2009.

智力资源若能通过共享成为社会的公有服务，并为全社会共同利用，最大限度地提升资源的应用效度，无疑会促进教育均衡发展和社会进步。人是智力生产与再加工的母体，教育智力资源以人为主要载体，在当前教育人力资源管理体制下，大部分智力资源的主体隶属于固定的单位，涉及与归属单位的工作关系、人事档案和福利待遇等。教育智力资源同其他的数字教育资源一样，也具有"自然禀赋"的共享特性，一方面说明教育智力资源的管理强调社会共有性，不同组织可在一定的机制下通过适当的方式共同利用某一智力资源，比如我国教师流动、支教活动等都是在一定政策框架下的智力资源共享，只有充分共享才能最大限度地发挥其效用。另一方面说明教育智力资源可以通过技术手段同时被多个使用主体使用，各使用主体之间不存在明显的竞争关系，这与公共物品的两个属性即受益非排他性和消费的非竞争性基本吻合。当前，"互联网+"直播、共享平台及虚拟空间为教育智力资源共享提供了极大的便利，智力资源突破时空条件的禁锢与约束，教育智力资源主体可以个人或团体的形式在网络学习空间中开展免费智力服务，供不同地方的人使用。智力资源个体可以通过网络共同体开展智力协同，取长补短，彼此促进，发挥集体智慧的作用，激发知识创造、创新与共享，对提高共同体智力资源创新效率有着重要的意义。体制外的民办教育机构或者个人在自己的学习空间内向全世界共享智力资源，用户可以在支付一定费用之后获得自己需要的智力服务，满足自身个性化需求。

4. 增值性

教育智力资源不同于教育物力资源，教育物力资源是有形的、消耗性的、被动性的，部分教育物力资源还具有不可再生性，日趋减少甚至消亡。教育智力资源是个体通过教育、培养、引导、启发等形式渐进积累，智力资源越开发利用，其能量越大，发展越快[①]。教育智力资源虽然表现形态不一、内容多样，但是由于其以人的智力开发为源泉，教育智力资源的潜力无限且用之不竭，并且伴随着教育智力资源使用频率的提高，教育智力资源的价值不会减少，反而会增加。马克思劳动价值论认为物力资本在生产过程中既不创造价值也不使价值增值，只转移

---

① 费孝通. 人才与智力资源：在全国第二届人才研究学术讨论会上的讲话[C]// 中国人才研究会. 人才研究论文集. 沈阳：辽宁人民出版社，1985：21.

价值，只有劳动才创造新价值并增值。智力资源主体是人，具有主观能动性，智力资源的主体可以进入数字教育资源系统盘活数字教育资源，使其价值最大化。教育智力资源的应用与发展不仅会推动物力资源的不断创新，而且使教育智力资源主体本身的素质日益提高，使社会的整体财富增加。教育智力资源的增值性体现在两个方面，一方面，从时间的维度来看，伴随着应用时间的积累，原有智力资源不仅不会被消耗，教育智力资源主体的知识渐进积累、能力稳步提升，教育智力资源的价值反而会增加。另一方面，从空间的维度来看，由于智力资源的发展受到社会开放性和组织、个人的共享理念制约，"互联网+"构建了互联互通的资源共享生态，互联网思维秉持共享思维，促使人们积极参与共享并习惯于共享，教育智力资源共享得到社会接纳和认可，使得教育智力资源扩散和共享机制发生巨大变化，极大地扩大共享范围，使更多的需求主体能够接收到智力资源的服务，智力资源在一定的社会范围内共享并流动起来，使有限的智力资源价值最大化，促进知识的传播和扩散，带来教育智力资源的增值，并为智力资源主体带来一定的物质和精神回报。

5. 商品性

与其他教育资源一样，教育智力资源也具有明显的稀缺性，特别是优质智力资源稀缺性更加明显，当前的"择校热""留学热"等教育现象则是有力佐证。但是作为公共产品属性的教育智力资源的有限性与人们对优质教育智力资源的极大需求形成一对尖锐的矛盾。由于教育智力资源具有一定的价值和使用价值，优质教育智力资源可以为用户带来一定的教育效益，如劳动生产率提高、能力提升、收入增加等，教育智力资源具有活跃的市场去向，优质教育智力资源在使用价值转换过程中体现出商品性，在传统环境下，个体用户或者组织要获得优质智力资源主体的智力支持，一般需要向智力主体支付一定的劳务费。在"互联网+"时代，智力资源主体一方面可以通过网络直播的形式，用户只需支付一定的费用就可进入直播空间并获得相应的智力服务，另一方面，智力资源主体可以将自身的智力资源转化为微课等其他类型的教育资源，面向互联网用户有偿共享，推动智力资源资本化，发挥市场机制的调节作用，使社会上的智力资源进驻教育体系，发挥应有的教育效能，提升人才培养质量。

6. 稀缺性

智力资源隶属社会资源，其同样具有资源的一般属性，从经济学的视角来看，资源的稀缺性是经济学的重要基础，同样也是第一原则。资源的稀缺性是有限的，资源相对于人类无限增长的需求而言，在一定的时空范围内是有限的。教育智力资源是教育领域中的优质资源，在我国城乡二元结构的体制下，相对于人们对优质教育资源的迫切需求，优质师资资源稀缺性，特别是在农村、偏远地区、少数民族聚居地区的学校教育中更为突出。因此，在教育领域中，存在优质教育资源的均衡配置问题，还有资源需求者对教育智力资源的合理选择等。

7. 继承性

教育智力资源的主体是人，教育智力资源的继承性有两层意思：智力资源主体通过学习或劳动，汲取了前人在生产、生活或工作等方面的经验和知识，并在此基础上发明创造，形成新的教育智力资源。知识的扩散和传播，也可以将前人的智慧传递给后人，这是教育智力资源的间接继承。另外，也有部分智力资源很难继承，它与主体密不可分，会随着主体的灭亡而消失，如与人的个性密切相关的创新性智力。

8. 难测性

由于教育智力资源的主体人力资源的价值难以度量，教育智力资源的价值也难以衡量。在教育经济学领域中，教育资源的利用效率＝教育成果（产出）/教育资源消耗（投入），按照这一尺度，教育智力资源的利用效率＝教育成果（产出）/教育智力资源消耗（投入），而教育智力资源的投入方可从教育智力资源开发所需时间和投入的精力两个方面来衡量，但是智力资源的开发主体是人，受人的自身特性的影响，在相同的环境下不同的人创造出的价值千差万别，创造相同价值的教育智力资源的不同主体所耗费的时间和精力差距悬殊，所以教育智力资源的投入很难用一个统一的标准来衡量。另外，由于教育智力资源的服务对象不同，教育智力资源的产出即教育成果也存在难以量化的问题。因此，教育智力资源具有不易度量、难以评估和难以测量的特点。

9. 动态性

智力资源的产出和变化受到诸多主客观因素的影响，并且会随着智力资源服务时间、地点的变化而变化，智力资源的创造过程具有不可重复性和不可比性，智力资源的价值随着时空的变化而变化。智力资源服务具有无限的需求量，智力资源也是无限无穷的。

三、相关概念的区别与联系

（一）教育智力资源与教育人力资源

人力资源包括体力和智力两个方面，人口资源包括数量和质量两个方面，对各地区人力资源的评价，不仅要评估其数量，更要评估其质量，即评估劳动者的综合素质。广义的教育人力资源指教育领域中所有人口资源，包括广大从事教育的教职员工和学生两大部分；狭义的教育人力资源则专指在教育领域内从事教学、科研、行政管理和教学服务等工作的教职员工总和，一般由学校管理人员、教学人员和教学辅助人员三部分组成[1]。教育系统中的个体或群体作为智力资源生产或加工的主体，是最富活力、最特殊的载体。

教育智力资源源于教育人力资源，也是教育人力资源的重要组成部分，但是狭义的教育智力资源不同于教育领域中普通劳动者，即教育发展主要靠教育智力资源，而不是教育人力资源。教育智力资源管理成为高科技人才密集、创新人才密集的组织人力资源管理的新内容。

（二）教育智力资源与教育信息资源

李康教授认为教育信息资源是指在教育教学活动中使用的教育信息内容、载体的总称[2]。教育信息资源也有广义和狭义之分，各种自然或社会现象、各种印刷材料中蕴含的信息资源、各种多媒体化的教育信息资源都属于广义层面的教育信息资源，而狭义的教育信息资源特指数字化、网络化的教育资源，如多媒体课件、计算机辅助教学（computer assisted instructing，CAI）课件、网络课件、精品课程、精品资源共享课、视频公开课、开放课程、大规模在开放线课程（MOOC）、微课等是教育信息资源的具体表现形式。

教育智力资源是教育信息资源的源泉和载体，其主要活动包括对教育信息的

---

[1] 辛志勇，金玲华.我国基础教育人力资源开发研究现状及发展趋势[J].教育理论与实践，2005（9）：17-21.

[2] 李康.教育技术学概论：基本理论的探索[M].广州：广东教育出版社，2005.

搜索、筛选、获取、处理、应用等，教育智力资源在服务过程中生成的资源沉淀下来可以成为教育信息资源的有效组成部分。教育智力资源密集之处，教育信息资源同样丰富。但是在物质形态上，智力资源是有形的实体资源与无形资源的统一体，而信息是无形的非实体资源。

（三）教育智力资源与知识资源

知识资源包括知识、知识人（知识生产者和消费者）、知识工具（生产和利用知识的设备与工具等）、知识活动（知识生产、流通和使用的过程、方法、成本、条件等）四个要素[①]。

从知识管理的角度，知识可以分为显性知识和隐性知识。从知识的层次角度，可以将知识划分为个体的知识、团体的知识和组织的知识。个体知识主要包括个人的专业知识、技能或经验，其是教育智力资源的有效组成部分。组织知识包括组织内的流程和制度、信息和理论、文化和精神。团体知识是具有相同兴趣的共同体所拥有的知识。从基于解决问题所需知识的角度分为概念性知识、情景性知识、策略性知识和程序性知识[②]，其中情景性知识、策略性知识是教育智力资源的有效组成部分。经济合作与发展组织OECD在《以知识为基础的经济》一书中，把知识分为事实性知识（是什么的知识）、原理性知识（为什么的知识）、人力知识（谁拥有知识）、技巧和能力方面的知识（知道怎么做的知识）[③]，其中技巧类和能力类的知识是教育智力资源的主要来源。从企业知识管理的视角，企业的知识资源是指企业拥有的以企业员工的知识为基础，可以反复利用且能给企业带来财富增长的资源，包括企业文化与品牌等无形资产，企业生产经营相关的信息资源等，企业可以利用的、存在于企业人力资源中的智力资源[④]。

从知识类型方面来看，隐性知识成为智力资源中的决定性因素，教育智力资源中主要以隐性知识资源为主要内容，隐性知识是以人为载体存在的，智力资源管理主要是对具备隐性知识的人的管理，即对智力资源主体从事创造性脑力劳动

---

① 柯平.知识资源论：关于知识资源管理与图书馆学的研究对象[J].图书馆论坛，2004，24（6）：58-63，113.

② 刘臻晖.教育虚拟社区知识共享机制研究[D].南昌：江西财经大学，2016.

③ 经济合作与发展组织.以知识为基础的经济[M].北京：机械工业出版社，1997.

④ 陆雄文.管理学大辞典[M].上海：上海辞书出版社，2013.

的工作效率的管理。从管理学的角度，智力资源管理的核心任务是通过对智力资源主体脑力劳动过程的研究，对智力活动的效能分析和资源优化设计，以提高个人、团体、组织和社会的智力活动效率[1]。

（四）教育智力资源与教育信息资源、知识资源之间的关系

为了深入研究教育智力资源的开发、利用与共享，需要明确教育智力资源与其他几种资源之间的区别和联系。从智力与信息、知识之间的关系可知，智力的形成是以知识为基础，特别是其中的隐性知识为主要基础，而知识的形成是以信息为基础，智力的形成是以人为主要载体和动力。据此，勾勒出了教育智力资源与其他资源的关系图，从隶属关系上来说，教育智力资源与教育信息资源、知识资源、教育人力资源等同属于教育资源的大范畴，而教育智力资源处于所有教育资源中的核心位置，它们相互依存，缺一不可（图3-2）。

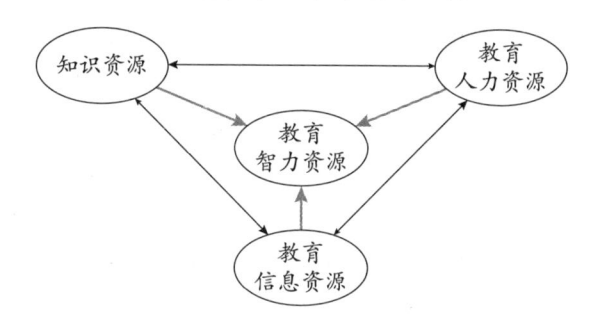

图3-2 教育智力资源与其他概念相关关系

换言之，教育人力资源将教育组织内部的教育信息资源和知识资源有效组织起来，通过智力活动融合而形成教育智力资源。知识资源是对教育信息资源进行加工、筛选、转化而形成的系统化教育信息资源。教育人力资源的丰富与发展也以教育信息资源和知识资源为基础，组织内部的知识资源和教育信息资源的发展会丰富教育人力资源，反之，组织内部教育人力资源的发展也会丰富教育信息资源、创造知识资源。教育智力资源在整个教育资源内部处于支配地位，同样也是最活跃的资源，其他教育资源功效的发挥必须依赖于教育智力资源对其的调配与应用。教育信息资源、知识资源是教育智力资源形成和发展的基础，教育智力资源的开发、利用和共享也会促进教育信息资源、知识资源的广泛传播，提升教育

---

[1] 褚峻. 知识管理的资源性分析：基于企业微观层面 [J]. 图书情报知识，2000（2）：7-11.

资源的整体效应。

（五）智力资源与智力资本的关系

美国经济学家约翰·肯尼思·加尔布雷思（John Kenneth Calbraith）认为[①]，智力资本不仅包括知识，而且包括与知识相对应的智力活动，智力资本不仅包括静态的无形资源，还包括有效利用知识的动态过程及手段[②]。知识经济的发展引发了人们对智力资本在企业或组织发展中作用和价值的重视，智力资本已经成为企业发展的主导性资源和竞争性资源，智力资本是企业拥有的智力资源，其中的知识、创新以及产品信誉等将成为一个企业或组织价值升值[③]和持续发展的主要动力源泉[④]。智力资本具有价值性、稀缺性、难模仿性、难以转移性、再生性等特征[⑤]。智力资本并不是简单的知识和智力本身，而是运用脑力创造价值的动因[⑥]。智力资本中包括人的知识、技能、经验、创新以及产品信誉等隐性知识部分，是他人难以模仿和复制的。相对于传统物质资本而言，智力资本是在知识与智力相互融合的基础上，为组织创造价值、增长效益、强化竞争优势的知识、诀窍、创造力等智力劳动成果等所有无形资产的总和[⑦]，它是智力资源的具体存在形式[⑧]，这一定义基本上把智力资本等同于智力资源。

---

① 约翰·肯尼思·加尔布雷思. 权力的分析[M]. 陶远华，苏世军，译. 石家庄：河北人民出版社，1988.

② 洪茹燕，吴晓波. 国外企业智力资本研究述评[J]. 外国经济与管理，2005，27（10）：42-48.

③ HSU L C, WANG C H. Clarifying the effect of intellectual capital on performance: the mediating role of dynamic capability[J]. British journal of management, 2010, 23(2): 179-205.

④ 朱洪波，马彦涛. 基于智力资本的高校智库创新发展研究[J]. 贵州师范大学学报（社会科学版），2016（4）：132-138.

⑤ 李冬伟，李彩艳，伍玲. 动态能力观下的智力资本与企业竞争力关系探究[J]. 华东交通大学学报，2011，28（3）：120-126.

⑥ QUINN J B. Intelligent enterprise: a knowledge and service based paradigm for industry[M]. New York: Free Press, 1992.

⑦ 朱洪波，马彦涛. 基于智力资本的高校智库创新发展研究[J]. 贵州师范大学学报（社会科学版），2016（4）：132-138.

⑧ CHANG L, BIRKETT B. Managing intellectual capital in a professional service firm: exploring the creativity–productivity paradox[J]. Management accounting research, 2004, 15(1):7-31.

第三章 教育智力资源共享的理论框架构建

关于智力资本的要素构成，辛考茨基（Dzinkowski）的认可度较高、应用比较广泛。辛考茨基认为智力资本一般由人力资本、结构资本和关系资本组成[①]，它们是相互关联、相互作用的一个有机整体。人力资本指组织内成员的知识基础、教育程度、专业背景、创新能力等，人力资本是其他一切资本的基础，人力资本是员工的经验、技术、能力的总和。结构资本指企业或组织中的基础建设资产及基础机制，如组织结构、制度规范、管理理念、工作流程、信息技术系统以及组织文化等。关系资本是指一个企业与其他客户、合作伙伴或供应商等其他相关利益群体关系的价值，如员工关系、顾客关系、供应商关系、政府关系等；其还指与顾客之间的交易关系，如品牌效应、顾客忠诚度、公司文化、营销渠道、战略伙伴关系、契约等，关系资本是所有智力资源中价值最显著的[②]。资源基础理论认为，企业是各种资源的集合体。根据资源基础理论，创新型智力资本是企业重要的创新性资源，是决定着企业持续竞争优势的后盾，对企业开放式创新活动具有重要影响。

从显性和隐性的视角看，以文章、图表、专利技术等形式存在的个人或组织的知识、经验和能力都归结为显性智力资本；而将组织或团体未公开的以及个人大脑中的知识、经验，或者组织内成员的工作作风、工作关系、工作习惯都可视为隐形智力资源，这类智力资源只有在个人劳动和实践中表现出来。从商业经济价值来说，企业的商标、专利等是具有特定经济价值的智力资本。企业或者组织中的个人知识、经验、技术方法等在短期内看不出具有明显的经济价值，但是其从本质上来讲是具有创新价值的智力资本。

关于智力资源和智力资本的区别，二者的本质含义是一致的，只是面向不同对象及不同学科时的不同称谓而已，无形资产是会计学领域惯用的概念，知识资产是经济学惯用的概念，智力资本是管理学惯用的概念[③]。资源和资本同属生产要素范畴，只是生产要素在自然状态和组织状态下两种不同的社会形态，智力资源是生产要素客体的自然状态，其个人化和自由度较高，企业等组织中自由的都是

[①] 孙涛. 智力资本评价及其对组织绩效的影响研究 [D]. 杭州：浙江大学，2003.
[②] 吴晓云，杨岭才，李辉. 智力资本的集约化战略：技术领先与开放式创新 [J]. 科学学与科学技术管理，2016，37（2）：172-180.
[③] 万希. 企业智力资本开发与管理 [M]. 北京：中国社会科学出版社，2009.

智力资源。智力资本则是生产要素的组织状态，是企业等组织中以某种规则序列化、规范化组织管理起来的智力资源，即附着在员工等个体身上的智力属于智力资源。一旦智力资源被组织起来并以一种紧密而有序的方式被分享和利用，并且能够完成智力资源分散状态下不能完成的工作，智力就变成了一种资本[①]。

第二节　教育智力资源共享的理论内涵

一、教育智力资源共享的内涵

教育智力资源的重要性不仅在于资源本身，更在于对其合理匹配、开发、利用和共享，激发智力资源主体的创造性，从而使智力资源的效应明显放大。如何挖掘教育智力资源的潜力，减少教育智力资源的浪费，提高教育智力资源的整体应用效应是非常必要的。在"互联网+"时代，共享是挖掘教育智力资源潜力、扩大教育智力资源应用效应的最佳途径。随着信息技术的迅猛发展和人才竞争的日益激烈，用户学习需求的多样性和个性化逐渐增强，对个性化、创新型的优质教育资源需求越来越强烈，原有录播式的数字教育资源、立足于校本的封闭性教育资源已无法满足当前的教育需求，因此资源供给方必须充分发挥"互联网+"的优势，打破组织壁垒，充分与校外资源供给主体有效互动，整合与吸收校内外具有创新性的更有价值资源，对促进区域内教育公平、提升教育质量具有重要的战略意义。

（一）教育智力资源共享的定义

追求效益最大化是经济活动或科技活动的基本目的，如前文所述，在职教师、行业专业人士、研究人员、离退休教师、手工艺工作者等教育智力资源主体，其中有很多主体在某一领域具有独特的技巧、经验等。如体制内优秀教师在辅导学生、习题讲解、课文解读等方面具有独到秘籍，如何将这些优质教师的智力资源通过一定的渠道共享到更大的区域和范围，是教育信息化2.0阶段"大资源"共享必须要攻克的难题。目前，教育智力资源存在主体共享意识不强、共享渠道不畅通、教育智力资源服务需求和供给之间不契合等问题。

教育智力资源共享作为教与学活动中的关键环节，是教育资源管理体系中的重

---

① 秦江萍，朱磊.智力资本及其相关概念辨析[J].财会月刊，2002（7）：38-39.

要组成部分，教育智力资源只有通过个体或组织以一定的方式共享，才能更大范围地发挥自身的价值。教育智力资源共享是资源主体对教育智力资源的教育价值、经济价值和社会价值的主动追求和利益共享，是一种互惠互利的共赢关系。从系统论的角度来看，教育智力资源共享以实现一定区域内的优质教育资源优化配置和价值创造为目标，以网络学习空间等为共享平台或手段，以合理的组织机构及政策规范为支撑，在一定的运行机制引导下，教育系统将一定范围（国家、地区、学校）内的全部或部分智力资源在最适当的时间提供给特定的教育机构或个人来分享利用，以实现教育智力资源的价值创造与价值转移，形成教育智力资源充分共享、价值充分创造的一种资源优化配置状态。教育智力资源共享的本质就是教育系统内外的组织、团体或个人在一定的政策框架下，借助互联网平台，面向有智力服务需求的群体或个人共享自身的隐性知识，从而使共享主体个体化知识得以升华，并促进服务对象的成长与发展。教育智力资源共享的最终目的是需求者在任意时间、任意地点得到自己需要的智力资源或服务，以实现区域乃至全国智力资源的整体优化。网络学习空间是教育智力资源共享的重要通道，网络学习空间人人通，能够黏住用户，实现人人互联，为智力资源共享奠定基础。智力资源共享是移动互联时代以来网络学习空间的显著特征，教师等专业技术人员可以通过网络学习空间等平台，为不同学校、不同区域的学习者提供个性化智力服务。

（二）教育智力资源共享的本质

共享经济是基于"互联网+"的思维特质和技术基础，旨在提高资源应用效率的资源配置新方式。

共享经济具有开放、高效和分布等特征，通过整合闲置资源及商业模式等要素，已成为一种盘活资源存量、提升资源配置效率和增进资源服务的新范式[①]。共享的本质就是各利益相关者主体交换共享客体的使用权，满足自身利益需求的过程，是从共享主体之间合作产生的共同利益的放大与共享。教育智力资源共享也是基于共享经济大背景的一种资源配置方式，各类共享主体在责权明确的基础上，基于责权利益的均衡，追求和分享共同利益，其主要目的在于通过共享个人或者团体的教育智力资源，从整体上盘活教育智力资源存量，提升教育智力资源共享

---

① 郑联盛. 共享经济：本质、机制、模式与风险 [J]. 国际经济评论，2017（6）：45-69，5.

效果。教育智力资源共享有两个基本条件：一是主观上教育智力资源共享主体具有分享的动机，二是具有连接需求者和供给者的机制或机构。教育智力资源中供给主体、管理主体、服务主体、需求主体关注教育智力资源的教育价值、经济价值或社会价值，通过建立相应的制度或机制进行协商合作，通过共享实现资源的重新配置，以实现各主体之间的利益共享。

教育智力资源本质上是其作为私人产品或公共产品的市场需求和供给问题，其共享过程是一个资源重新优化配置的过程。教育智力资源共享的本质是在互惠互利基础上，遵循共享经济规律，在一定的时空范围内优化配置智力资源，其目的在于使一定范围内的组织或个人智力资源充分共享，使智力服务能最大限度地满足需求者的智力服务需求，使市区学校的优质智力资源发挥最大的教育价值、社会价值和经济价值，促进教育均衡发展和教育公平。具体来说，在生活、工作和学习中普遍存在的个别辅导、订单式知识服务、网络支教、送教下乡、在线一对一辅导等行为都是教育智力资源共享活动。

教育智力资源共享强调参与者权利与义务相统一，教育智力资源共享不仅强调相互融合，同时强调对资源主体的价值认可。共享和无私帮助在本质上是不同的行为范畴，不能混为一谈，极端自私、绝对利他都不利于充分共享。因此，教育智力资源共享并不一味地追求双方或多方共同使用，还要考虑各利益相关者的利益保障。

（三）教育智力资源共享的类型

按照教育智力资源共享的特点和性质不同可以将教育智力资源共享分为以下几种类型。

按照共享范围的大小，可以将教育智力资源共享分为个人之间、组织之间、地区之间和国家之间的教育智力资源共享。个人之间的教育智力资源共享是指同一部门内的教师之间，共享自身的教育心得、教育经验等，也指教师通过互联网手段，在课外对学生的在线辅导。组织之间是指在同一区域内的不同学校之间，通过智力资源共享，促进教师的专业发展和学生的全面发展，如同一区域内的几所学校形成发展联盟，在联盟学校范围内开展教师优质智力资源共享，促进区域内教师专业发展和学生的全面发展。地区之间的智力资源共享是指在不同地域范围之内的学校或者教育机构之间的教育智力资源共享，如城市学校将优质师资资源共享给农村地区、边远地区等地的薄弱学校，解决薄弱学校开不出课、开不齐课的问题；优秀学校的教师将自身的教学智慧等共享给薄弱学校的老师，促进农村地区的教师专业发展。国家之间的教育智力资源共享就是通过国际行业组织，在一定的国际教育交流和引智政策的框架之内，采用互联网共享平台，将国际优秀智力资源共享到国内。目前在基础教育领域内比较多见的是通过51Talk等开展英语教育，高等教育领域中的主要是网络学术会议、行业网络论坛等。在当前"互联网+"时代背景下，这种分类的界限正在被打破，即在某一情境下，教育智力资源共享的界限开始模糊，分类并不是很清楚。

按照教育智力资源共享主体所隶属的单位性质不同，可以分为体制内教育智力资源共享和体制外教育智力资源共享。按照教育智力资源服务对象的不同，可以分为面向教师的教育智力共享、面向学生的教育智力资源共享和面向社会人员的教育智力资源共享。

按照教育智力资源共享中主体意识的不同，可以分为有意识的教育智力资源共享和无意识的教育智力资源共享。按照教育智力资源共享是否收费来分，可以分为有偿教育智力资源共享和无偿教育智力资源共享。按照教育智力资源共享的手段不同，可分为传统的面对面共享形式和网络在线共享形式。

教育智力资源共享可以实现教育人力资源的价值和缓解脑体倒挂：对教师、科研人员等从事科技、教育活动的人来讲，其在现实环境中的流动和在网络环境中的虚拟共享不仅取决于一个单位或岗位能否发挥自己的潜能和自我完善，还取决于自身是否得到本单位和共享单位的尊重，这是实现人才自我价值的重要方式之一。在以往的计划经济体制下，教育智力资源作为一种非经济性资源，不受市场调节和价值规律支配，造成了智力资源在配置上的闲置和浪费，而且导致创造性劳动的价值不能正常发挥。但是，在市场经济体制下，只要在市场中存在某种智力资源供给不足，价值规律就会引起智力流动。

二、教育智力资源共享的特征

教育智力资源共享是一个多要素构成、各要素多项交互的复杂系统，该系统既集成了一般教育资源共享系统的共同特征，如系统性、动态性和互动性，又具有自身独特的特点，主要表现为主体多元化、共享空间虚拟化、共享过程复杂性、共享过程协同性、共享价值增值性。

（一）共享主体多元化

以往非网络环境下的智力资源供给模式，智力资源服务要依赖于学校或者本地区内部教师，主体较为单一，且其同质性较严重，使用的技术工具较为单一，资源服务的创新性不足。而"互联网+"背景下的教育智力资源共享，基于互联网的各种社交平台、直播平台、知识创新平台等作为当下实现知识创新的重要途径，与以往传统的资源建设与共享不同之处在于，通过"互联网+"平台聚集学校内外、教育系统内外的教师、行业专家、离退休人员、手工艺者等多用户共同参与资源的创作，使具备不同知识背景、拥有不同技巧和经验的共享主体纷纷通过平台共享和交流智力资源与服务，如针对在校学生的课外作业辅导、英语口语、写作辅导，针对专业群体的手工艺技能、绘画、唱歌、剪纸等艺术技能培训。共享主体的多元化打破了传统的组织边界，弥补了本校资源的单一性、滞后性和局限性等，丰富了资源创作和服务的来源和渠道，加快了多主体间知识交互和资源创新的速度。

（二）共享空间虚拟化

教育领域中传统的智力资源共享方式一般是在实体环境下通过支教、互换岗位、教师走教等方式进行，由于教育智力资源比较缺乏的学校一般是偏远、农村地区的教学点、小规模学校等薄弱学校，这些学校一般交通不便，去往学校的交通时间较长，师范生、城市地区教师、退休教师对这些学校的生活习惯往往不适应，因此，支教的难度较大，在一定程度上制约了智力资源共享的效果。而"互联网+"教育智力资源共享是在移动互联网技术驱动的技术集群背景下催生的一种智力资源共享方式，其资源共享活动是在网络学习空间等虚拟空间开展的在线智力服务行为。智力资源服务的主体不一定必须要到支教的学校与智力资源需求者面对面，只需要在适当的时候进入自己的个人空间，在空间中调用直播工具、辅导工具等相关工具和资源，开展相关的教与学活动，这与实体环境下的教育智力资源共享相比，不需要作为智力资源载体的人必须在场，可以通过网络学习空间虚拟在场或虚拟进入现场，和智力服务对象开展实时互动交流，解决服务对象在工作和学习中遇到的实际问题。因此,"互联网+"教育智力资源共享为用户提供了一个便利的、高质量、高效率的资源共享渠道,提升了智力服务主客体的自由度、活跃度和参与程度,加快了知识更新速度与知识流动速度,提高了知识共享的频率,节约了共享成本,提升了教育智力资源共享的效果。

(三)共享过程复杂性

"互联网+"教育智力资源共享系统作为一个由共享主体、需求主体、共享平台和共享情景等要素组成的生态系统,在系统运行的过程中,除了与系统本身的内在要素之间存在着直接关系,还与共享系统之外的政治、文化、经济、技术和管理体制等因素息息相关,这些要素在整个资源共享过程中相互联系、协同工作,共同服务于教育智力资源共享,又在不同程度上影响整个智力资源共享的水平、效率和效果。特别是作为共享主体、需求主体等本身是比较复杂的系统,共享主体的共享意愿、知识创新水平、学习能力和共享技术参差不齐,智力服务客体的资源需求、知识理解能力、学习能力、学习态度等子要素又比较复杂多变,这两个子系统本身的复杂性在很大程度上影响教育智力资源共享的水平。另外,"互联网+"教育智力资源共享本身是一个循环往复、动态演化的过程,每一次教育智力资源共享过程的情景、需求都不尽相同,因此,具有一定的不确定性和复杂性。

(四)共享过程协同性

在对教育智力资源的追求和共享过程中,存在若干个个体或团队,当这些个体和团体的需求无法满足或者利益分配不合理的时候,可能会产生不利于教育智力资源共享的不和谐行为,进而弱化教育智力资源共享的关系。因此,为了有序、合理、高效地共享教育智力资源,各利益主体间要形成一种协同关系,具体表现为共享各方的理念一致性、行为配合性、责权利明晰,只有各方本着"1+1>2"的协同效应原则,才能获得较好的教育智力资源共享效果。

(五)共享价值增值性

教育智力资源的共享特性,决定了教育智力资源不会在使用过程中被"消耗",反而会产生新的价值。"互联网+"教育智力资源共享最终目标是通过多主体参与的隐性知识传递和外化,实现智力资源的充分共享,提升智力资源服务客体的知识吸收和内化，在一定程度上提升其核心素养，其最终目的是实现智力资源的增值与创新。从价值链理论来看，教育智力资源共享过程是一个从资源的创作、共享到使用的增值过程，各个环节都充满了智力资源主体经过创造性劳动而产生的价值增值节点，从而形成一个有机的价值链。作为教育智力资源共享的平台，网络学习空间等平台的基本特征是个性化、开放性、联通性和适应性，其能跨越传统组织对教育人力资源的边界壁垒，充分调用外部参与主体进行有效互动，通过分享、交互和创造的方式促进教育智力资源的再次进化，丰富教育智力资源的内容，提升教育智力资源的效果。教育智力资源共享强调参与主体通过隐性知识在主体间的社会化、外化、综合化和内化过程，使智力资源实现共享，借助互联网技术手段促进其在组织内外不断扩散，进而实现智力资源增值。在教育智力资源共享过程中，一方面，由于共享主体、需求主体等实时参与、互动和对资源的再编辑、再丰富，提升教育智力资源的价值，使教育智力资源共享效益最大化。另一方面，由于网络学习空间能够实现"人人通"，调动空间中的作为资源共享、创建主体的人的主观能动性，需激活并调用数字教育资源体系中的其他数字教育资源，使用户能够有效地使用数字教育资源，提升网络学习空间中数字教育资源的应用效益。最后，空间能够记录教育智力资源共享的过程，并承载了用户交互过程印记，使教育智力资源能够沉淀下来，变成数字教育资源，进入数字教育资源服务体系。以上三种不同共享方式都提升了教育智力资源的价值。

三、教育智力资源共享的原则

虽然教育智力资源共享的主客体有一定的自主性和自由度，但是教育智力资源共享的服务对象大部分为学龄阶段的未成年人，教育智力资源共享作为一种教育活动，必须遵循一定的原则。

（一）合法性原则

由于教育智力资源必须参与到教育实践过程中，教育智力资源共享的过程也是为国家和社会培养社会主义接班人的过程，教育智力资源的使用、共享或者传播必须受到国家相关制度的约束，即教育智力资源本身符合国家或地方权威机构制定和实施的已成文的法规或文件。教育智力资源共享主体必须遵守《中华人民共和国教育法》等相关教育法律法规，在为受教育者提供智力服务的同时，必须把"立德树人"的根本任务放在首位，为培养德、智、体、美、劳全面发展的社会主义建设者和接班人提供支持服务。另外，需要在法律法规允许的范畴内开展教育智力资源共享相关活动，发挥资源优化配置的优势，保障教育智力资源共享主体、需求主体的合法权益。

（二）公益与盈利相结合原则

在教育体制之内、在一定的区域内、在教育行政管理部门和有关单位制定的政策或制度范围之内，区域内的优秀教师、科技人员、离退休人员和社会公益性组织可以通过网络学习空间等向本地区学习者提供教育辅导、咨询和其他的智力服务，这种方式通过公益性共享会惠及更多的受教育者。另外，区域内学校可以形成智力资源共享联盟，各优质智力资源主体可以通过联盟平台向各学校提供优质智力服务，达到合作共赢的目的。还有，在教育体制之外，以自身利益追求为目标促成了市场的供求关系，智力资源供给方和需求方双方都有利益诉求。作为需求方，团体或组织的利益追求主要是获得特定的智力服务或者指导后，解决制约组织发展的优质人才不足等重要问题，使组织的发展达到预期的经济效益和社会效益。供给方的利益表现为个人利益和集体利益两种，个人的利益主要包括个人预期的经济收益、个人自我价值的实现和个人知名度等未来目标的期许[①]。团体的利益包括提升组织自身影响力、取得预期的经济收益和预期的社会效益。体制外的教育智力资源共享主要通过市场途径，供需双方在各自利益的驱动下确定共享目标。从整体方面来看，教育智力资源共享是公益性共享和盈利性共享共存的形式。

（三）互利共赢原则

资源共享源于共享理念而后逐渐发展为组织各方之间的合作活动。虽然有些教育智力资源共享属于市场经济活动，这种活动本质上是一种利益驱动的经济行为，受到市场规则的约束，其不仅要保证供需双方在共享过程中的利益最大化，更重要的是通过共享使供需双方能够建立一种长期稳定的合作关系，最好打破教育体制的壁垒，使得体制内外的组织、团体或个人在合法性原则的前提下，形成

---

① 李毅，冯兴雷，徐瑶. 市场主导的高等院校引进外国智力：属性、机制和取向[J]. 广州大学学报（社会科学版），2009，8（7）：55-58.

互利共赢的长期合作关系，取长补短，各取所需。从个体层面来讲，名师、骨干教师、离退休教师通过智力资源共享和青年教师或乡村教师建立师徒关系，在以后的专业发展历程中，共同开展教研活动，在为他人提供服务的同时促进了自身的专业发展。从组织层面来讲，优质学校和薄弱学校结成发展联盟，并将本校的优质智力资源和校本特色资源共享至其他学校，并且通过协同教研、课题研究、观课磨课、学术活动等形式建立"手拉手"的合作发展关系，促进智力资源的效益最大化，促进联盟内学校的整体发展。

（四）自愿共享原则

教育智力资源共享的主体均以自愿共享、自愿合作为前提。教育智力资源不同于数字教育资源等显性资源，教育智力资源的共享必须要求教育智力资源主体本身实时在线。所以，只有智力资源共享主体具有主动学习、创新知识，并将其通过互联网手段共享给他人的积极意愿，教育智力资源共享的效果才能得以保证。如果具有丰富智力资源的个体或组织缺乏共享的意识或意愿，相关组织要通过举办宣传、竞赛等活动积极宣传，消除智力资源共享的顾虑，激发智力资源主体共享的积极性，树立教育智力资源共享的理念，即在帮助他人的同时，自己也能获得物质或精神层面的收益。

（五）自动匹配原则

由于传统环境下教育智力资源供需双方未能建立较好的沟通渠道，致使很多客观存在的优质教育智力资源无法为需求者提供服务，众多智力资源服务需求无法得以满足，出现了教育智力资源供需两张皮的现象。造成这一现象的原因除了教育体制的问题之外，还有技术层面的原因，伴随着"互联网+"时代的到来，移动互联技术、大数据技术和人工智能技术等组成的技术交叉融合，整个区域内各业务信息系统应尽快与国家或地区数据共享交换平台对接，构建能够聚合、管理区域内智力资源、虚拟学习资源、数字教育资源等在内的区域学习中心[1]。区域学习中心具有大数据分析功能，大数据能为智力资源需求者提供适应性的教育智力资源服务，即能根据教育智力资源服务主体在网络学习空间中、服务过程中留

---

[1] 张进良，郭绍青，贺相春.个性化学习空间（学习空间V3.0）与学校教育变革：网络学习空间内涵与学校教育发展研究之五[J].电化教育研究，2017（7）：32-37.

下的服务数据,为智力资源主体构建包括专业、行业、职称、性别、单位等信息在内的智力资源服务主体特征模型。根据受教育者在学习空间中学习或工作过程中的行为数据,构建学习者知识能力水平、学习风格等在内的学习者特征模型,为学习者的个性化学习资源、适应性智力资源的服务供给提供数据支持与参考依据。大数据分析技术能够建立"创造共享价值"的思维,能够促进数据流通共享,能准确定位用户的教育智力资源需求,并通过教育智力资源共享平台中的个性化引擎自动匹配教育智力资源的供求关系,使教育智力资源主体通过网络学习空间等平台精准共享给智力服务的需求者,通过共享创造更大的价值[1],在区域内重构教育智力资源价值链和教育智力资源共享生态圈。

四、教育智力资源共享的价值

"价值"概念是价值哲学的逻辑起点[2]。马克思在《资本论》中指出:"物的有用性使物成为使用价值。"价值有两个基本前提:客观对象的存在和满足人的需要。也就是说某件事物对人的需要的满足程度决定其价值大小,价值就是客体对于主体的有用性,是客体之满足主体需要的物理属性、化学属性、生物属性或社会属性等自身属性的集合,价值关系是主客体的关系[3],人的实践活动是价值的源泉[4]。

教育价值能反映教育本身对教育需求主体需要的满足程度[5],其是教育哲学中的本原性问题。由于教育的主体有政府、学校、社会组织等不同层次,教育主体的需求不同而存在其在教育的学术价值、政治价值、经济价值、社会价值、生命价值等方面有不同的期望。

马克思主义哲学认为,教育的根本宗旨是促进人的全面发展和社会发展,教育的基本价值是促进人的生命得到全面、协调、可持续发展。美国哲学家、教育

---

[1] PORTER M E, KRAMER M R. Creating shared value: how to reinvent capitalism and unleash innovation[J]. Harvard business review, 2011, 89(1/2):62-77.

[2] 袁银传.中国农民传统价值观浅析[J].毛泽东邓小平理论研究,2000(1):101-104.

[3] 郑庆林.哲学探微:郑庆林哲学论文集[M].合肥:安徽师范大学出版社,2015.

[4] 中共中央马克思恩格斯列宁斯大林著作编译局.马克思恩格斯全集(第23卷)[M].北京:人民出版社,1972.

[5] 杨志成,柏维春.教育价值分类研究[J].教育研究,2013(10):18-23.

家杜威认为教育价值包括内在价值和工具价值，内在价值主要指教育本身存在的意义，工具价值就是指教育作为一种社会活动为了达到目的而起的作用[①]。杜威实用主义教育哲学比较重视工具性价值，即实现人的工具性价值的过程，在这个过程中能够培养人的社会生产能力的价值[②]。

共享的本质在于社会智力资本（资源）的共享，把闲置的资源提供给真正需要的人，并由此创造新的价值。优质教育资源共建共享是教育信息化进程中的一个重要问题，而共享是所有解决路径中一条捷径。教育智力资源共享是人类教育活动中一种创造性的实践活动，教育智力资源必须以教育人力资源的价值为基础，共享主体通过对某一问题的创造性解答、对某一知识的创造性解读等创造性实践活动，满足不同需求主体的资源需求。在教育实践中，由于教育智力资源需求主体对教育的需求不同，表现出不同的教育智力资源共享价值和价值取向。毋庸置疑，教育智力资源共享作为一种新型的资源共享形式，在不同层面，具有独特的价值与现实意义。

（一）个体层面：促进教育智力资源共享主客体的生命发展

促进人的发展是教育的基本目的，教育活动是生命发展的沃土，促进生命成长是教育活动的出发点与归宿。教育的价值是在尊重个体发展一般规律的基础上，实现促进个体科学发展的目标。教育智力资源共享从本质上来讲是一种教育实践活动，促进个体的生命发展也是教育智力资源共享的价值追求之一。

教育智力资源共享主体包括提供智力资源服务的骨干教师、教学名师、离退休教师、社会工作人员等服务主体，又包括获得这些智力资源服务的青年教师、学生和社会学习者等需求主体。因此，教育智力资源共享活动的起点是为了生命，过程是促进生命生长，结果是实现生命自由超越本质，即促进参与教育智力资源共享活动的所有人生命成长和可持续发展是其价值取向之一。

从智力资源需求者的维度，一方面，学习者在学习和成长过程中，借助教育智力资源共享平台获取优质智力服务，加深对所学知识的深度理解，促进知识的迁移。在参与体验智力资源服务者的具体服务过程中，感悟某项学习技巧和技能的真谛，

---

① 黄济．教育哲学通论[M]．太原：山西教育出版社，2008．

② 刘放桐．杜威哲学的现代意义[M]．上海：复旦大学出版社，2017．

第三章 教育智力资源共享的理论框架构建

在内心感悟的基础上提升自身的学习技能、专业技能和生存技能。作为智力资源服务的接受者，在教师等智力资源服务主体的带领和帮助下，不断化解在学习或工作中遇到的难题，获得成功和喜悦的体验，增强自身的自信，不断地超越自己，实现学习者个体自身生命的成长。通过教育智力资源共享，可以让农村地区、偏远地区等的薄弱学校或教学点的学生获得优质教育智力服务，让每一个孩子获得公平的教育。另一方面，教育智力资源共享平台的大数据分析子系统通过持续采集学习者的学习过程、学习进度、学习效果等学习过程性数据，关注学生的学习感受与学习体验，预测并发现学习者的学习兴趣和学习需求，系统可以为学习者适时推荐最匹配的教育智力资源或服务，最大限度地支持学生的个性化学习需求。另外，教育智力资源共享系统能够以可视化的形式直观地向教师、家长或教育管理者展示学生的成长轨迹，多角度实时地关注并促进学生的生命发展。

从智力资源供给者的维度、教学论的角度来看，每一次教育智力资源共享过程都是一次教学过程，教学过程要促进教者和学者相互成长，因此，作为智力服务的主体，自己在服务他人的同时，也期盼促进自身的专业发展及生命成长，获得幸福感。诚然，作为骨干教师或者教学名师，可以通过"互联网＋"平台向区内外的青年教师提供教学技能、信息素养、教学设计等专业素养的发展服务，通过平台向学生提供一对一在线辅导服务，或者提供在线直播教学服务等。因此，借助"互联网＋"平台，一方面，可以突破教师等智力资源服务主体的空间限制，拓展了其服务的空间，使更多的智力资源需求者可以获得优质的学习或者工作指导。"互联网＋"智力资源共享平台还可以将智力服务过程存储下来，转化成广义的教育智力资源，供需求者在不同的时间学习或使用，即延长了教育智力资源服务的时间。另一方面，智力资源服务主体经过自身的创造性劳动，提升对知识的理解高度、加深对知识诠释的深度，其创造性劳动在辅导学生和帮助青年教师或薄弱地区教师解决教学重点、难点、提升专业素养等过程中，亲身体验自身智力资源促进学生或教师生命发展过程，这种体验过程本身是智力资源服务主体生命价值的体现，同时也提升了其作为教育者或者服务者的职业幸福感，这一过程扩大了其本身的影响范围，提高了智力资源服务主体的专业知名度和影响力，在区域内获得认可，如果这些主体参与的是体制外智力资源共享，还可以通过提供智力服务，获得一定的报酬或者奖励，这也可以在一定程度上提升服务主体的生命质量。

（二）团体层面：促进教育智力资源共享共同体内成员的协同发展

有效连接全国各级各类平台和数字教育资源，构建基于网络学习空间的数字教育资源共享服务模式，拓宽教学资源共享的途径，形成立体化的公共服务格局，是国家对数字教育资源共享与服务中近期要关注的内容。在教学实践中，具有相同需求的教育者或学习者，打破地域或教育层次限制，基于教育云平台搭建智力资源共享平台，通过交流、研讨等教育智力资源共享活动，促进共同体成员的协同发展，既契合网络扶智的国家教育战略，又符合一线教育工作者或学习者的实际需求。

在"双师课堂""名师课堂"等智力资源共享模式中，教育智力资源共享各主体基于共同愿景或需求，通过"互联网+"教育平台自发地组建智力资源共享共同体，这一共同体具有自组织特性的复杂自适应系统，在这一智力资源共享模式中，各资源共享者互为主客体，这些主体通过适应性互动、相互共享自身的智力资源，以取长补短，互通有无。以教师之间智力资源共享为例，区域内外的同学科、同层次的教师根据需要和兴趣，选择网络学习空间等具有智力资源共享功能的"互联网+"平台，组建教师智力资源共享共同体，共同体成员有来自大学的教学教授，也有其他学校的优秀教师。主体是农村地区等欠发达地区的青年教师，由于这种共享模式是成员自发组织的，所以他们依据自身在专业发展、工作、学习的需求不断地调整共同体的发展目标，也就是共同体内的教师共同经历一个又一个的发展阶段，实现了一个又一个的发展目标。一方面，在这种智力资源共享的过程中，发挥了"1+1＞2"的协同效应，大学教授、优秀教师在帮助农村地区教师成长和专业发展的同时，促进了自身对辅导过程的反思，也促进了自身的专业发展。另一方面，同一层次、同一学科的青年老师在平时的工作和学习中，共享自己的教学经验或教学心得，供其他老师学习和参考，同时，教师之间根据需要利用直播工具、协同工作工具开展集体备课、观课、评课等活动，或者通过一对一结对互帮互助，在为他人提供智力支持的同时也提升了自身对相关知识的认识，提升了某个方面的技能。从整体上来讲，"互联网+"教育智力资源共享这种形式，打破了教育主体仅限于体制内被动发展的壁垒，通过互联网将教师专业发展的环境拓展到全国甚至全世界范围内，只要具有共同需求的教师，在一定机制下选择合适的平台，实现合作，即促进共同体内各成员的协同发展。

（三）区域层面：助推区域教育优质均衡发展

教育作为一项公共事业，其本质就是公平，教育公平是人类的恒久追求，如两千多年前孔子提出的"有教无类"的朴素教育公平思想到古希腊时期柏拉图提出的教育公平思想。自20世纪六七十年代以来，教育公平和教育质量一直是国际组织关注的焦点和世界各国教育制度和教育政策的基本价值追求之一，教育公平包括教育权利平等、教育机会均等、教育结果平等。21世纪以来，联合国教科文组织越来越注重"有质量"的教育公平，并将"全民优质教育"作为力求实现的最终目标。为促进区域教育均衡发展和教育公平，充分发挥优质数字教育资源的社会效益，优质教育资源在区域内共享将是解决区域性教育失衡问题的有效方法。欧洲及部分亚洲国家，已开始通过区域优质资源共享来填补"数字鸿沟"。美国"连接教育"（Connected）计划的四大目标之一就是确保随时为每一位师生提供新的资源。习近平总书记在党的十九大报告中强调，要优先发展教育事业，加快教育现代化，办好人民满意的教育。人民满意的教育是覆盖全民的公平教育，更是优质教育资源共享的优质教育。《国务院关于统筹推进县域内城乡义务教育一体化改革发展的若干意见》中强调，教育要从"基本均衡"到"优质均衡"，要求各级政府统筹城乡义务教育资源均衡配置。陈宝生认为教育系统始终坚持协同育人，推进学校教育、社会教育、家庭教育有机融合，深化校企合作、产教融合，促进社会纵向流动，努力把社会资源转化为育人资源[①]。可见，合理利用社会智力资源、促进教育优质均衡发展是近年来我国政府对教育的价值追求之一。

但是，我国东西部之间、城乡之间的教育发展都存在显著差异，达到世界先进教育水平的学校和师资严重缺乏的学校并存。部分地区的学生能获得非常优质的教育，而有的儿童（如留守儿童，偏远地区、农村地区的儿童）获得最基本的教育机会都非常难，更不用谈教育过程和教育结果的公平。发达地区、优质学校的优质师资资源相对比较丰富，而欠发达地区、寄宿制、教学点等薄弱学校的师资资源达不到基本要求，出现了资源短缺与资源浪费并存的现象。资源配置是促进教育公平、达到教育优质均衡发展的有效途径之一，公平与效率是教育资源配置的两个基本原

---

① 陈宝生.努力办好人民满意的教育 [EB/OL].（2017-09-08）[2023-01-20]. http://theory.people.com.cn/n1/2017/0908/c40531-29522725.html.

则，同时也是资源配置的基本价值取向。在所有的资源中，优质师资资源是制约学校发展的最核心、最短缺的资源之一，师资资源配置的合理性是促进教育均衡发展的重要途径之一。但是，采用传统的配置方式，难以在短时间内解决师资资源不足的问题。借助"互联网＋"手段，通过网络学习空间等联通区域内外的优质师资及社会优质智力资源，突破区域或学校教育发展的壁垒，让发达地区、优秀学校的优质教育智力资源进入欠发达地区和薄弱学校，针对性地解决这些地区、学校中教师和学生发展遇到的问题，提升教师的专业素养，促进学生的健康成长。

乡村小规模学校和乡镇寄宿制学校是我国基础教育体系的末端神经，也是农村义务教育的重要组成部分。《国务院办公厅关于全面加强乡村小规模学校和乡镇寄宿制学校建设的指导意见》（国办发〔2018〕27号）指出，要提供丰富优质在线教育资源，保障两类学校开齐开足开好课程，弥补师资力量不足等短板[①]。可见，国家非常重视通过加大教育智力资源共享力度促进两类学校的可持续发展。

近年来，随着国家对农村教育和教育优质均衡发展的重视，大量优质教育资源开始共享至农村、偏远地区等资源短缺的地方。从2017年开始，中华人民共和国教育部科学技术司实施的"利用高通量宽带卫星实现学校（教学点）网络全覆盖试点项目"是采用"互联网＋"手段促进教育公平、促进教育均衡的典型范例，通过双向宽带卫星将卫星波束覆盖范围内的所有教学点接入互联网，通过网络直播平台，由中心校主讲教师同时给几个小规模学校（教学点）学生进行异地网络授课，或中心校教师在给自己学校学生上课的同时以同步互动方式实现对小规模学校（教学点）学生上课，将中心校优秀教师的智力资源通过网络共享给教学点，让身处大山的孩子不离乡土就可以跟上城市孩子学习的步伐，其实施和推进既解决了农村学校尤其是教学点开不出、开不齐、开不好课的问题，又能将城市等优质学校的教学理念、教学方法等带进教学点，带动本校老师教学改革和创新的步伐；既提升了教学点学校的教学质量，又推动了信息技术在教学点教学中的广泛应用。对大山的孩子来讲，不仅提升了学习绩效，而且又打开了了解外界的一扇窗，开阔了他们的视野，这在一定程度上促进了农村地区的教育均衡发展。另外，通

---

① 中华人民共和国教育部.教育部解读《国务院办公厅关于全面加强乡村小规模学校和乡镇寄宿制学校建设的指导意见》[EB/OL].（2018-05-11）[2023-01-20]. http://www.gov.cn/zhengce/2018-05/11/content_5290308.htm#1.

过"互联网+"教育智力资源共享平台，博物馆、地震局、航空航天局、研究所等社会不同行业的专家或专业人士在一定的教育政策框架内，面向不同地区的学生开展公益性直播讲座，并调用这些机构中的实物资源、虚拟现实资源，向孩子们在线展示各种科学原理或自然现象，让孩子能够在本校接受与城市孩子一样的最权威、最优质的教育，从而提升区域内教育的均衡发展。

第三节 "互联网+"对教育智力资源共享的支持

一、传统环境下的教育智力资源共享

从人类有了正式的教育活动开始，就存在优质智力资源不均衡的问题，存在教育智力资源共享的需要。

综合看来，早期的教育智力资源共享主要是以智力输出为主，需要作为智力资源服务主体的人到现场，根据智力服务对象的需求为其提供相应的智力服务，如聘请科研院所的专家到中小学开展教育教学、教学改革的指导工作，教学名师或者学科骨干教师到兄弟学校进行教研指导，聘请专家开展学术讲座等。另外，师范生的顶岗实习、支教等，名师送教下乡同课异构教学活动、观课磨课等教研活动等都是传统环境下的一种教育智力资源帮扶活动。例如以下两种方式。

（1）志愿者支教。为了缓解中西部地区、农村地区师资力量匮乏，促进乡村教育发展，由相关公益组织面向社会招募志愿者，经审核和培训之后前往中西部等落后地区乡镇中小学校，进行为期一学期或更长时间的支教。如中华支教与助学信息中心、天使支教等社会公益性组织等组织志愿者分批为农村留守儿童健康成长提供长期志愿服务，促进大学生志愿者或者社会志愿者的智力向偏远地区、农村地区的学校流动，既缓解这些落后地区教师师资不足的问题，又锻炼了志愿者的教育与管理能力。

（2）教师走教。城乡优质教师数量不平衡、质量不一、教师素质差距大等一直是困扰乡村教育的大问题，特别是农村地区、偏远地区中小学音乐、美术、体育、英语等学科教师结构性短缺严重。从当前农村学校的实际情况来看，在短期内解决师资结构性短缺问题难度比较大。于是，各地区根据本地实际情况，制定

教师走教管理等制度，探索教师走教的具体做法，如河北邯山区创建的"让学生静下来、老师动起来"的"一静一动"走教模式，解决了农村地区薄弱学校优质教师资源短缺、开不齐课等问题。甘肃省教育厅探索"大学区"管理体制，推行"学区走教"制度，采取学校联盟、对口支援、乡镇中心学校教师走教等多种方式，采取引导优秀校长和骨干教师向乡村学校流动[①]，县城学校教师到乡村学校交流轮岗，中心学校教师到村小学、教学点交流轮岗多项措施促进优质教师资源在学校之间、乡县之间、城区之间、县际之间合理流动[②]。

上述教育智力资源共享活动虽然可以在短期内缓解被服务学校或机构的优质智力资源不足现象，但是也存在以下问题：第一，智力服务主体在场的要求是专家、教师必须长途跋涉到服务对象所在地，主体来回的车马劳顿，既耗时又耗力，还要求智力服务主体的适应能力比较强。第二，师范生支教活动一般是大学生利用假期时间到偏远山区教当地的小孩知识，但这种智力输出活动往往路途遥远且条件恶劣，而且支教活动重在强化师范生实践技能的训练，对智力服务机构的智力服务效应尚未确定。第三，作为送教下乡的名师，对农村学校的帮扶活动一般是短期性质，每次支教一般周期为一学期或者半学期，智力帮扶活动缺乏连续性，不能彻底解决农村学校的问题，但传统的智力活动依然是一种比较常用的教育智力资源输出活动。

伴随着信息技术的发展，人们也在积极探索如何利用信息技术促进教育领域中的智力资源共享。如电视技术直播或录播技术的发展与普及，促使人们开始尝试使用电视直播的方式共享智力资源，这种智力资源共享的服务方式对智力资源服务主体所在地的技术要求较高，一般需要智力服务主体在电视台的录播室，接受智力服务的另一端需要安装闭路电视机，这种智力资源共享的优势在于不需要主体经过长途跋涉到服务所在地，但是智力服务直播要求较高，要求主客双方都具有电视直播的条件，同时对需要服务主体的形象、普通话等都有一定的要求。

---

① 叶庆娜.农村小规模学校与大规模学校建设：举措、成效与经验[J].教育与经济，2018（5）：15-22.

② 连振祥.甘肃推行"学区走教"制度引导教师向乡村流动[EB/OL].（2015-11-05）[2023-01-21]. http://edu.people.com.cn/n/2015/1105/c1053-27781092.html.

二、"互联网+"为教育智力资源共享提供的技术支持

从技术的维度来看,"互联网+"技术本质就是以移动互联网技术、大数据、人工智能等技术为代表的技术集群,这些技术的不断发展与交叉融合,为教育智力资源的共享提供了坚实的技术基础。

互联网技术从20世纪50年代初产生,经历了Web1.0、Web2.0、移动互联网和物联网等发展阶段。Web2.0的出现构建了以用户为中心的互联网体系[1],博客、微博、微信、小程序等社会性软件的出现与普及应用,为用户提供了信息分享、传播、交流平台,用户在互联网中共享知识、传播观点更加便捷。随着移动互联网技术、智能终端等技术的发展,用户可以随时随地通过移动终端获取更加智能化、个性化的服务。随着移动互联技术进入4G和5G阶段,网络速度极大提升,较小的延时使得人们通过手机等开展直播、视频音频连线更便捷、画面质量更高、体验感更强,极大地方便了人们利用互联网技术开展智力共享、提供智力服务。物联网是通过信息传感设备按照约定的协议,实现万物互联[2]。物联网技术使用户应用终端从人与人之间的信息交互与通信扩展到了人与物、物与物、物与人之间的沟通连接,实现了现实世界与虚拟世界的交互。

互联网的首要作用是连接,师生之间、生生之间、校内与校外之间、人与资源之间进行关联;其次是"支撑"作用,即以信息化的手段来更好地支撑教师的"教"与学生的"学"。"互联网+"最重要的就是"+"人,通过"互联网+",改变了时间、空间,虚拟与现实成为一种存在,把每个人、每个个体连接起来。"互联网+"将每一个个体纳入社群或虚拟网络,通过互联网融入生活,提供更加优质、更高效率的公共服务,建立公众参与的网络化社会管理服务新模式。"互联网+"提供共享技术,大幅度降低了资源共享过程中的成本,增加了资源共享的机会,实现了资源共享供求的有效对接。"互联网+"能突破时空限制,打破地区、学校、师生间的阻隔,以低成本、高效率的方式将优质教育资源向农村和边远地区共享,能较快实现优质教育资源共享。"互联网+"必将带来教育理念的创新和教学模式的深刻革命,必将成为促进教育公平和提高教育质量的有效手段。伴随

---

[1] 李天目,韩进.云计算技术架构与实践[M].北京:清华大学出版社,2014.

[2] 李志宇.物联网技术研究进展[J].计算机测量与控制,2012,20(6):1445-1448,1451.

着"互联网+"的深度应用，能够为教育体制内外的行业专家、名师、普通教师、学生、家长架起资源共享的桥梁，为优质教育智力资源的共享提供便捷通道，能有效促进教育公平与教育优质均衡发展。

三、"互联网+"为教育智力资源共享提供的思维支持

人类社会即将步入"互联网+"时代，"互联网+"新生态已经形成。李克强总理在2015年《政府工作报告》中提出"互联网+"行动计划，并提出互联网已经融入社会生活的方方面面，深刻改变着整个社会的生产方式、生活方式、消费方式以及治理方式[①]。

"互联网+"秉持"开放、平等、共享"的精神特质，跨界融合、创新驱动、重塑结构是其主要的名片。在"互联网+"背景下，各行各业不再受到传统行业和机构的限制，可以通过互联网融合各行业，破除束缚生产力发展的因素，构建跨界、可协作、可融合的环境。互联网变迁了关系结构，摧毁了固有身份，如用户、伙伴、服务者等身份在一定的条件下可以自由切换。互联网打破了固有的边界，减弱了信息不对称性，信息的民主化、参与的民主化、创造的民主化盛行，个性化精神越来越盛行。这一时代也是共享经济走红的时代，《国务院关于印发积极推进"互联网+"行动的指导意见》明确提出发展共享经济。《国务院关于促进大数据发展行动纲要的通知》中要求大力倡导互联互通、数据资源共享、基础设施共享等理念。近年来，共享单车、共享雨伞、共享汽车、共享充电宝等迅速走红，"共享"成了一个热词。共享课程、共享图书等新事物层出不穷，面向现实与未来，教育要向共享教育的理念转化。共享教育能够在弱化知识拥有权的同时强化使用权的作用，人们可以根据各自的意愿和需要选择合适的学习资源，使教育资源得以最大限度地共享和利用，即"随需所获，学以为己"[②]。

"互联网+"具有用户思维、社会化思维、大数据思维、平台思维、跨界思维五位一体的互联网思维。①用户思维：一切要围绕用户思维，建立以用户为中心的组织文化，不仅要理解用户，而且还要深度理解用户，理解用户的喜好、习惯等，为用户提供高质量的服务。②社会化思维：其核心就是参与、众包，以"蜂

---

① 安传香."互联网+"如何助国[J].西部大开发，2015（5）：14-17.

② 丁钢.面向现实与未来，教育需要向共享教育的理念转化[N].光明日报，2017-08-08(13).

群思维"为核心的互联网协作模式。③大数据思维：大数据能够深入了解每一个人。平台思维就是具有开放、共享、共赢特质的思维，平台模式最有可能成就产业巨头。④平台模式的精髓就是能够打造一个多主体共赢互利的生态圈。⑤跨界思维：物理世界与虚拟世界融合，行业的边界变得模糊，互联网的触角已经无孔不入，零售、图书、金融、电信、娱乐、媒体等行业早已经互联网化，而制造、公共事业、环保、能源等传统行业也正在迅速被互联网融合。

"互联网+"具有跨界融合、连接一切、开放生态、创新驱动、重塑结构、尊重人性等特征，为智力资源共享提供了思维支持。人是最重要的连接要素，每个个体都拥有自己的专长、智慧、资源，但是其能动性和创造力并没有被充分激活，大量的个体创意、创新还处于半闭合状态。"互联网+"代表着以人为本、人人受益的惠普经济，在"互联网+"时代个体的价值和活力将得到空前重视。个体的个性容易被识破，并且能够灵活地参与到个性化服务设计中去，实现以人为本、服务于人、人人受益。通过"互联网+"，把每个人、每个个体连接起来，大家形成融合和创造。人是能动的要素，是社会化、群体化的个体，他们都会交互、分享、推荐。

"互联网+"就像一种新的机制、新的动态协议、新的议事规则，会激励这些智慧个体放大个人人力资本，并产生交互、跨界与协同，获得智慧化生存的体验。在"互联网+"背景下，人人可以和大众交互，融合计算机存储对大数据的挖掘，形成群体智能。众挖，大家来挖掘大数据的价值。"互联网+"不仅为个体或组织的资源共享提供技术环境，而且通过"互联网+"构建各种虚拟组织或虚拟空间，为个体或组织内营造浓厚的开放共享氛围，激发个体共享智力资源的意愿。

"互联网+"是一个人人为师的时代，任何人只要拥有较强的学习创造意识，在某一领域积累了独特的实践智慧，就可以借助共享平台将自己的智慧共享给他人。"互联网+"不同于一般的媒介，构建了虚实融合的复杂教育场景，也即将构建融通社会教育、学校教育、家庭教育的崭新教育体系，任何个体或组织可以通过"互联网+"平台跨界提供教育服务，为教育系统注入崭新的要素。"互联网+"也能把人类的教与学行为数据记录下来，使数据成为教育系统的新要素，使教育者、管理者通过数据管窥教育系统，进而揭示更多的教育规律。

第四节　教育智力资源共享的利益相关者分析

近年来，随着社会生活水平的提高和社会发展对人才提出的挑战，学习者对优质教育资源的需求呈现多样性、个性化和迫切性，传统环境下教育智力资源共享模式已经无法满足人们的需求，必须寻求更便捷的手段和更合适的模式解决优质智力资源不能更大范围共享的问题，以便让更多的学习者获得更便捷、更满意的服务。"互联网＋"秉持互联网思维，既能通过互联网技术有效链接地处不同地域的智力资源服务主体，聚集优质智力资源，又能通过互联网技术将智力资源在更大范围内共享，使智力资源的受益面进一步扩大。"互联网＋"背景下的教育智力资源共享是一个复杂的生态系统，其涉及众多的利益相关者，其利益诉求各不相同，如何准确分析不同利益诉求者的角色与利益追求，化解各自之间的利益冲突，优化各利益相关者之间的利益关系，是确保教育智力资源共享活动有序、常态进行，发挥优质教育智力资源效果的重要前提。

一、理论依据

教育生态学用生态学的原理来研究各种教育现象及其成因，进而掌握教育发展的规律、趋势和方向[①]。从教育生态学视角研究智力资源共享具有重要意义，一方面，智力资源是属于教育资源大系统中的一个子系统，其开发和共享也遵循生态发展规律，呈现动态进化的发展态势。另一方面，从智力资源共享的角度，"互联网＋"为智力资源共享构建了一个共享生态系统，此系统运行不仅有信息和资源交流，还存在着信息、物质等的流动。从供需的角度来看，供需双方都存在着智力资源供给过程中的协同或者竞争，其合乎生态学的基本规律。因此，可以用生态学理论研究智力资源共享，在智力资源共享生态系统中，智力资源供给主体属于重要物种，其余的都属于一般物种，但是从整体上来看，这些物种通过智力资源共享活动，深度交流、促进知识转化、传播与创新，实现个体协同发展，最终推动整个教育系统可持续发展。

---

① 闫蒙钢. 生态教育的探索之旅 [M]. 合肥：安徽师范大学出版社，2013.

第三章 教育智力资源共享的理论框架构建

"互联网+"背景下教育智力资源共享系统本质上是具有多重反馈的复杂适应系统,CAS 由约翰·霍兰于1994年正式提出[①],适应性造就复杂性是 CAS 的核心思想,CAS 的复杂性源于系统内主体的适应性。教育智力资源共享系统中涉及教育智力资源供给主体、需求主体、共享中介方(共享系统)、政府(教育行政管理部门)、教育信息化企业和民间组织等利益相关者主体。教育智力资源共享无论从共享主体还是共享过程等方面来讲都具备复杂性,一方面,作为教育智力资源共享的主体其行为是复杂的,这些主体之间、主体与组织之间、主体与环境之间的交互作用,在不断地调节自身适应环境的同时也在优化着环境。不同共享主体根据共享情景选择适宜的智力资源共享手段,多数情况下是多种共享手段共用。另一方面,教育智力资源共享系统具有复杂性,从系统组成上来看,教育智力资源共享系统由"硬性系统"和"软性系统"两方面组成,这两个子系统是教育智力资源共享得以实现的保证和基础。教育智力资源共享系统是在两个子系统的相互作用中实现的,网络带宽等信息技术、硬件设备、共享平台等构成共享系统必要的基础设施,智力资源共享主体之间,智力资源共享主体与智力服务接受者的硬件系统千差万别,存在一定的多样性。软性系统和硬件系统是相辅相成的,它主要包括教育智力资源共享相关的组织文化、激励制度、制度政策、共享氛围、评价体系等。

系统动力学认为复杂系统内诸多变量相互作用构成了有因果关系的反馈环系统[②],反馈环之间的关系构成了系统结构,其成为系统行为的根本性决定因素[③]。系统动力学对研究教育智力资源共享具有重要的借鉴意义,可以将"互联网+"智力资源共享视为一个复杂系统,智力资源共享过程中供需双方的智力资源供给与服务获取实际上是一种因果关系,依据系统动力学的思想,对"互联网+"教育智力资源共享系统中的各个要素进行系统分析,构建智力资源共享的系统模型。

利益相关者理论由弗里曼(R.Edward Freeman)在1984年出版的《战略性管

---

① JOHN H. Hidden order: how adaptation builds complexity[M]. Mass: Addison-Wesley Publishing Company, 1996.
② 刘靖. 区域经济转型时空演化及政策仿真研究:以长三角区域为例[D]. 上海:上海社会科学院,2016.
③ 李柏勋. 供应链竞争决策模型与方法[M]. 大连:东北财经大学出版社,2016.

理：一种利益相关者方法》一书中系统论述，弗里曼认为利益相关者是能够影响组织目标实现或受到组织目标实现过程影响的个人或团体[①]。企业的生存和发展取决于他能否有效地处理与各种利益相关者的关系，将社区、政府、非政府组织均视为影响组织目标的利益相关者[②]。利益相关者理论已不断被应用于社会心理学、政治学等领域，利益相关者分析主要用来识别和把握利益相关者的多种诉求，如经济、道德、政治、法律和技术利益等影响组织和个人的市场或非市场因素。由于利益诉求类型、强度等方面的因素不同，不同学者对利益相关者进行了不同的分类，如 Mitchell 将利益相关者分为确定型、预期型和潜在型利益相关者三种。企业等组织的目标能否实现与企业的诸多利益相关主体紧密相关，并且核心利益者之间存在利益竞争关系，非核心利益相关者之间存在互惠互利关系，核心利益相关者和边缘利益相关者之间存在利益互补关系[③]。

从利益相关者理论的视角来看，教育智力资源共享活动是以教育智力资源效能最大化为目标的"互联网+"教育智力资源共享的利益博弈活动，这一活动中的利益相关者主要包括政府、智力资源供给主体、智力资源需求主体和智力资源共享中介等。在教育智力资源共享活动开展过程中，教育智力资源共享情境和模式不同，各利益主体的权利、职责和利益追求存在差异性，这为各主体之间合作共赢奠定了坚实的基础，各利益相关者扮演核心利益者、边缘利益相关者等不同的角色。因此，有必要梳理不同层次的利益相关者及其利益诉求，为分析教育智力资源共享的案例提供依据，以便构建全方位的教育智力资源共享机制，推进教育智力资源有序常态共享。

传统观念认为企业和顾客在商业价值创造中扮演不同的角色，企业创造价值，顾客是价值的消费者。价值共创理论产生于服务经济和网络经济不断发展的背景，价值共创的思想最初由 Normann 等在1993年提出，其核心思想就是供应商和消费

[①] 刘梦蓉，李倩慧，高媛，等.开放教育资源可持续发展的利益相关者分析[J].中国电化教育，2017（11）：43-51.

[②] 施建刚，刘金灿，冯玉冰，等.我国城市工业园区土地资源、资产、资本三资一体管理研究：以上海市工业园区为例[M].上海：同济大学出版社，2015.

[③] 李林.低碳经济下公共工程项目绩效评价研究[M].长沙：湖南大学出版社，2015.

者之间的互动是价值共创的基本要素[①]。随后普拉哈拉德（C.K. Prahalad）等提出了企业和消费者共同创造商业价值的价值共创理论，强调使用价值，认为价值创造者不仅只有企业等生产者，用户等不再是纯粹的价值消耗者和使用者，而是与生产者互动的价值共创者[②]，企业服务机制的创造越来越依赖用户与服务提供商之间的互惠性互动，价值共创理论强调多个利益相关者共同创造价值。随着"互联网+"的发展及其与企业服务业的不断融合，"互联网+"为企业服务价值创造过程中的资源整合、服务创新、资源共享提供了新的平台和服务模式，客户、企业供应商及第三方利益相关者成为服务价值的创造者，企业与客户的关系趋于平等。"互联网+"背景下教育智力资源共享实际上是教育服务活动，从价值共创理论的视角来分析教育智力资源共享，教育智力资源共享活动是共享主体、共享中介和教育智力资源服务需求主体之间的价值共创活动，教育智力资源服务价值的创造和发挥需要共享主体、需求主体在共享过程中不断交互中共同创造。

二、教育智力资源共享的利益相关者关系模型

"互联网+"教育智力资源共享的最终目的是打造利益相关者的价值共创生态系统，回答教育智力资源效应发挥过程中"由谁共享""为谁共享"的问题。面向服务的价值共创理论认为，服务系统的所有参与者（含个体、团队、政府等）都是价值的共创者，教育智力资源共享生态系统建设是一个渐进的过程。教育智力资源共享服务生态系统构建的核心在于搭建共享平台，建立各利益相关者之间的互动机制，以便共创和共享资源应用价值。因此，分析各利益相关者的利益诉求与建立满足各利益相关者利益诉求的共享机制至关重要。

要分析教育智力资源共享的利益相关者，首先需要对核心利益相关者进行界定和分析，这也是构建教育智力资源共享机制的基本前提。依据教育智力资源共享系统的构成及利益相关者的内涵界定，本书中教育智力资源共享的利益相关者是指通过各种途径影响教育智力资源共享发展和目标实现的任何个人或群体，或

---

① 孟庆良. 双边视角下用户参与众包创新的知识获取机制及实现策略[M]. 北京：中国财富出版社，2017.

② PRAHALAD C K, RAMASWAMY V. Co-opting customer competence [J]. Harvard business review, 2000(1): 79-90.

者受到教育智力资源共享影响的个人或群体。经济学领域中的利益相关者研究通常遵循三个步骤：确定利益相关者，分析各利益相关者的利益诉求，建立各利益相关者的关系[1]。教育智力资源共享的利益相关者也遵循这一基本的原理。

20世纪90年代后期，米切尔（Ronald K. Mitchell）从合法性、权力性和紧急性三个层面构建了利益相关者的属性评分法（以下简称"三性"）。其中，合法性是指相关者是否在法律层面具有对特定企业相关资源的索取权；权力性是指相关者是否拥有影响企业决策的地位、能力和手段；紧急性是指相关者的行为举止能否立即引起企业管理层的关注[2]。从以上三个方面对各利益相关者进行评分进而划分利益相关者的类型：确定型（同时满足三性）、预期型（同时满足两性）、潜在型（只满足一性）。利益相关者的界定及有效管理对于教育智力资源有着十分重要的意义。运用此评判标准，对参与教育智力资源共享的个体和群体进行分析，参与智力资源共享的利益相关者很多，既有各级各类教育行政管理部门，又有中小学、高校等教育机构，以及提供平台和技术保障的"互联网+"教育公司，还有提供智力资源共享的科研院所、企业行业组织、民间团体等组织以及提供智力资源共享的个体，接受智力资源服务的学习者等需求主体。其中，教育行政管理部门、共享主体和共享中介是完全符合"三性"的，所以这三者都是教育智力资源共享的确定型利益相关者。仔细分析教育智力资源服务的用户，首先具有获取教育智力资源供给主体提供的智力资源服务的合法权益，其次用户的需求和对智力资源服务的评价必然会影响智力资源服务主体的决策，最后用户对智力资源的使用行为、对资源的喜好以及是否接受智力资源服务等行为举止都会引起教育智力资源共享企业、事业和团体的关注。所以，教育智力资源的需求者也是核心利益相关者。

将三种利益相关者从三个维度进行划分：管理层面的教育行政管理部门、供给层面的教育智力资源共享主体、共享中介和需求层面的教育智力资源共享需求者。根据教育生态学理论、系统动力学理论、CAS、价值共创理论等对教育智力

---

[1] 焦磊.高等教育利益相关者理论研究的进路[J].高教发展与评估，2018，34（4）：1-8，103.

[2] MITCHELL R K, AGLE B R, WOOD D J. Toward a theory of stakeholder identification and salience: defining the principle of who and what really counts[J]. Academy of management review, 1997, 22(4): 853-886.

·第三章　教育智力资源共享的理论框架构建·

资源共享利益相关者模型构建的启示，结合教育智力资源共享系统、数字教育资源共享系统的文献梳理，构建了如图3-3所示的教育智力资源共享的利益相关者关系模型。

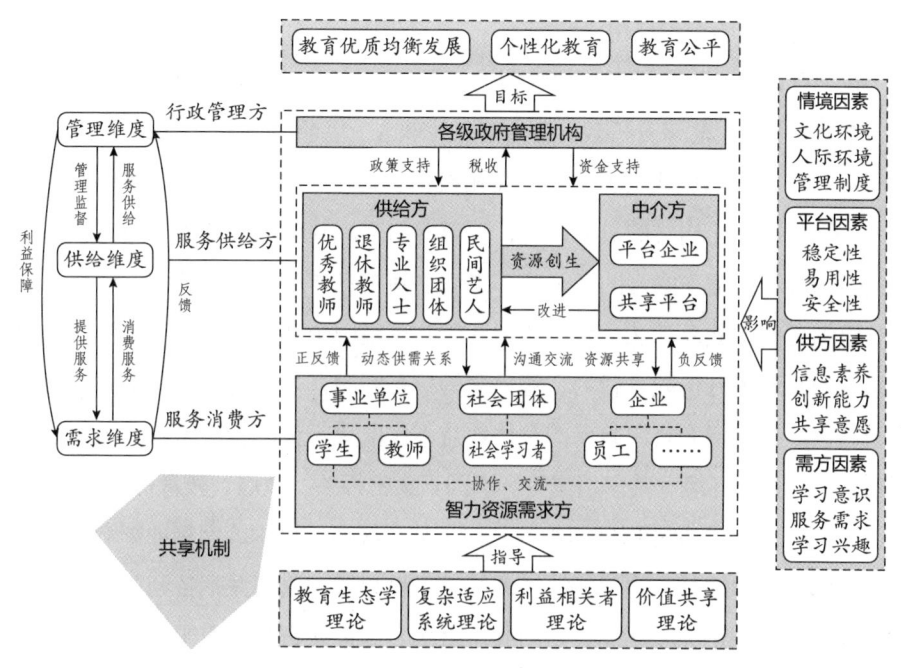

图3-3　教育智力资源共享利益相关者分析模型

从图3-3中可知，教育智力资源共享的利益相关者包括三个维度的四类主体，在教育生态学、CAS、利益相关者理论和价值共享理论等理论的指导下，教育智力资源供给方在行政管理方的管理监督下，通过中介方提供的共享平台，将自身的教育智力资源共享给需求者，以满足需求者的资源需求，教育智力资源共享主体、共享中介和教育智力资源需求者在共享过程中不断地互动，进行教育智力资源的价值共享，达到促进教育优质均衡发展、教育公平与满足人们个性化教育需求的目的。

从教育生态学的视野来看，教育智力资源共享系统是一个复杂的教育生态系统，是教育系统的一个子系统，其本质是优质教育资源的流动和价值增值，也是国家建设"互联网＋教育"大平台的有效组成部分。从生态学的视角来看，共享系统中的智力资源生产者、传递者和消费者之间协同工作，从而形成教育智力资源生产、共享、应用、进化和服务的有机体，在教育智力资源共享的生态链中，作为智力资源生产者的供给方是起点，智力资源传递者或分解者是中介和渠道，智力资源需求者是目的端[①]。智力资源共享的基础是信任、公平、创新，需要某一组织内部或者一定范围的个体之间认同智力资源共享，并且个体之间相互信任，相信智力资源能够得到自由流通。

在"互联网+"背景下，教育智力资源共享涉及的因素复杂多样，必须运用生态学或系统论思想来分析教育智力资源共享这一复杂性问题[②]。从系统论的角度，"互联网+"教育智力资源共享系统是由技术、文化、环境、人员等多种要素相互联系、相互影响而构成的复杂系统，教育智力资源共享以隐性知识的共享和创新为主要内容，在虚实融合的多个共享主体之间相互作用，实现智力资源在不同个体与组织之间的共享活动。教育智力资源共享是一个动态且复杂的过程，运用复杂系统的原理来分析教育智力资源共享的核心问题，为破解共享障碍提供新思路和新途径。教育智力资源共享的整体效益不仅取决于供给方、需求方和中介方的因素，还与共享环境、共享情景等影响因素紧密相关。政府、教育行政管理部门、"互联网+"教育企业和民间组织等利益相关者等通过机制等间接地影响教育智力资源共享的总体绩效，构建能够协调并满足教育智力资源共享各利益相关者的利益诉求，协调各相关者之间关系的共享机制是促进教育智力资源共享系统良性发展的重要前提。

三、核心利益相关者的职责分析与利益诉求

（一）供给方

智力资源作为一种特殊类型的教育资源，必须依赖于智力资源共享主体而存在，教育智力资源供给方也叫教育智力资源共享主体，是直接参与共享活动的个人、团体或组织，是教育智力资源共享系统的输入源，且具有提供智力服务的意愿，是教育资源共享系统良好运行的根本保障。一般由骨干教师、名师等优秀教

---

① 杨文正，徐杰，李慧慧.生态学视角下数字教育资源优化配置模型构建[J].现代远程教育研究，2018（2）：94-102.

② FREIRE J, BUCHBERGER B, MORENODÍAZ R. Computer aided systems theory-eurocast 2001: a selection of papers from the 8th International Workshop on Computer Aided Systems Theory[J]. Las Palmas de Gran Canaria, 2001(2): 19-23.

师、退休教师、行业专业人员、组织团体和民间艺人等组成,主要从事知识生产、知识传递、答疑解惑等活动。智力资源共享主体既包括作为知识传递起点的角色,又包括作为知识传递终点的角色。在一定的智力资源共享情景下,教育智力资源共享主体既可以作为知识创造者、知识提供者,也可以作为知识传递者和知识分解者等。前文表明,智力资源的核心是隐性知识,因此,智力资源共享必须依赖于知识供给、知识互动、知识交流的双方。随着智力服务需求的变化和共享活动的演进,共享主体的角色会动态变化,在教育领域,智力资源共享的主体既包括行为独立的个人,又包括具有一定共同愿景的群体组织。

1. 个体

教学名师、优秀骨干教师、退休教师、行业人士以个体为单位通过网络学习空间,从资源公有云、资源私有云或者资源混合云中获取数字教育资源,通过自我创造加工,为学习者提供习题解答、个性化辅导、技能训练等智力服务,其共享活动是独立的,不存在外部性。体制内的共享个体采取自愿共享的原则,教育智力资源共享主体可以免费面向学习者提供智力服务。整体利益诉求有两种情景。第一种情景是体制内的教师等共享教育智力资源的利益诉求是为了扩大自身在业内的知名度、在更大范围内传播自身的隐性知识,其利益诉求也具有较高的紧急性,以便能够引起教育管理机构和资源用户的关注[①]。第二种情景是身份相同的教师、学习者或者其他行业人员,针对同一类话题或者具有共同愿景,通过网络平台共建研究共同体,通过讨论、相互学习、相互辅导等形式开展智力资源共享。这种情景下共享主体的利益诉求是促进自身与共同体成员的共同成长。

2. 团体

团队层面的教育智力资源共享,即由相互影响、相互作用关系组成的团体,团体内成员将自己所拥有的技巧、绝招通过共享平台或者社会性软件共享给团队内的其他成员,使团队成员的个人隐性知识扩展至整个团队内部。在长期的教育智力资源共享过程中,团队内个体的智力资源转换为团队的智力资本,这样不仅扩大了团队内教育智力资源共享的范围,而且营造了良好的互帮互助的学习氛围,

---

① 刘梦蓉,李倩慧,高媛,等.开放教育资源可持续发展的利益相关者分析[J].中国电化教育,2017(11):43-51.

从而提高了团队内智力资源共享的效果。这一层面的教育智力资源共享还包括团队与团队之间的智力资源共享，即同一机构内部不同团队互相充当智力资源共享主体或智力资源需求者，共享团队内部集体智慧或团队内部的专利或技巧等，促进不同团体之间有效的协作与交流，促进团队整体发展。具体来讲，在教育领域这种团体一般是指学校内部的学科教研组，不同学校或机构的教研组成员身处异地，但是可以通过区域教育公共服务平台开展观课磨课、集体评课、协同教研等活动，让具备不同特色的同学科教师在教学研讨中互通有无、协同发展。团体层面的供给主体的利益诉求主要是促进教师个人隐性知识的传播，促进团体内部成员的智慧转化为团体智慧。另外，发达地区、城市等优质学校的教师教研组通过共享平台与欠发达地区特别是农村薄弱地区学校、教学点的学科教师组建教师专业发展共同体，适时将优质学校的智力资源共享给这些地区的教师，提升他们的教学能力、信息技术应用能力和专业发展能力，同时，反过来也可以提升优质学校教师的职业幸福感。这种情境下共享主体的利益诉求就是通过共享自身的优质教育资源，帮助欠发达地区和薄弱地区学校教师的专业成长，在帮助乡村教师专业发展的同时提升自身专业的发展与职业幸福感。

3. 组织

近年来，随着人民群众对高质量教育的需求增加，社会力量进驻教育系统，为人民群众提供更优质、更丰富、更适宜的教育。教育智力服务除了各级各类学校之外，出现了教育服务专业化、分化的现象，如专门提供资源的学校或机构、专门负责网络平台搭建与运维的互联网技术公司、为教育智力资源共享提供资金支持的风险投资公司与公益基金机构。这些机构相互合作，共同促进教育智力资源共享。

从组织层面来看，企业、科研院所、优质学校、民间团体等组织内部的多个个体形成集合体，在地方教育局或教育服务公司等中介的协调下，通过线上和线下相结合的方式以集体名义将组织内部智力资源共享至学校、社区等从事教育教学的组织，这种教育智力资源共享的情境实际上是所有参与组织的一个共同愿景，即促进某一区域内教育的均衡发展（图3-4）。如北京师范大学教育学部的教学论专家、基础教育领域专家等以集体名义通过CCtalk共享平台与农村地区的中青年教师共享教育智慧，同时也为这些教师提供一些专业发展、教学研究等方面的智力服务，促进农村地区中青年教师的专业发展。

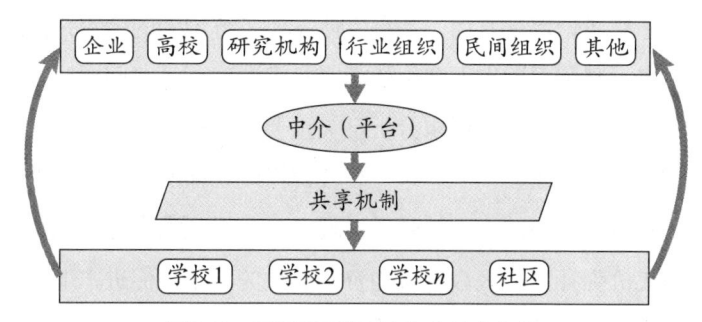

图3-4 组织层面的教育智力共享主体

组织名义的教育智力资源共享主体的利益诉求就是通过共享让自身的优质智力资源能在更大的范围内共享，打造组织的教育品牌，以帮助更多的乡村青年教师更好地发展，具有教育扶贫的公益性诉求。

供给主体是教育智力资源共享活动的直接参与者，供给主体的学习能力、共享能力、共享意愿等因素直接影响着教育智力资源共享，无论是个人、团体还是组织，无论是向他人提供智力服务还是接受他人的智力资源服务，都要综合考虑共享意愿等因素。

（二）需求主体

需求主体主要是学习者、青年教师和社会学习者等接受智力服务的人员，需求主体只是对某一特定情境下接受智力服务的一种特殊界定，教育智力资源共享过程中的供给方和需求方可以相互切换，也就是社会学习者、教师或学习者在某些特定的情景中互为教育智力资源共享的供给主体和需求主体，如同一年级的大学生或者同等水平的社会学习者，如学习者A、学习者B、学习者C可以在网络学习空间中相互帮助，协作学习，即这些学习者具有供给主体和需求主体的双重角色。但是以某一个单独的教育智力资源共享过程来说，供给主体和需求主体是相对稳定的，需求主体的重要意义是促进教育智力资源共享的动因，也就是说，需求主体对教育智力资源的内容、共享方式、教育智力资源主体等偏好是教育智力资源共享的出发点和归宿点。智力资源需求方将自身的资源需求信息通过共享平台传递给资源供给主体，各需求个体可以通过协作交流或学习，同时也会受到自身的信息素养、学习意识、服务需求和学习兴趣等方面因素的影响。

作为教育智力资源共享的服务群体，其利益诉求是共享主体高度重视的因素，尤其在内容选择和质量保证方面，共享主体需要了解他们的诉求并以此为依据调整智力资源内容，避免后期出现智力资源服务满意度不高的问题。因此，对教育智力资源共享需求主体的利益诉求分析至关重要。第一种情景是需求主体既可以是教育行政管理部门，如县（市、区）级教育行政管理部门根据本地区教育需要购买智力资源服务，其利益诉求就是通过教育财政投入为本地区购买智力资源服务，以较低的代价弥补本地区教育智力资源欠缺的不足，促进本地区教育优质均衡发展。第二种情景就是学校、企业或其他事业单位等根据本单位的师生、员工的实际需求购买个别学科优秀教师或教学名师的教育智力资源服务，其利益诉求就是通过购买智力资源服务带动学校薄弱学科教师的专业发展或企业的良性发展，进而促进学生综合素质或企业员工的发展。第三种情景就是教师、学生或社会学习者个体根据自身发展的个性化需求购买一对一的智力服务，如针对教师的教学方案修订、科研课题的指导，针对社会学习者的专业技能训练等，这类需求中个体的利益诉求就是通过购买智力资源服务满足自身个性化教育需求，促进自身个性化发展。需求主体追求教育智力资源服务品质与服务质量以及服务体验的质量高低，对教育智力资源共享能否实现可持续发展具有重要影响。

（三）中介方

中介方即提供教育智力资源共享平台的实体企业或者虚拟信息技术公司，共享中介朝着平台化的方向发展，共享平台作为教育智力资源共享的客观环境，在促进教育智力资源共享活动中发挥着桥梁和纽带作用，为教育智力资源共享提供渠道。共享平台是去中介化和再中介化的第三方实体或虚拟组织，其在削弱传统中介机构职能的同时，又强化了自身的中介职能，是能够连接共享服务供给与需求的新平台。"互联网+"背景下的共享平台是基于开放性的多方平台，具备信息采集、供求匹配、交易结算等功能的新中介。伴随着业务规模的增大和业务范围的拓展，共享平台就转变为信用中介，共享平台建立起闲置资源和真实需求的连接匹配机制。在"互联网+"背景下，对用户而言，共享平台一般隶属于区域教育公共服务平台，教育智力资源主体或需求者根据需要在平台中注册并搭建个人

第三章 教育智力资源共享的理论框架构建

空间或机构空间，为共享主体、需求主体开展知识传递、交流、创新和互动提供了一个开放自由的虚拟空间，为共享主体沟通、交流和合作提供便利条件，共享主体根据需要调用相关工具和资源，针对性地对智力资源需求者提供智力服务。

从技术维度来分析，智力资源共享平台由资源存储、资源管理、资源共享、资源大数据分析等子系统和资源智能匹配系统等组成。其中，前三个系统是基础子系统，主要实现对智力资源共享过程中产生的资源或信息的存储、管理、共享，同时有效连接供需双方，使智力资源共享活动得以顺利进行。伴随着信息技术的发展，大数据技术驱动的人工智能技术、云计算技术和虚拟现实技术等技术的交叉融合，智力资源共享系统具有了大数据分析功能，既能够根据需求方的学习行为数据预测其智力资源需求，又能根据智力资源供给方的智力服务行为，构建智力资源主体特征模型，并借助智力资源智能匹配系统将教育智力资源供需双方合理匹配起来，实现供需双方的动态匹配。智力资源需求方获得智力资源服务之后，根据服务满意程度将服务效果反馈至中介方，中介方再反馈给智力资源供给方，促进智力资源服务主体改进服务态度、服务内容和服务方式。

在"互联网+"背景下，作为中介的"互联网+"教育企业成为平台，其边界逐渐模糊化，中介企业通过共享平台提供以下功能：第一，信息沟通功能，促进共享主体与用户之间建立信息通道，以达成合作意向；第二，提供咨询服务，包括服务咨询、技术资源和内容咨询等；第三，平台搭建作用，为供给与需求双方搭建智力资源共享平台并提供技术培训和技术辅导。

在"互联网+"教育背景下，教育智力资源共享中介有以下几种情况，第一是企业单独搭建平台为共享主体和需求主体提供教育资源共享平台支持，此类中介的利益诉求就是通过平台吸纳更多的共享主体进驻共享平台，借此招募更多的用户，打造基于网络的智力资源共享服务平台品牌，企业的职责在于对企业自身的自查自纠和对智力资源共享主体、服务对象的行为监管，其动力来源是政府的监管或惩罚或者社会组织、社会公众和同行企业的规范，一般情况下将这些要求内化为企业制度，对企业自身行为进行规范，审核共享主体的资质、规范教育共享主体的行为，建立用户诚信和奖惩体系，对共享主体和客体的不良行为进行惩罚，对表现良好的行为给予一定的奖励。第二是教育信息化企业和教育行政管理部门、学校合作，"互联网+"教育企业代替教育行政管理部门或学校行使教育智力资源共享的监管权力，企业的利益诉求之一就是通过共享平台连接资源服务与需求，代替教育行政管理部门或学校组织、管理本地区或本校的教育智力资源共享活动，以优化资源配置赢得一定的经济收益，另外，企业可提供资金和技术上的支持。

（四）行政管理方

教育的公益性决定了政府的主导作用，从教育管理的维度，政府是教育智力资源共享的核心利益相关者，政府部门具有更高的权力性，政治资本和经济资本突出，是教育智力资源共享方向的把控者和主导者，教育智力资源作为促进教育公平与教育优质均衡发展的有效手段，政府的关注和政策支持至关重要。政府具有行政性，承担着教育服务责任，教育智力资源共享能否取得实效，关键在于政府的作用是否有效发挥。政府的作用体现在为教育智力资源共享提供政策环境、法律保障，并给予资金支持和宏观指导。政府部门应该在制定国家、地区的教育信息化发展政策过程中注重顶层规划，将教育智力资源共享纳入数字教育资源建设与共享体系中。教育行政管理部门应该根据情况出台专门的教育智力资源共享政策，规范教育智力资源共享的市场，引导共享主体与需求主体的行为，形成较为完备的立体化政策体系，保证教育智力资源共享的常态化，促进教育智力资源在区域内外最大限度地流转。各级教育行政管理部门通过制定政策、确立规划、建立激励措施、设立宣传渠道等形式支持教育智力资源共享。

（五）共享环境

教育智力资源共享是基于一定环境下开展的，知识也是在特定的环境下产生、转移和增值的，教育智力资源共享主体的共享意愿、动机等都会受到环境因素的影响，同时，智力资源共享活动的过程和效果又反作用于共享环境，优化共享环境。具体来讲，共享环境就是教育智力资源得以共享、传递所需的物质、文化等基础。从共享的范围来讲，教育智力资源共享环境分为内部环境和外部环境。内部环境是指与教育智力资源共享活动直接相关的微观环境，如技术环境、组织共享氛围等；外部环境是指与教育智力资源共享活动间接相关的宏观环境，一般指政治环境、文化环境、政策环境等。从物质条件维度来看，共享环境可分为硬环境和软环境。硬环境是指为共享提供技术支持的硬件环境或虚拟平台等；软环境是指支持教育智力资源共享的政策、文化、制度或人际环境等。

共享环境既是智力资源共享的基础条件，也是影响教育智力资源共享效果的重要因素，优越的共享环境条件有利于教育智力资源的顺利共享。具体来讲，共享环境包括技术环境、文化环境、社会环境和人际环境等。技术环境是指教育智力资源共享所依赖的技术手段，从技术类型上来讲，主要指以计算机网络技术驱动的技术集群、移动互联技术驱动的技术集群、大数据技术驱动的技术集群和人工智能技术驱动的技术集群为技术基础的网络学习空间。不同技术集群驱动的网络学习空间为教育智力资源共享提供的资源共享工具、交互工具、协同工具等人性化、自动化程度各不一致。文化环境是在网络学习空间中共享主体开展智力资源共享长期形成并遵循的价值观念和行为方式，决定着空间中成员共享知识、技巧和心得的主动性和积极性。教育智力资源应该秉持"互联网+"所倡导的开放、分享、合作和创新等核心价值理念，应该积极培育并传播共享教育的文化。在社会环境中，教育智力资源共享同样也受到外部经济发展水平、政策法规、行业制度等社会因素的制约（如共享经济、"互联网+"、智能制造、信息社会、智能社会等时代背景），知识产生、转移、流动和共享的方式和速度发生巨大变化，人才、技术、资本和资源流动的自由度进一步加强，合理利用"互联网+"技术优势，促使教育智力资源共享从实体环境迁移到网络环境，驱动教育智力资源共享朝着开放式、网络化的方向发展。人际环境、教育智力资源共享受到共享主体的人际环境影响，资源共享、知识共享都必须借助一定的社会网络向外扩散，实现更大范围内的共享，共享主体的人际关系越大、成员之间的关系越紧密、信任程度越高，越有助于智力资源的扩散和转移，能在一定程度上丰富教育智力资源共享活动，提升教育智力资源共享的绩效。具体来讲，共享主体通过微信、微博等网络软件，广泛扩散教育智力资源共享的内容。

本章小结

本章从理论的视角，主要采用文献研究法和理论归纳法对教育智力资源的内涵、"互联网+"教育智力资源共享的特征、原则、价值及利益相关者分析模型进行了研究。主要的研究工作和结论包括以下几点。第一，从梳理教育资源、智力资源的内涵入手，界定了教育智力资源共享的内涵，梳理了教育智力资源共享的五大特征。第二，从促进教育均衡发展和教育公平的视角，提出了教育智力资源共享的合法性、互利性、自愿性、匹配性、公益性和盈利性等原则。第三，从历史发展的角度，梳理了我国教育智力资源共享的历史，并从技术和思维角度分析了"互联网+"对教育智力资源共享提供的支持。第四，从多学科多理论的视角，分析了"互联网+"教育智力资源共享的系统组成，从管理维度、供给维度和需求维度分析了政府、供给主体、共享中介和需求主体等利益相关者的角色和利益诉求，为"互联网+"背景下教育智力资源共享的案例分析和机制构建奠定了理论基础。

第四章 "互联网+"背景下教育智力资源共享案例分析

前序研究已经从理论视角对教育智力资源共享的内涵进行了界定，为教育智力资源共享的案例分析及共享机制的构建奠定了坚实基础。但是在教育智力资源共享实践中，存在以下几个问题，哪些组织或个人教育智力资源共享的效果比较理想？积累了哪些成功的经验？还存在什么问题或风险？是什么因素阻碍了教育智力资源共享？本章拟采用社会科学研究中惯用的研究方法——案例研究法，遴选案例，对资料进行归纳总结。通过实地访谈、资料收集、文献查阅等方法收集相关的案例资料，从促进教育供给侧改革、促进教育公平的角度提出不同类型的案例中应该构建的共享机制，最后对每个案例进行交叉分析，初步构建教育智力资源共享的机制。

第一节 案例分析方案设计

罗伯特·K. 殷认为案例研究适合于研究现象和背景之间界限模糊、需要大量的案例来展开研究[1]。案例研究方法比较适合于以下三种情形：主要问题是为什么和怎么样的问题，研究者无法控制研究对象，研究的重点是当前的现实现象。案例研究法的优势就是获取资料的渠道更广、更多，如文件档案、物证、访谈、观察等。

由于目前在高等教育、职业教育、基础教育和社会教育中均存在教育智力资源共享现象，教育智力资源共享的主体比较复杂，既有科研院所、高校的专家，也有基础教育领域中的教学名师、骨干教师，还有民间的手工艺人等。各地区学

---

[1] YIN R K. Case study evaluations: a decade of progress?[J]. New directions for evaluation, 1997(76): 69–78.

生对教育智力资源服务的需求五花八门，采用的共享平台、共享模式也不尽相同，教育智力资源共享是一个比较复杂而又不太明显的教育现象。本章研究目的就是通过对多个实际案例的深入分析，发现这一教育现象背后存在的问题，从促进教育智力资源共享有效运行的角度，构建教育智力资源共享的运行机制。因此，案例研究法是与本章研究任务非常契合的一种研究方法。

一、案例研究类型的选择

按照研究任务不同，案例研究可以分为探索性研究、描述性研究、例证性研究、实验性研究和解释性研究五种类型，其中探索型案例研究侧重于提出假设，任务是寻找（新）理论。按照案例分析的种类多少，案例研究可分为单案例研究与多案例研究[①]，多案例研究能使案例研究更全面、更有说服力，能够提高案例研究的有效性，多案例研究通过增加案例个数以提高研究信度和效度。

本研究选用探索型案例研究，研究设计采用整体性分析中的多案例研究设计，有两个理由：第一，采用多案例研究能够增强教育智力资源共享机制提炼的可信度，从而增强教育智力资源共享机制在实践领域中的可行性；第二，多案例研究能够解释不同情景下教育智力资源共享模式的特征，从而揭示实践中存在的多种教育智力资源共享模式，为区域教育的优质均衡发展和个性化教育实施提供更有价值的参考和启发。

二、案例分析过程设计

根据多案例研究方法的一般步骤及本研究的任务，制定了案例研究的步骤，如图4-1所示。整个案例研究过程分为案例界定与设计、资料准备及分析、分析与总结三大部分，又由理论建构、案例选择与设计、资料收集方法设计、案例分析计划制定、案例分析框架设计、实施案例分析、撰写研究报告、案例交叉分析、修改理论假设和提出教育智力资源共享机制等十个小部分组成。图4-1中虚线的反馈表示进行每一个案例研究时，如果有新的研究发现，要返回去对构建的理论进行重新修订。

---

① YIN R K. The case study as a serious research strategy[J]. Science communication, 2016, 3(1): 97-114.

下面分别对其中的步骤进行具体说明：

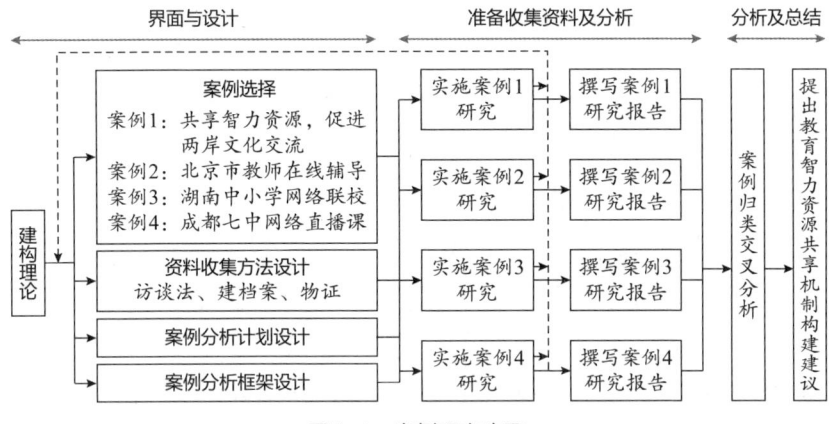

图4-1 案例研究步骤

（一）建构理论

由于本研究是基于对教育智力资源共享教育现象的实证分析，进而厘清在每一类教育智力资源共享过程中，各利益相关者之间在其中发挥作用及如何运作等问题，也就是说通过对实际案例的具体分析，确定教育智力资源共享的缘由，以及各利益相关者是怎么协同工作提供服务的。研究假设：根据理论分析和调查结论，教育智力资源共享要取得比较满意的效果，共享中介所构建的共享平台是基础，共享主体的资质、共享意愿和共享技术是关键，制度、文化等共享情景是氛围，资金是保障。也就是说，上述几个方面是保证教育智力资源共享效果的必要条件。

（二）案例选择与设计

本着案例分析可行性和案例代表性的原则，制定了案例选择的标准：第一，案例应该具备一定的影响力。经过数年的实践检验，案例取得了比较满意的效果，在区域甚至在全国范围内具有一定影响力，并具推广性。第二，案例具有一定的代表性，即每个案例应该尽量指向不同维度的教育价值，案例从整体上基本覆盖不同层次的教育。第三，案例资料获取的便捷性，以及案例资料的可靠性。Mark Messina等认为多案例研究中的案例数量以3~6个案例为宜[①]，根据教育智力资源共

[①] MESSINA M, BARNES S, SETCHELL K D. Phyto-oestrogens and breast cancer[J].The lancet, 1997, 350(9083): 971-972.

享理论部分的研究启示，本文对国内利用互联网开展教育智力资源共享的案例进行遴选，遴选出六个案例（表4-1）。

表4-1 案例信息简表

序号	案例名称	所属范围	层次
1	福建阳翟小学远程同步互动课堂	体制内	基础教育
2	北京市教师在线辅导	体制内	基础教育
3	成都七中网络直播课	体制内	基础教育
4	湖南省中小学网络联校	体制内	基础教育

案例1：选自《2018年基础教育信息化应用典型示范案例》，福建省厦门市的阳翟小学依托远程同步互动教学系统和台湾省新北市瑞芳小学建立合作关系，两校的老师通过同步互动教学系统以轮流上课的形式向对方学校的学生授课，共享本校老师的智力资源，在语文课程的学习中介绍两岸城市，让两岸的孩子在学习知识的同时了解两岸文化，促进两岸的文化交流。

案例2：选自北京市教委与北京师范大学未来教育高精尖创新中心联合创办的面向通州区等初中学生个性化辅导项目，该项目从2016年开始试点，在通州区经过两年的试点，取得了比较满意的效果。从2018年3月开始，开始向北京市房山区、怀柔区等六个地区的初中学生推广，目前已经获得了初步的认可。该案例是一个典型的由政府出资、科研院所搭台的教育智力资源共享模式，其聚集教师智力资源，实现优质教师智力资源通过网络有序共享，满足了学生多样化与差异化的学习需求，在一定程度上促进了学生的个性化发展。

案例3：选自湖南省教育厅，项目名称是湖南省农村学校网络联校建设与应用，该项目由湖南省教育厅发起，在湖南省桃江、隆回、茶陵、湘潭、衡东、汝城等七个试点县开始建设试点，通过网络将中心校优秀教师的优质课堂教学资源推送到所有村小和教学点，主要解决教学点开不出课、开不齐课的问题，该案例是"同步教学"的教育智力资源共享模式的典型应用，该模式已经成为解决"两类学校"的师资不足等问题、促进区域教育均衡发展的成功样本，近年来已经被湖南省内外接受并大规模推广。

案例4：选自四川省成都七中闻道网校，成都七中东方闻道网校借助卫星通信技术，把成都七中和边远山区、民族地区的学校连接起来，将成都七中优秀的教育资源通过远程实时直播课堂的形式共享给远端学校，将名校教师智力资源共享至贫困地区的中学。自2002年以来，四川、云南、贵州、广西、甘肃等地的教育局或学校纷纷与成都七中东方闻道网校签订合作协议，截至2018年12月底，大约有248所贫困地区高中约七万多名高中生接受成都七中直播课堂的教育智力资源服务。该案例属于"三课堂"之一的名校网络课堂，成都七中名师课堂帮助边远落后地区的高中缓解了本校优质智力资源不足、教学质量不高等问题，不仅扩大了成都七中的名校、名师的辐射效应，也帮助远端学校的学生圆了大学梦，带动本地区基础教育的发展。

（三）资料收集方法

通常，案例研究中有资料收集、档案记录、访谈、直接观察、参与观察和实物资料等六种方法，资料收集的优点在于可以反复阅读、包含事件中确切的名称、资料和细节等，覆盖面广等优点，但是也存在检索性低等缺点。档案记录优点是精确和量化，缺点是档案资料的隐秘性和保密性，可能往往不好获取。实物资料的优点是能够找到文化特征和技术操作的见证，缺点是获取困难。当然，如果时间和条件允许，可以实地访谈、直接观察或者参与观察，这三种方法可以获取案例更加真实、直观的一手资料，但缺点就在于资料收集的时间较长。

根据研究需要和案例研究方法数据收集的优缺点，综合考虑笔者的实际情况及时间等因素，本文主要通过收集文件档案、访谈、文献等多种形式收集案例研究资料，以此提高研究的效度，访谈法和档案法优先，尽量收集一线有温度的案例资料。访谈主要采用半结构深度访谈，一次访谈时间大概1~2小时。在实地调研中，主要选择相关的教育行政主管、校长或从事教育智力资源共享的教师，一次访谈持续1~2个小时，在访谈结束，通过微信、邮件等形式补充信息和资料，对访谈资料进行归类分析，得出结论。

（四）案例分析框架

为了对所有案例进行客观地分析，必须事先确定较为合理的案例分析框架，案例分析框架既决定案例分析的维度也决定案例分析的内容。为此，笔者广泛查阅了国内外教育、企业等领域中的案例分析框架，选取了西北师范大学郭绍青教授主持的教育部中国移动项目《网络学习空间内涵与应用模式实证研究》中"网络学习空间应用案例分析框架",全国基础教育信息化典型案例征集内容框架,《中国教育信息化发展报告(2016)》各省教育信息化典型案例框架,企业管理案例分析框架,体育营销案例分析框架,企业案例分析框架,国际教育信息化典型案例分析框架(表4-2)等重点分析。

表4-2 案例分析框架的归并分析

序号	案例名称	分析框架
1	网络学习空间应用案例分析框架[1]	解决的教育问题、解决问题的思路与策略、实施过程、实施效果
2	全国基础教育信息化典型案例征集内容框架[2]	案例背景、案例主题、案例过程分析、案例反思等
3	《中国教育信息化发展报告(2016)》各省教育信息化典型案例框架[3]	背景与概况、特色与创新、成果及影响、经验与启示
4	企业管理案例分析框架	案例概述、案例分析(解读分析案例背景、案例问题诊断、对策与建议)、结论与启示
5	体育营销案例分析框架	识别问题、情境分析、评估解决方案、选择最佳解决方案[4]
6	企业案例分析框架	目标问题分析、企业现状定位、关键因素筛选、因素变动预测、方案制定与优选、战略方案的实施与控制[5]
7	国际教育信息化典型案例分析框架[6]	基本信息、案例概述、案例实施与推进、案例特点与创新点、案例经验与启示

经过对上述七个不同领域中案例分析框架的内容分析与归并之后发现,尽管不同学科领域的案例分析对象不同,案例分析框架从表面上看似不同,但是经过

---

[1] 郭绍青.《网络学习空间内涵与应用模式实证研究》应用案例集 [R]. [S.l.: s.n.], 2018.

[2] 中央电化教育馆.基础教育信息化应用典型案例示范 [EB/OL].https://dx.eduyun.cn/.

[3] 教育部教育信息化战略研究基地(华中).中国教育信息化发展报告(2016)[M].北京:人民教育出版社,2017.

[4] 布伦达•G.匹兹.体育营销案例分析 [M].秦椿林,石春健,译.沈阳:辽宁科学技术出版社,2005.

[5] 文理,谢武,孙超平.企业战略管理:原理、实例、分析 [M].2版.合肥:中国科学技术大学出版社,2009.

[6] 吴砥,张进宝,赵建华,等.国际教育信息化典型案例(2014-2015)[M].北京:北京师范大学出版社,2016.

第四章 "互联网+"背景下教育智力资源共享案例分析

仔细分析，所有案例分析框架的分析思路都具有一定的相似性，分析框架中都遵循着发现问题、分析问题和解决问题的分析逻辑。

由于"互联网+"背景下教育智力资源共享实际上是借助"互联网+"手段解决师资资源不足、学生个性化学习需求难以满足等问题，因此，其本质上也是应用技术解决教育教学中存在的问题，同属于信息技术在教育教学中的应用范畴。因此，根据前序研究中对教育智力资源共享系统构成的分析，借鉴上述案例分析框架中的内容及结合本项目的研究需要，确定了教育智力资源共享案例的初步分析框架，咨询了三位相关研究专家，最终确定了案例分析框架，分析框架由案例描述、案例分析和案例总结三大部分组成。（表4-3）

表4-3 教育智力资源共享案例分析框架

分析维度		分析内容
案例描述		对案例的背景和实施过程作简要介绍
案例分析	共享主体	分析共享主体的利益诉求及其承担的角色
	需求主体	分析需求主体的利益诉求及其承担的角色
	共享中介	分析共享渠道、共享中介的职责及利益诉求
	政府	分析政府的利益诉求及其职责
案例总结	存在问题	共享实践中存在什么问题或风险
	共享类型	从教育智力资源共享中关益者的职责、价值将其归类
	机制构建	基于此案例中问题分析，需要构建什么机制

案例描述部分主要对案例来源及其实施的情景等相关情况进行介绍，交代案例的背景，说明案例中采用的具体措施及其取得的效果。案例分析是整个案例分析过程中的核心部分，案例分析的侧重点是运用利益相关者理论等对案例进行深入分析，分析共享主体、政府、共享中介和智力资源需求者在此案例中分别承担的职责及角色。特别针对教育智力资源共享中存在的矛盾与冲突进行分析，找出案例背后隐藏的风险、问题等。案例总结部分是在案例分析的基础上，从教育智力资源共享质量保障、促进教育智力资源有效共享的角度分析本案例中存在哪些方面的问题或风险，从教育智力资源共享流程的分析、共享价值等方面分析教育智力资源共享的类型，最后基于对以上各利益相关者职责的分析，确定在此教育智力资源共享过程中，各主体之间到底是什么关系，对此类型的教育智力资源共

享提出应该构建的宏观机制，为后续章节研究提供借鉴。

（六）案例交叉分析

对每一个单独的案例分析之后，需要将六个案例进行横向交叉分析，交叉分析的表格如表4-4所示。

表4-4 教育智力资源共享多案例交叉分析表

共享情景	层次	
	学科	
共享目的		
共享主体		
共享中介		
管理服务方		
需求主体		
共享类型		
问题分析		
共享机制	宏观	
	微观	已有
		新建

经过交叉分析，提炼出案例中比较成熟的共享机制，并提出需要构建的共享机制。

第二节 促进两岸文化交流的跨区域教育智力资源共享

本案例选自教育部基础教育司、中央电化教育馆联合推出的《2016—2017年度基础教育信息化应用典型示范案例》，案例提供者是厦门市的阳翟小学，阳翟小学为厦门市同安区教育局直属小学，学校先后被评为全国教育信息化创新应用先锋学校、福建省教育信息化试点校、福建省现代教育技术实验学校，经过多年的探索实践，以教育信息化为现代化办学主要抓手，学校通过校企合作及自身努力，大胆创新，首创远程同步互动课堂，通过基于互联网的远程同步互动课堂为区域教育均衡提供成功做法，同时利用"互联网+"手段探索出海峡两岸常态化教育智力资源的案例。

一、案例描述

（一）共享过程

阳翟小学利用"互联网+"共享教育智力资源的探索启动于2013年。2013年6月，阳翟小学在同安区城域网"校校通"工程开启仪式上，与在12千米外的台湾省莲花中心小学通过远程同步互动教学系统共建同步课堂，两校同上一节音乐课。此次"互联网+"教育智力资源共享的创新做法是同安区"三通两平台"建设中教育云项目的主要内容，是利用"网络学习空间人人通"将阳翟小学的优质智力资源共享至白交祠教学点，使教学点开出了音乐课，在一定程度上促进了同安区的区域教育均衡发展，这一典型实践模式还将在其他中小学陆续开展。

2014年6月26日，在远程同步交互系统促进区域教育均衡发展的基础上，阳翟小学三年级（1）班依托远程同步互动教学系统和台湾省新北市瑞芳小学三年级学生构建了"跨越海峡的第一堂课"，上课前两岸的老师向对方的师生介绍自己的城市，这节课由瑞芳小学的黄老师和阳翟小学的叶老师共同向学生讲授唐代诗人李白的《早发白帝城》，黄老师引导学生欣赏古诗的前两句，叶老师引导孩子们领会古诗的后两句含义，最后两岸的学生通过远程同步互动课堂共同朗诵了这首古诗，这是海峡两岸一次具有历史意义的教育教研活动。双方老师通过远程同步互动教学系统，共享自身的智力资源，从不同的角度解读李白的这首诗，使对方的学生接收到"双师"的智力服务，有效促进了双方课堂文化的交流。

2015年9月25日，阳翟小学与台湾省万芳国小通过远程同步教学系统，打破了教学空间的局限，在云端共同上了一节别开生面的线上远程共学数学课：创新数学课——百变金塔之图形个数，此课程由万芳国小的钟老师主讲，在钟老师的循序善诱下，两岸50多名学子通过团队合作和动手实践完成了大小交叉重叠、左右对称图形等各项学习任务，钟老师在每个环节结束时，设置与两端学生实时互动的环节，师生实时互动打破了教学空间的局限，通过同步教学系统，图案也分享给学生，短短40分钟课程在学生们交互玩耍中结束了。之后两校日常教学中的远程同步教学呈现出常态化趋势，阳翟小学与万芳国小每个月有两次互动，一次是线下教学，一次是远程互学活动，两所小学采取轮流主讲的方式交流。

由于该案例是基于阳翟小学与教学点共享教师智力资源的做法，在正式开展共享之前，双方签订合作协议，对双方在共享课堂过程中的责任和义务进行具体约定，主讲老师和分课堂教师在上课之前利用远程交互平台进行集体备课。特别在原有的教案基础上增设了远程互动教学环节，主讲老师除了讲授课程内容之外，还需要对本地课堂进行管理，积极引导分课堂学生参与课堂讨论，所以远程同步互动课堂对主课老师的能力要求较高，分课堂老师维护分课堂纪律，并引导学生有序进行学习。另外，在本案例中，万芳国小和阳翟小学的老师轮流做主课老师，分别面对双方学生进行教学。

（二）共享效果

本案例中阳翟小学依托远程同步互动教学系统，海峡两岸师生共上一堂课，迈出了具有历史意义的一步。阳翟小学的师生表示对这样的数学课堂非常满意，同安区阳翟小学四年级（2）班的学生乐同学：这样的数学课可以在玩中学，又可以在学中玩，非常有趣，希望以后的课程能像现在这样，改变以往的枯燥乏味。阳翟小学数学郭老师：这种模式不仅孩子很兴奋，老师也很兴奋。叶老师：两岸学生通过互动，从陌生到熟悉，拉近了情感，增进了"两岸一家亲"。庄老师：这样的课堂别开生面，两岸学生共读一首诗，实现两岸教学零距离交流[①]。

阳翟小学杨校长：之前我们已经跟台湾省台北市南湖小学，新北市的瑞芳小学有跨越海峡共享课的经验，本次共享课目的在于与台湾省的学校共同探讨两岸在教与学方式方面的差异，让两岸的青少年能够零距离的接受教育，促进两岸青少年之间的沟通与融合。虽然两岸教育形式不同，硬件水平不一，但两岸共上一堂课促进了双方文化的交流，促进两岸教与学模式互相融合，相互借鉴学习，共同成长。杨校长表示：互动是远程同步课堂中关键，双方老师如何进行互动，主课堂的主讲老师如何来关注双方的学生，如何来引导双方的学生进行互动，如何进行互动评价等这些都是主课堂的老师重点关注的问题[②]。

同安区教育工委书记、陈局长：今天这堂课台湾万芳国小展示了他们教学上

---

① 丁俊峰.基于远程同步课堂的信息化教学研究：以扶沟县县直高级中学为例[J].中国教育学刊，2016（增刊）：13-14，18.
② 冉新义.农村小规模学校"互联网+同步课堂"教学模式研究[J].教育探索，2016（11）：35-39.

新的认识,他们创新了学具,让学生通过学具轻松地掌握了知识,让学生在动手过程当中,体会到数学的知识、数学图形的变化,这样的教学方式值得我们两岸进行学习,可以拉近双方之间的距离,双方能够取长补短,进一步地提高教育教学质量。

从2013年6月开始的阳翟小学远程同步互动课堂实践,引起了教育机构关注,教育部、中央电教馆、省教育厅等单位官方网站相继报道48次,各网站报道刊载报道23 800次,赢得国内同行的认可,引起各级领导的关注。厦门市委副书记批示:"此案例很有意义,请市台办、市教育局积极支持这种新型教学探索,促进两岸师生网络零距离交流[①]。"

二、案例分析

(一)共享主体:两所小学的主讲老师

本案例中涉及两类智力资源共享主体,台湾省万芳国小的主讲老师,阳翟小学老师担任远端课堂的辅助老师。在同步交互课堂中,由于参与学习的学生人数较多,两岸学生知识基础、学习能力等方面存在差异,对主讲老师的教学能力要求较高,所以主课老师最好是骨干教师或经验丰富的青年教师。对远端老师的能力要求不做太高的要求,只需承担辅助教学任务,组织好本班同学课堂学习纪律,引导学生和主讲教师有效互动。在本案例中,两所学校的老师都是教学经验比较丰富的学科教师,他们可以分别担任主讲教师,并且都是本校的正式入编教师,他们都拥有教师资格证,共享主体本身的资质应该问题不大。从共享主体的利益角度来分析,两校的主讲教师参与本次教育智力资源共享的利益动机主要是扩大自身的影响,提高自己在对方学校的知名度。

(二)共享中介:学校+企业

在此案例中的教育智力共享活动中,共享中介是阳翟小学和万芳国小,以及为两所学校提供技术支持的教育信息中心和教育信息化企业。作为教育智力资源共享的中介,两所学校的职责是对远程交互课程组织协调,即包括确定任课教师、组织协同教研、同步课堂及后续管理工作等。从利益的角度来分析,学校开展教

---

① 杨志现.共享教学资源促进教育均衡:基于"互联网+"环境下的远程同步互动课堂[J].福建教育学院学报,2017,18(6):115-117.

育智力共享的利益取向除了促进本校学生的成长和本校教师的专业发展之外，试图通过信息技术探索促进两岸学校之间的文化交流示范，以提高学校在本地区的知名度，以获得区域对本校发展的资源支持。双方学校的教育信息中心（或电教中心）的主要职责是维护好教育云平台，保证在远程交互课堂中双方教学终端具有足够的网络带宽（30 M以上的专线宽带），保证远程教学交互平台的安全性，保证远程直播课堂中视频、音频等质量，以保证双方同学课程学习的质量，另外还为智力资源共享的主体（教师）提供培训等相关服务。在此次教育智力资源共享活动中，负责提供远程同步交互教学系统软硬件的信息化企业（北京中庆科技有限公司）也是一个利益相关者，其主要职责是为双方学校提供技术支持，保证两端教室设备的稳定性，其主要利益取向是通过购买设备、平台或支持服务获取经济利益。

（三）政府：教育行政管理部门

本案例中政府是双方学校所在地区的教育行政管理部门，如厦门市同安区教育行政管理部门主要负责与台湾相关教育部门签订两校合作的协议等。由于两岸文化差异和学生知识基础等方面的差异，案例中教育智力资源过程中过程监管尤为重要。但是从收集的案例资料和案例报道中来看，双方的教育行政管理部门并没有对远程同步课堂进行监督，也没有看到对参与远程互动的主讲教师的评测制度和奖励制度等。因此，笔者认为，在此案例中，政府的职责和功能并没有完全发挥，学校在代替政府行使监督权力。

（四）需求主体：阳翟小学和万芳国小的学生

本案例中，阳翟小学和万芳国小的学生是智力资源共享服务对象，学生还是以班级为单位，在双方老师的组织下进行课堂学习，对学生这一智力服务对象来讲，在远程同步课堂中，学生的学习没有本质的变化，只是双方学生接收到对方学校教师的智力服务和不同的文化。从利益需求的角度来看，双方学校的学生参与远程交互课堂的利益需求在于通过聆听不同地区优秀教师的授课，拓宽知识面，加深自身对知识的理解深度，提升综合素质或能力。

三、案例小结

（一）共享类型

根据本案例的教育智力资源共享过程描述，可以得知本案例是在阳翟小学和万芳国小的积极推动下，在双方教育行政管理部门的协调下，两校组成发展联盟，发展联盟内教师或学生组建共同体，通过搭建远程互动教学平台等教育智力资源共享平台，链接优质智力资源与智力资源服务需求主体的需求，革除传统教育资源共享过程中所有权和使用权捆绑的弊端，让不同地区的优质教育智力资源突破时空限制，使优质智力资源主体足不出户就可以实现跨越海峡的智力资源流动与共享，让优质智力资源惠及更多的教师或学生，促进共同体内师生的协同发展。因此，此案例属于"合作共赢"类教育智力资源共享。

无独有偶，近年来，民间组织、社会团体等利用第三方教育智力共享平台，广泛组织高校教师、社会行业人士或教师参与智力资源共享，实现了更大范围的合作共赢与智力资源共享。如由汤敏教授牵头、友成基金发起、北京师范大学教育学部部分教授参与、全国乡村青年教师的社会支持公益计划（简称"青椒计划"）就属于这种类型，该计划秉持节俭式创新的理念，以分布式管理取代集成式管理，以免费平台的整合应用取代耗资耗时的功能开发，以CCtalk主要的教育智力资源共享平台，利用美篇、简书等免费的经验分享工具，通过这些互联网平台和有温度的运营实现"用教育技术链接教育的人"，让教师在虚拟的社群空间里找到共同成长的归属感，通过分享教学智慧、集体备课、观课磨课等形式开展教育智力资源共享。截至2017年10月31日，该计划已经覆盖18个省的61个县区教育局，约2.3万名教师得到发展。部分名校也通过互联网平台发挥名校在区域内的辐射带动作用，将本校的教师优质智力资源共享给区域内的偏远和薄弱学校，促进了发展共同体内乡村教师的专业发展。利用CCtalk共享优秀教师智力资源，促进贫苦地区教师专业发展难题，也取得了比较成功的样本。河南省卢氏县县域面积大，乡村分布稀疏，交通不便，组织教师集中培训成本高，为了化解这个难题，该县教体局组织教师在CCtalk上组建学科教师群，打通城镇教师和乡村教师开展协同教研的关卡，城镇教师和乡村教师可以利用手机进行虚拟教研活动，城区教师可以利用手机自由地开展支教活动。这样，以前一年两次的教研现场会变成了一周两次的教研活动，教师学习更便捷、更有效。"互联网+"平台促成卢氏县各学科优质教师智力资源课借助网络共享至更大的范围，让乡村教师能够看到更多优质课堂中蕴含的教学实践智慧，乡村教师也可以通过 CCtalk 寻求智力资源服务。

（二）问题分析

案例中阳翟小学和万芳国小的教师通过互换角色的方式面向对方学生授课，这是一个崭新的尝试，有很多值得借鉴的地方，但是也存在问题，远程互动课堂中的学生和老师远隔千里，教师和远端学生有效互动是保证学习效果的重要因素之一，主讲老师在备课过程中要比传统教学中更注重互动环节设计，这对双方授课老师提出了很大挑战，需要主讲老师比传统教学花费更多的时间和精力。因此，对主讲教师劳动的认可、参与项目积极性的调动是第一个问题，学校或当地教育行政部门应该考虑如何采取措施激励主讲老师的积极性。另外，两岸学校的学生知识基础不同、所用的教材不同、课程学习需求不同，还要考虑如何确定一套能够让双方学生适应的教学内容。还有，在本案例中，厦门市同安区教育局和台湾省万芳国小所在教育局签订了合作协议，但是并没有制定相应的激励教师、过程管理等方面的具体制度或规范，两岸双方学校的教师智力资源共享过程应该由谁来监管，以怎样的方式来监管，才能确保满意的共享效果。

（三）共享机制

从理论研究部分可知，社会科学中机制的构建一般分为两步，第一步是分析在某一社会现象中存在哪些必要的要素，第二步是分析这些要素之间在工作过程中的相互关系，依据这个总体思路来分析教育智力资源共享案例中的共享机制。共享机制分为宏观层面的机制和微观层面的机制，宏观层面的机制注重各利益相关者之间的关系，微观层面的机制注重机制的功能。在第一个案例中，结合案例分析部分对共享主体、需求主体、共享中介、政府等利益相关者在共享过程中的职责分析，依据教育智力资源共享系统模型及利益相关者理论、CAS 等，绘制出如图4-2所示的共享机制图。

在图4-2中，从宏观层面来看，分析四种教育智力资源共享利益相关者在共享过程中的相互关系，此种类型的教育智力资源共享机制为政府监督、学校主导、教师参与、学生免费使用的共享机制。共享主体是参与共享的双方学校学科教师

第四章 "互联网+"背景下教育智力资源共享案例分析

（乡村教师）等，共享主体实施智力资源共享必须有两个前提，一是拥有相对优质的智力资源，二是具有比较强的共享意愿与共享动机。需求主体为接受智力资源服务的本地或远端学生，还有愿意参与网络研修、集体备课或课题研究的教师等，具有较强的教育智力资源需求是需求主体参与教育智力资源共享活动的前提，同时也是其参与教育智力资源共享的动力源泉。共享中介为参与智力共享主体所在学校或单位及提供共享平台技术服务的信息公司等，其主要职责为组织共享主体和共享需求主体等参与共享活动，通过技术手段链接教育智力资源共享主体与需求主体，为共享主体、共享需求主体提供较强教育智力资源共享体验。由于教育智力资源共享尚属于教育公共服务范畴，因此，政府在其中的作用是必要而且是至关重要的，从此案例中的报道和文献材料来看，作为政府代表的当地教育行政管理部门，在教育智力资源共享活动开始之时，双方签订教育智力资源共享合作协议，在具体智力资源共享过程中，是两所学校代替政府行使监督职能。

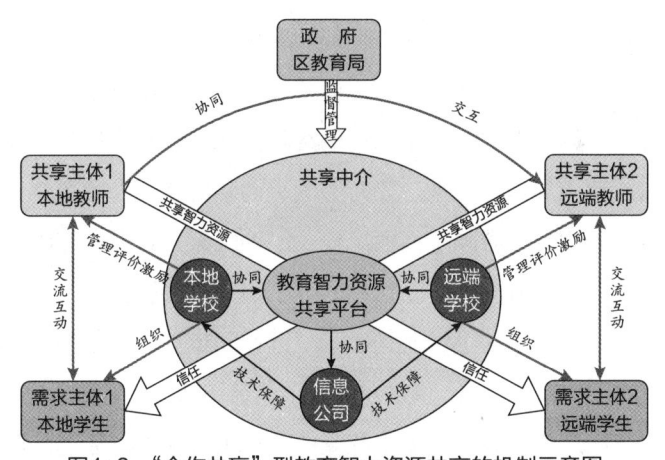

图4-2 "合作共赢"型教育智力资源共享的机制示意图

从图4-2中可以看出，从微观层面来看，各利益相关者两两之间存在微观层面的共享机制，这种机制本质上为功能性的机制，共享机制具体如下：共享主体层面需要建立协同机制和交互机制，以便设计更全面的课程教学方案或为需求者提供全方位的智力资源服务方案，智力资源共享需求主体和共享主体之间要建立信任机制，共享中介层面的学校、信息公司也要建立协同机制，以便为共享主体、需求主体提供较好的技术服务或管理服务等；另外，共享主体所在学校等中介要建立评价机制、管理机制、激励机制等，以激发共享主体的共享积极性、促进教育智力资源共享活动有序开展。政府需要建立教育智力资源共享的监督机制、评测机制，以规范教育智力资源共享行为，优化教育智力资源共享环境等。

通过对此案例资料的仔细分析，发现在共享过程中已经采用如下几种微观层面的功能性机制：

1. 信任机制

共享经济、共享教育等在"互联网+"背景下产生的社会现象都是以网络信任体系为基础的，教育智力资源共享活动同属共享教育范畴，与共享经济、共享教育本质是相同的，建立共享主体、共享中介、共享需求之间的信任关系是有效开展教育智力共享活动的基础。

本案例中阳翟小学之所以能在同安区开展远程同步互动教学，关键在于阳翟小学所在区教育局与台湾省教育界有着密切的合作关系与信任基础，经常举办海峡两岸的相关研讨会，同安区多年来开展数字化课堂教学协作，"两岸同上一堂课"应运而生。万芳国小校长带领本校老师到阳翟小学开展主体研讨和主题交流活动，双方组织授课教师认识、对接，建立信任关系，双方制定每个月至少一次线下教学和一次远程的"创新数学"共学活动的约定。双方学校通过互赠礼物、到对方学校参加联谊活动增加信任关系。如万芳国小钟晓薇老师为阳翟小学的学生赠送自己亲自拍摄的照片，万芳国小高丽凤校长、钟晓薇等老师参加阳翟小学科技创客夏令营，阳翟小学的杨志现校长也率团到万芳国小参观考察，开展联谊活动等。随着实践研究的深入，阳翟小学还构建了"远程同步互动课堂为主+现场教学互动为辅"的两地互动教学模式，增进双师教学的亲切感[1]。同安区与台湾省教育界合作密切，双方在之前的教研活动中建立的信任关系为本次活动的顺利开展奠定了坚实的情感基础。另外，在教育智力资源共享活动中，两岸师生之间的线上线下沟通活动也增强了双方师生之间的信任感，提升了双方师生之间的亲近感，这些都属于教育智力资源共享的信任机制。

2. 互动机制

远程同步互动教学中，远端的学生与本地教师之间通过网络视音频建立联系，

---

[1] 陈军令. 同安区阳翟小学受邀进京做教育信息化经验介绍 [EB/OL]. (2018-05-05) [2023-01-20]. http://yzxx.tajy.gov.cn/b0/ed/c7415a110829/page.htm.

这在客观上存在主讲老师和远端学生之间的心理距离感，其心理距离要远大于和本地学生之间的心理距离。因此，如何增强教师和教师之间的互动、教师和两地学生之间的互动以及双方学生之间的互动频率，提高互动质量，是保证这种类型教学效果的关键因素，否则，远端的学生会很容易由于互动机会少而脱离课堂，主讲老师会由于缺少和远端学生之间的互动而忘了学生，其效果就大打折扣。在本案例中，授课老师在接受采访的时候表示，自己在备课的时候在原有教案的基础上，特别增加了互动环节。阳翟小学杨志现校长特别强调远程同步课堂，更关注的是互动，双方的老师如何来进行互动，主课堂的主讲老师如何来关注双方的学生，如何来引导双方的学生进行互动，如何进行互动评价等这些问题都是作为我们主课堂的老师需要关注的，在这样两岸共学的课堂中，还要关注两岸三方之间的互动，即师师互动、师生互动和生生互动，这也是关键。

跨区域开展教育智力资源共享，参与教育智力资源共享的各方在共享之前和之后开展有效互动至关重要，本案例中开展教育智力资源共享的区域，建立了互动交流机制，双方确认为常态机制，是本案例取得较好共享效果的关键因素之一。

3. 协同机制

本教育智力资源共享实施之前，双方在"闽台创新数学课程培训和课程共建共享"研讨会上签订合作协议，并且确定了阳翟小学与万芳国小每个月有两次互动的常态化协同机制，一次是线下教学，一次是远程互学活动，两所小学采取轮流主讲的方式交流，这与其他形式的教育智力资源共享不同，面向教学点的城市优质智力资源共享一般是单向共享，城市学校的老师和班级只作为智力资源供给方，为教学点的学生提供智力服务，实际属于单向共享，而本案例中强调两岸两所小学的老师轮流作为主讲老师与辅助教师，其目的在于通过两岸的老师协同授课，让两岸的孩子感受台湾与大陆教学的文脉相承与教学方式差异。协同机制的建立不仅有利于学生的共同成长，更有利于教师之间建立专业发展共同体，促进教师在协同工作中实现专业发展。

按照表4-4教育智力资源共享案例分析表的分析类目，对本案例进行分类，得出如表4-5所示的案例小结表。

从本案例分析中可以得知，本案例存在两大问题，第一个问题是对台湾万芳国小和福建阳翟小学的主讲教师的共享积极性的激励问题。由于两端的主讲教师在课程开始之前需要付出大量的精力来设计教学，在教学过程中要兼顾两端学生的课堂学习表现，即要求教师具备较高的教学设计能力与教学实施能力，还要求教师具有服务基层、热爱教育公益事业的教育情怀。因此，如果要进行长期教育智力资源共享，共享主体的共享意愿、共享积极性的激发与共享教师的利益保障是至关重要的，双方教育行政管理部门、学校给予物质或精神方面的激励是共享效果能否保证的重要因素。第二个问题是为了保证教学内容的安全，双方教育行政管理部门对双方的远程同步教学过程进行监管。所以，本案例中还需要新建激励机制和监督机制。

表4-5 案例小结表

共享情景	层次	针对小学生
	学科	语文、数学
共享目的		促进两岸文化交流
共享主体		阳翟小学老师、万芳国小部分老师
共享中介		阳翟小学、万芳国小、信息公司
管理服务方		双方学校所在教育行政管理部门
需求主体		阳翟小学和台湾万芳国小学生
共享类型		合作共赢的共享类型
问题分析		共享主体如何激励（主体问题），共享过程如何监管（中介问题），内容如何统一（内容问题）
共享机制	宏观	政府监督、学校主导、教师参与、学生免费使用的共享机制
	微观 已有	信任机制、协同机制、交互机制、保障机制
	微观 新建	激励机制、监督机制

第三节　助推学生个性化发展的区域教育智力资源共享

本案例选自北京市中学教师开放性在线辅导项目，案例资料主要来源于北京市教委、北师大未来教育高精尖创新中心相关网站，北京市教委从2016年11月首先在通州区开始教师开放型在线辅导试点，2018年扩展到密云、怀柔、房山等6个区，该案例面向北京市招募9个学科的骨干教师，通过开放型在线辅导管理服务平台为郊区学生提供在线智力服务，促进学生的个性化发展。

一、案例描述

（一）基本情况

北京市作为全国政治、文化中心，与其他地区相比，北京市的优质教师资源较为丰富，但是北京市城区和郊区的优质教师资源存在差异，大量的优质教师资源聚焦在城区，由于受到教育体制机制的制约，城区优质教师智力资源绝大部分仅仅服务于本校学生的学习，并未实现及时流动，其效用没有完全发挥出来。"互联网+"为解决优质智力资源配置不均衡、农村地区教师短缺、学生个性化需求难以满足等问题不仅提供了思路，还随着4G、5G技术的发展及直播、录播等技术和设备的普及应用，为在线辅导及网络直播等提供了技术支持，降低了技术门槛，使普通教师能够利用手机等便携智能终端随时随地在线辅导。如何结合基础教育教学改革趋势和北京市基础教育的实际需求，探索新时期教师智力资源流动的机制与策略是北京市教育管理部门和广大中小学一直致力要解决的问题。

"北京市中学教师在线开放辅导计划"就是贯彻有关教师队伍建设和"互联网+"等文件精神，为了促进北京市教育均衡发展和学生个性化发展，结合北京市城区和郊区中学教育发展的实际需求孕育而生。2016年11月，北京市教委和通州区教委联合等在通州区启动"北京市中学教师开放在线辅导试点"项目，项目组委托北师大未来教育高精尖创新中心搭建服务平台，面向全市招募初中语文等9门学科的骨干教师参与，为通州区31所中学的初一、初二学生提供在线智力服务。2018年市教委、市财政局联合制定了《北京市中学教师开放型在线辅导计划（2018—2020年）》，并在平谷、怀柔、密云等6个区同时启动实践①，为通州、延庆等6个区135个学校的5万余名初中生提供在线智力服务。招募辅导教师的范围为区级以上的优秀教师，同时鼓励普通教师积极参加，招募范围根据需要适时扩展到民办教育机构。为了保证辅导效果，一个老师最多辅导人数不能超过10人，每周的辅导时长2~10小时。目前，在线辅导库里面已经储备了8 000余名师资。教师在线辅导时间为周一到周五的18：00—22：00，双休日及法定节假日为8：00—22：00。

---

① 北京市教委.2018年北京市中学教师在线辅导计划启动[EB/OL].（2018-04-04）[2023-01-20]. http://jw.beijing.gov.cn/jyzx/jyxw/201804/t20180404_40809.html.

在线教师实行实名统一认证，系统通过云平台或手机 App 向学生推送信息，教师通过双师服务平台开展在线辅导服务，教师运用电脑或点阵笔工具向学生辅导，学生利用 PAD 等终端获得图文声并茂的实时在线辅导。辅导形式包括"一对一实时在线辅导""问题广场""一对多实时在线辅导""微课学习"四种。

（二）共享过程

1. 教师服务流程

教师在线辅导的业务流程如图4-3所示，由教师资格审核、提供双师服务和绩效考核三大部分组成。

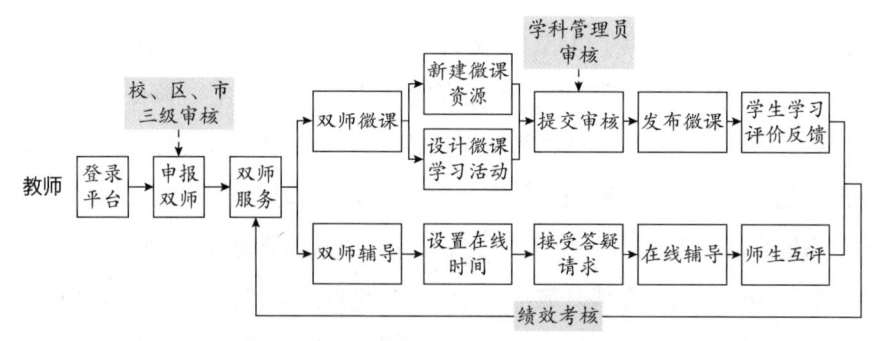

图4-3 教师在线辅导业务流程（图片来自北师大高精尖创新中心）

在线教师实行实名统一认证，教师申请双师服务之后，需要通过学校、区教育局和市教育局三级审核。在线辅导教师实名注册并登录系统，可以自主设置个人的信息，系统可通过云平台或手机 App 向学生推送老师信息。

教师的服务形式通常为双师微课模式和双师辅导两种形式。第一种服务方式是双师微课模式，教师可以新建微课，设计微课学习活动，也可以发布、修改、删除、查看学习活动和学习进度，教师把自己做好的微课提交到平台，学科管理员对微课进行审核，审核通过后教师即可发布。学生学习完微课之后，通过平台反馈微课的学习效果，反馈的效果作为双师服务绩效评估的一部分，这种双师服务方式是一对多的非实时在线辅导。另一种服务方式是双师辅导，教师可以在一周之前设置在线时间，便于学生根据教师在线时间安排自己的发起辅导请求的时间。学生通过平台主动发起服务请求，教师根据学生服务请求，选择辅导学生进行一对一的实时辅导。

实时辅导有语音答疑和通过点阵笔答疑两种形式，并且记录答疑时间。教师既可以选择通过语音方式进行答疑,也可以使用点阵笔在平台上为学生现场讲解题目或辅导,这种方式最让孩子们能够理解并掌握知识。

2. 学生接受服务流程

学生在线辅导的业务流程(图4-4)。

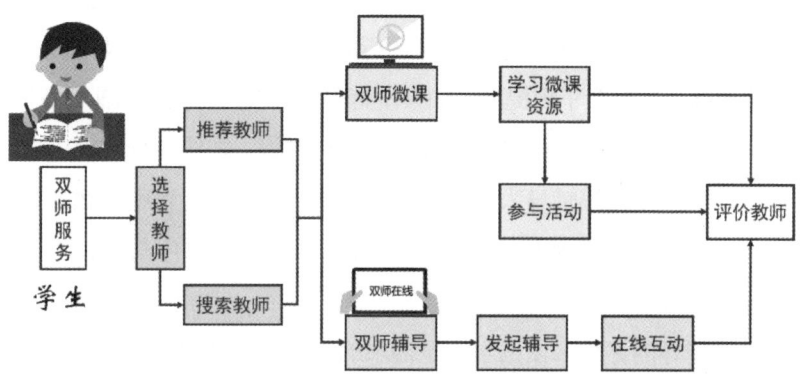

图4-4 学生在线辅导业务流程(图片来自北师大高精尖创新中心)

选学学生凭本人学籍号实名登录智慧学伴平台,选择双师服务模块。学生既可以接受平台为自己推荐的教师,也可以通过搜索找到自己满意的教师,平台记录学生在平台接受的辅导老师姓名及自己关注过的老师,学生可以通过搜索来查找教师或学校,进而筛选出比较适合自己的辅导老师。

学生可从双师微课和双师辅导两种主要的在线辅导形式中选择一种自己喜欢的方式。选择双师微课的服务形式,学生可以学习微课资源,并且参与相关的学习活动,然后对微课使用效果进行评价。选择双师辅导的服务形式,学生可以选择自己喜欢的老师,通过和老师实时互动接受在线辅导,最后对老师的在线辅导效果进行评价。

在"一对一实时在线辅导"时,系统可以通过大数据分析模块向学生智能推荐教师。学生也可自选自己喜欢的教师,预约时间,按时进行一对一辅导。每次辅导后,按要求支付在线教师积分并进行评价。

3. 在线辅导绩效评价

在线辅导效果采用两种形式进行评价,即基于师生辅导行为数据的评价和师生互评的结果。

基于用户行为数据的效果评价：平台能够记录教师在线辅导过程，采取辅导时长和辅导绩效相结合的评价方法，为教师构建在线辅导档案。管理部门依据考核标准，基于教师辅导数据对教师的辅导工作量进行考核，并计入在线教师数据库。

一对一实时在线辅导的评价：实际辅导时间（1小时以上，每小时折算6个积分，1小时以下，每10分钟折算1个积分），辅导绩效（根据学生满意度不同获得6~12积分）。另外，平台对在线教师的负面行为实行监控，对于不及时应答、辅导效果不佳的教师，平台会干预提醒，如果没有有效改善，将被取消辅导资格。

一对多实时在线辅导的评价：在线实际辅导时间＋在线辅导绩效（学生给老师打分的平均分）和在线辅导人数系数折算出来。平台可将教师在线辅导的时间统计出来，并且可以导出为 Excel 文件，便于和其他老师排序与比较，还可以把老师的辅导积分加以统计。

问题广场辅导的评价：依据学生是否采纳及采纳支付的积分来计算，学生的问题解决之后，学生可以根据采纳的满意度支付2~4个积分，没采纳的不予积分。

微课学习辅导的评价：学生实际参与率＋学生对微课质量评价，教师每认证一个微课，可获得20~40个积分，还可以根据学生的评价获得6~10个积分。

一对一实时在线辅导结束后，在线教师要对被辅导学生进行评价。系统自动记录每个学生的学习时长、支付的积分，对教师的评价及负面学习行为以及故意捣乱、恶意差评的学生，由学校进行干预。

（三）共享效果

北京市中学在线开放辅导项目在全国率先试点，通过共享教师智力资源，解决学生个性化学习问题，是落实供给侧改革的重要举措，体现了以学生为中心，通过在线辅导解决学生个性化学习问题。北京师范大学高精尖创新中心执行主任余胜泉教授在启动会上表示：本项目通过搭建中学教师开放型在线辅导管理服务平台，鼓励中学教师自主开放教学资源、提供在线智力服务，供全市初中年级学生根据需要自主选择在线学习，其促进北京市基础教育公共服务转变方式，助力本市学科教学改革和招生考试改革。通过在线辅导计划的开展，整合全市优质教师资源，实现精准化资源供给，补充基本公共服务的短板、服务中考改革、打破教师配备的时空界限、丰富课程建设、补全教师教研和服务学生短板，取得了令人满意的效果。

对教师：本项目以北京市在线辅导平台为纽带，广泛发动全市不同学科的优秀教师参与在线辅导，使优秀教师通过互联网实现在区域内共享智力资源，为学生提供一对一的智力服务，使试点地区的学生每一门功课拥有两位老师，通过优质教师智力资源的在线流动，既让优秀教师获得了一定的收入，又让优秀教师获得学生的好评和认可，成了明星教师。既实现了由市场机制来评价教师的教师评价方式转变，又促进了生态取向的教师专业发展。

对学生：本项目是在北京市中考改革背景下启动的，真正体现了以学生学习为中心的思想。由于中学生的知识基础、学习风格和学习兴趣千差万别，每一位学生在不同学科中遇到的问题不尽相同，线下老师在课堂上只能针对具有普遍性的问题进行讲解，由于个人能力、精力和时间等因素的限制，无法顾及每一位学生的学习需求，借助北京市在线辅导平台，学生将自己辅导需求提交在平台上，平台会利用大数据分析功能，智能匹配学生的个性化需求和优质教师智力资源。老师通过平台一对一地为学生进行讲解或辅导，学生可以获得基于个人知识和能力诊断的免费在线教师服务，满足个性化、多样化、精准化学习需要，促进学生个性化发展，同时也减轻了家庭课外辅导的经济负担，促进了教育公平。

对区域：综合来看，北京市中学教师在线辅导计划项目在一定程度上解决了城乡二元体制下的教师资源合理配置问题，也促使城区优质教师智力资源效用的最大化。本项目从2016年11月在北京市通州区中学试点，到2018年3月进一步扩展到怀柔、房山、密云等6个区135个项目校，服务共计5万余名初中学生。从性质上来看，教师开放型在线辅导与教师有偿家教、有偿补课不同，它是政府主导的直接面对学生的免费在线服务。北京市教委李奕副主任于2017年在"互联网+"教师教育高分论坛上指出：开放性辅导，以满足学生个性化需求为导向，在信息技术的支持下，教师（或社会人士）通过在线答疑、在线辅导等方式共享智力资源，是一种新型教师流动形式[①]。充分利用"互联网+"和大数据等信息技术的优势，北京市教育局的人事管理部门、教研部门等协商创建教师在线辅导过程中的管理体制机制，人岗不动、服务迁移、身份流转、智力资源共享是这种服务形式的特征，

---

① 李奕. 探索构建互联网+教育模式下的教师走网新模式[R].[S.l.: s.n.], 2017.

促进智力资源共享、服务迁移是北京市教育供给侧改革的有效手段之一。通过试点地区探索，促进北京市教育供给侧改革，创新教育公共服务方式，提升人民对教育的满意度。试点取得了比较喜人的效果，实现了北京市优质教师智力资源的线上流转，既让通州等6个区的中学生获得全北京市的优质智力服务，又扩大了优质教师资源的影响力，还在一定程度上促进了区域间教育的均衡发展。

二、案例分析

（一）共享主体：在线辅导教师

本案例中智力资源共享主体主要是北京市在双师服务平台审核通过的中学教师，从项目的实施过程来看，参与在线辅导的老师为北京市区级以上的学科骨干教师，教师辅导主体对本学科的内容、教学方法有独到的见解。在线辅导教师的主要职责为依据双师服务平台中学生提出的需求为其提供一对一、一对多服务。参与在线辅导的老师利益诉求是通过对学生提供个性化辅导，促进自身智力资源在全北京市范围内的流动，提高自身智力资源的应用效能，提高自身在北京市内的知名度，获得区级、市级教育行政管理部门的认可与评价，进而获取职称晋升、评奖评优的机会，当然也可以经过平台的评价机制获得一定奖励报酬。

（二）共享中介：学校、中心

本项目的共享中介主要包括北师大未来教育高精尖创新中心（以下简称"中心"）和各中学。中心作为北京市政府支持的高水平国际化创新平台，被市教委委托为开放型教师在线辅导计划运营主体，主要负责教师在线辅导云平台（智慧学伴）的建设与运维。同时，协助完成在线辅导计划教师的审核，在线辅导管理和实施，参与项目的教师的培训，以及在线辅导数据分析和监控等功能。

北京市中学教师在线开放辅导平台是智慧学伴的一部分（图4-5），智慧学伴是由北京市教委委托北京师范大学高精尖创新中心开发，本平台由诊断工具、在线批阅、学习分析、精准教学和双师服务五大模块组成，其中双师服务模块的构建，是通过基于学生学习数据分析的精准匹配和推荐，实现教育资源的合理配置和教育公共服务模式的创新。通过智慧学伴平台，采集并分析学生的学习行为数据。从群体和个体两个维度对行为数据进行分析：一是群体角度，按照班级、学校、行政区域等不同层次进行统计分析，叠加到北京市教育质量地图上，汇聚优质教

·第四章 "互联网+"背景下教育智力资源共享案例分析·

育服务。二是个体角度,从个人特征、认知能力、学习品质、心理健康、学科知识等角度进行个性化分析,形成可视化报告,从而按需选择适合自己的学习资源和服务,其中最重要的一个环节就是双师服务,通过智慧学伴平台的智能化分析,实现全市优质教师资源和学生个性化需求的跨学校、跨区域的精准匹配。

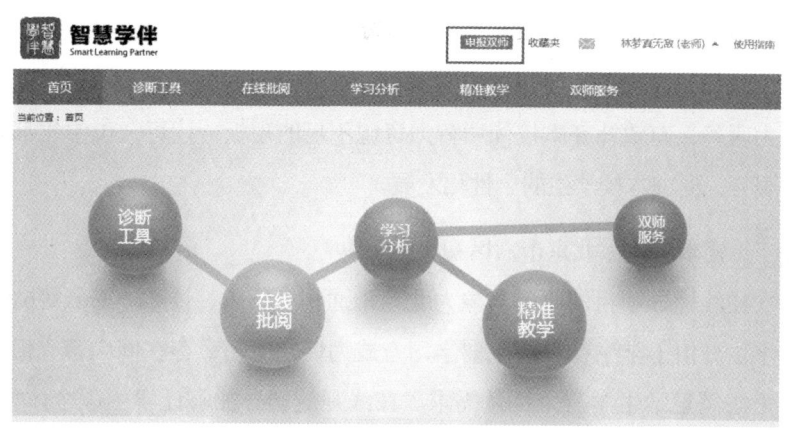

图4-5 北京市智慧学伴平台(图片来自北师大高精尖创新中心)

该平台的主要用户类型有教师、学生和管理者等。教师要想进行双师服务,需要通过电脑登录智慧学伴平台,此外,为了辅导过程更加流畅,给老师配备点阵笔(图4-6)。学生要享受双师服务,需要借助平板、手机等移动终端下载安装智慧学伴—双师在线 App(图4-7)

图4-6 教师端需要的配置(图片来自北师大高精尖创新中心)

图4-7 学生端需要的配置(图片来自北师大高精尖创新中心)

参与试点的各中学的主要职责是教师基本信息的审核、发动本校师生参与北京市在线开放辅导。教师信息审核的主要内容为本校教师申报信息的审核,并对教师在线辅导情况进行监督。本校师生在线开放辅导主要是协助中心在本校范围内开展项目的宣传工作,让本校师生能够基本认可在线开放辅导的价值,也可以选配愿意参与在线辅导的教师参加区级项目培训等。从利益诉求的角度来分析,各参与试点中学既可以通过本校骨干教师为全市范围内学生提供在线辅导服务,扩大本校教师的影响力、提升学校的品牌;还可以让本校学生足不出户获得全市优质智力服务,有效补齐本校优质智力资源不足的短板,让每一位学生都获得个性化的服务,促进本校学生的个性化发展。

(三)需求主体:北京市六区初中学生

本次在线辅导项目的服务对象为北京市通州、房山、怀柔、密云等6个区5万余名中学生。由于学生在学校主要学习方式为课堂学习,存在同内容、相步调等问题,无法满足学生学习个性化需求。在线开放辅导能够让学生以个体为单位,针对自己在学校学习中尚未解决的学习问题或其他个性化学习需求,在平台上发布在线辅导等智力服务需求,自主选择自己喜欢的老师接受一对一的实时免费在线辅导,也可以登录教师个人主页观看微课,参与相关的学习活动,从而满足自身个性化学习需求,实现自身个性化发展。从利益诉求的角度来分析,北京在线辅导项目既解决了学生个性化学习的问题,又获得免费的优质教育智力资源服务;从学生发展的角度来分析,是获得了双赢。

(四)政府:北京市教委、各区教育局

在北京市在线开放辅导项目中,北京市教委、北京市各区教育局是政府的代表。各级政府部门的主要职责如下,北京市教委成立了市级协调小组办公室,负责统筹协调,市级协调小组办公室通过后台数据挖掘,对在线辅导教师进行统一管理,为每一位在线教师开通网络教学空间,并提供必要的服务支持,定期对在线时长和辅导绩效进行评价。成立在线教师专家委员会,对教师进行指导、培训及其在线辅导抽检。各区级协调小组和办公室负责本区在线教师的管理、指导和督促各中学和研修机构做好在线教师的申报、审核、培训、过程跟踪和监督。成立在线辅导专家指导团,负责本区在线辅导方案的设计、人员培训和指导,督促各中学做好面向家长的宣传工作和面向学生的培训工作,定期对在线辅导项目抽

查。北京市教委在本项目运行期间，还有一个重要的职责就是为本项目的开展提供资金支持，即从北京市的教育经费中设立专项在线辅导经费，以保障在线开放辅导常态化运行。从利益诉求的角度来分析，北京市教委试图通过在线辅导项目的试点，探索利用"互联网+"手段促进本地区教育供给侧改革，探索"互联网+"背景下促进区域内优质教师智力资源共享的有效机制等，从而从整体上提高市民对本区域基础教育的满意度。

三、案例小结

（一）共享类型

本案例中的教育智力资源共享主要是依托北京市教委委托北京师范大学未来教育高精尖创新中心开发的智慧学伴平台，其中在线辅导模块相当于北京市教委为全市优秀教师搭建的教育智力资源共享平台，北京市教委是为教师等共享主体搭台的，优秀教师等都是来"唱戏"的，教育智力资源主体除了体制内的学科教师之外，还包括体制外有资质培训机构的教师，以及北京市相关行业专业人士，教育智力资源供给主体没有特定的服务对象。北京市的教师开放型在线辅导与教师有偿家教、有偿补课不同，它是政府主导、政府出资的直接面向郊区、薄弱学生的免费智力资源共享服务，提升孩子和家长的实际获得。这种教育智力资源共享的源动力是北京通州等地区学生对优质教育智力资源的需求，还有北京市教委对本地区教育均衡发展的需求，其创新了教育智力资源的共享机制，消除了教师共享智力资源的顾虑，吸引了更多的优质教师参与在线辅导，促进了骨干教师智力服务资源的网络流动，既解决了学生个性化学习问题，又促进了本地区教育优质均衡发展。

综上，北京市在线辅导是教育教学领域中的课程学习及课程辅导等，是政府公共服务部门通过共享平台向学生提供相应的智力服务，其本质就是基于网络平台中介的C2C（Customer to Customer）智力资源共享，平台一般是由政府机构或者互联网公司搭建的C2C社交平台，其主要起中介作用，C2C共享类型与淘宝平台类似，网络学习空间等共享平台本身不生产智力资源，而是借助其中的用户流量优势来聚集资源服务者和消费者，只要用户遵守平台运行管理的规则，就可以在平台上开展智力资源共享服务。

（二）问题分析

虽然本案例中北京市在线开放教师辅导在6个地区已经取得了较好的试点效果，也在一定程度上解决了本地区初中生个性化学习的问题，但是也存在以下问题：

第一，北京市的优质智力资源如果要向全国共享，必然涉及有谁来提供资金保障，以及平台的搭建，还会涉及北京市和其他地区的教育行政管理部门的合作关系，该如何操作，会涉及教育智力资源共享中的中介问题。

第二，从文献来看，目前北京市教委初步设想将社会智力资源、具有资质的民办教育机构的教师纳入在线辅导教师行列，就是智力资源共享主体准入的问题，以及如何监管社会智力资源主体的辅导行为，监管责任人由谁来承担，其本质是政府和中介方的问题。

第三，本案例是由政府出资、教师参与的教育智力资源共享服务，并且把教师智力资源共享的评价结果作为教师职称晋升、评奖评优的重要依据，虽然根据评价结果给予教师不同的劳酬补助，但是如何制定更全面的激励机制，激励更多的共享主体真正自愿地开展在线辅导，这实际上涉及主体的激励问题和中介的管理问题等。

（三）共享机制

根据理论研究部分对机制构建的思路，结合案例分析部分对共享主体、需求主体、共享中介、政府等利益相关者在共享过程中的职责分析，依据教育智力资源共享系统模型及利益相关者理论、CAS等，绘制出如图4-8所示的C2C智力资源共享机制图。

从图4-8中可以看出，从宏观层面来看，此机制为政府主导、科研院所参与、优秀教师供给、学生免费使用的教育智力资源共享机制。北京市在线开放辅导为政府主导、共享主体广泛参与的教育智力资源共享活动，共享主体的职责是响应区教育局和学校的号召，积极参与在线辅导并获得物质和精神方面的激励。需求主体为6区5万余名初中生，其主要职责是利用好在线辅导平台，获得优质教师智力资源服务，促进自身良性发展。政府的主要职责为整体规划北京市在线辅导项目、制定优秀教师资质审核的标准等评价标准，并且提供资金保障、分层管理与监督在线辅导过程。参与试点学校的职责是为本校参与在线辅导的师生提供条件，

第四章 "互联网+"背景下教育智力资源共享案例分析

宣传并激励师生参与在线辅导项目,北师大未来教育高精尖创新中心作为重要的中介方,既要完成政府委托的管理和监督任务,还要提供重要的技术保障,并承担对参与试点的教师、学生、家长的培训工作,中心在整个在线辅导项目中所发挥的作用是至关重要的。

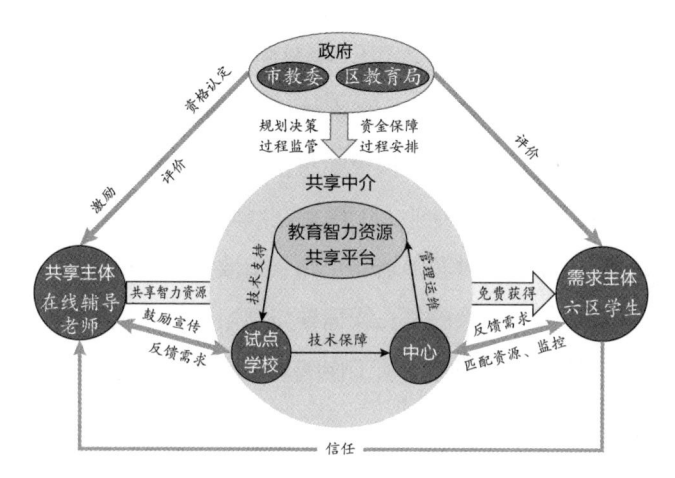

图4-8 C2C智力资源共享机制示意图

因此,从促进北京市优质教师智力资源在区域内有效共享,推进北京市教育优质均衡发展的角度,C2C教育智力资源共享活动需要从以下三个维度构建下列共享机制:从共享主体维度需要建立准入机制、激励机制和评价机制,从政府维度需要构建管理机制、资金保障机制、监督机制,从中介维度需要构建技术保障机制、监督机制等。如果把北京市的优质智力向其他地区共享,需要构建合作机制。

仔细分析本案例,可以得知本案例相关主体已经采用了以下几种微观层面的共享机制:

1. 管理机制

该项目成立三级管理机制,由市级协调小组、区级协调小组、校级协调小组组成,具体的管理机制的内容和运行如图4-9所示。

2. 激励机制

由于优质教师智力资源共享大部分是以教师自愿共享为前提,所以利用各种手段和措施激励骨干教师开展教育智力资源共享是在线辅导能否顺利实施的重要前提。北京市中学教师在线辅导计划在实施过程中采取了两种激励措施:

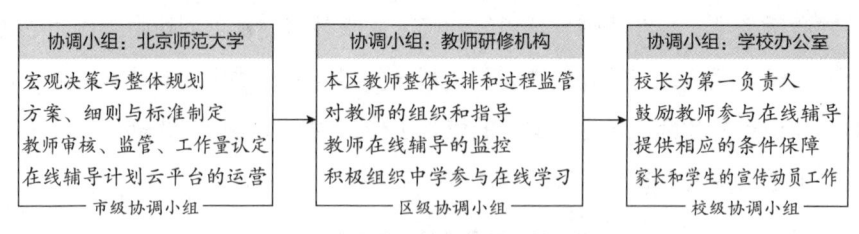

协调小组：北京师范大学	协调小组：教师研修机构	协调小组：学校办公室
宏观决策与整体规划 方案、细则与标准制定 教师审核、监管、工作量认定 在线辅导计划云平台的运营	本区教师整体安排和过程监管 对教师的组织和指导 教师在线辅导的监控 积极组织中学参与在线学习	校长为第一负责人 鼓励教师参与在线辅导 提供相应的条件保障 家长和学生的宣传动员工作
市级协调小组	区级协调小组	校级协调小组

图4-9 北京市开放在线辅导管理机制

第一，项目启动之前通过宣传、培训等形式激励。项目组通过北京市智慧学伴平台向全市教师宣传，鼓励教师积极参与在线辅导申请，通过召开专门会议培训，由市教委相关领导及中心专业人士解读在线辅导计划，各试验区召开区级培训会议，邀请中心专业人员对教师培训，北京市教委明确要求各区、各学校建立激励机制。充分发动师生积极参与在线辅导与学习，将本项工作作为教学改革和招考改革的重要任务之一，并将本项工作纳入各区义务教育优质均衡发展、实现教育现代化的考核范围。

第二，在项目实施过程中，依据在线教师获取积分数量和在线辅导效果等指标，分别给予物质层面和精神层面的激励。一方面，根据教师在线辅导的绩效，由区教育局核算一定的工作量，并给予相应的劳酬补助。对教师在线辅导采用积分制奖励，辅导费为积分乘以系数，正高级教师和特级教师系数为1.4，市级学科带头人和骨干教师系数是1.2，普通教师系数为1。以在线一对一辅导为例，骨干教师每小时辅导获得12~18个积分，以10元/积分乘以1.2计算，得出每小时收入在144~216元之间，辅导费由市级财政保障[①]。另一方面，师生在线辅导绩效作为市级、区级和校级师生评奖评优的重要参考因素之一。依据在线辅导评选市级在线辅导的星级教师、星级学员，并予以表彰，并在云平台上予以公布。依据学校和各区的教师在线辅导综合绩效分别评选北京市中学教师开放型在线辅导优秀学校组织奖、在线辅导优秀区组织奖，在线辅导绩效作为骨干教师合格评估、区级以上骨干教师评选的重要参考条件之一。

---

① 北京深海巨鲸信息科技有限公司.北京市启动"中学教师开放型在线辅导"计划，学生可免费接受辅导[EB/OL].（2018-04-05）[2023-01-20].https://baijiahao.baidu.com/s?id=1596907485569720775&wfr=spider&for=pc.

3. 监督机制

由市级协调小组办公室建立监督检查专家组，以网络核查为主要形式，对各环节工作进行全程监督。由于北京市在线开放辅导活动主要通过双师服务平台，辅导行为主要发生在虚拟环境中，对师生在辅导过程中的行为监督显得尤为重要。由市级协调小组办公室建立监督检查专家组，以网络核查为主要形式，对中学教师在线辅导的各环节工作进行全程监督，对于在实施管理和监督检查中出现严重问题的教师，将取消其在线辅导资格。

4. 保障机制

为了保证北京市中学教师在线辅导的顺利进行，项目组分别从经费和平台两个方面来保障。

（1）经费保障。北京市教委副主任李奕表示，北京市在线辅导项目是政府主导的面向全体学生的免费在线服务。由市教委对教育经费统筹规划，从中划拨在线辅导专项资金，包括实施经费和管理经费（平台建设费、协调管理费、培训宣传费），项目实施经费纳入市级财政预算，根据学校隶属关系通过市教委部门预算或市对区教育转移支付预算安排，按照据实结算的方式在下一个学期结算。

（2）平台保障。北京市中学教师在线辅导项目所依赖的平台是北京市智慧学伴中的双师服务模块，智慧学伴经过数年在北京市基础教育教学改革实践中的运用，经过无数次对平台功能的改进与完善，平台的稳定性、可用性和效用性都比较高，目前已经具备大数据智能分析的功能，平台运行稳定且安全，并且在双师服务的过程中，有专职的平台维护人员对平台进行监测，保证平台正常运行。

5. 评价机制

本项目除了对整个辅导过程进行网络监督之外，对在线辅导的老师和接受在线辅导的学生实施评价。对不同的服务类型，分别有不同的评价标准和评价方式，主要从辅导时长、辅导人数和学生满意度等方面进行综合考评。

按照表4-4教育智力资源共享案例分析表的分析类目，对本案例进行分类，得出表4-6所示的案例小结表。

表4-6 案例小结表

共享情景	层次	北京市郊区中学生
	学科	初中9门学科
共享目的		个性化教育、教育公共服务转型、区域教育优质均衡发展
共享主体		全北京市参与辅导的中学老师
共享中介		北京师范大学高精尖创新中心、各中小学
管理服务方		北京市教委、北京市各区教育局
需求主体		参与试点的区域所有初中学生
共享类型		搭台唱戏的C2C教育智力资源共享模式
问题分析		社会智力资源准入问题（主体），对社会智力资源共享过程的问题（中介），向其他地区扩展问题（中介）
共享机制	宏观	政府主导、科研院所参与、优秀教师供给、学生免费使用的教育智力资源共享机制
	微观 已有	管理机制、激励机制、监督机制、保障机制、评价机制
	微观 新建	准入机制，协同机制和监管机制

第四节　促进小规模学校发展的城区教育智力资源共享

改革开放以来，我国基础教育发展取得了令人瞩目的成就，但是我国民族地区、偏远地区、农村贫困地区的基础教育仍然薄弱，6.7万个教学点依然存在师资缺乏、课程不足、教学硬件设备落后、课堂效果不达标等突出问题制约着教学点师生的健康发展，农村教学点问题成为我国义务教育有效发展的"最后一公里"。信息技术的发展给教育扶贫提供了很好的支撑手段，党中央、国务院都非常重视利用信息技术促进教育扶贫。党的十八届三中全会中提出，构建利用信息化手段扩大优质教育资源覆盖面的有效机制，逐步缩小区域、城乡、校际差距。国务院在《网络扶贫行动计划》中提出，扎实推进"网络扶智工程"。

湖南省农村中小学网络联校建设与应用，是贯彻落实上述国家关于信息化促进教学点发展任务、网络扶智等部署的有效做法，是加快湖南省教育信息化"三通两平台"建设、发挥教育信息化设施效益的重要举措，同时也是湖南省教育厅近几年来信息化工作的计划内项目。该项目的目的在于充分利用信息化手段共享优质教育资源，在农村偏远小学和教学点开展英语、美术、音乐等同步课堂、专递课堂的教学试点，利用信息技术帮助学校（教学点）开好国家规定课程，提高教育质量，更好地满足农村偏远地区适龄儿童就近接受良好教育的需要。

一、案例描述

（一）基本情况

该项目从2014年开始启动以来，已经实施了近5年，项目实施范围已由最初的桃江、隆回、茶陵、湘潭、衡东、汝城等6个试点县扩展到全省大部分地区，对于解决农村薄弱地区学校（教学点）的师资不足问题，促进优质教育智力资源在区域内有效共享，促进薄弱地区教师专业发展及学生能力提升具有一定的积极作用。

为了更深入地了解湖南省网络联校项目实施过程中存在的问题及共享机制，笔者从2018年10月到12月，对湖南省电化教育馆、长沙市教育局、湘潭市教育局等相关领导和工作人员进行访谈，了解省、市两级教育管理部门对网络联校的规划布局和管理。为了了解示范学校网络联校的实施情况和存在的问题，从湖南省长沙、湘潭等地区实施网络联校项目校中选取典型代表，对参与网络联校项目的主校、分校学校的校长、教务主任、教研主任或信息办主任进行访谈，对参与网络直播课的主讲教师进行深度访谈，共收集到访谈记录30份，通过对收集到的访谈资料进行质性分析，对质性访谈的结果进行分析。访谈对象的基本情况如表4-7、表4-8所示。

表4-7 中小学校长、教师访谈信息表

序号	地区	访谈对象	访谈方式	访谈日期	访谈地点
1	长沙	育英学校：校长、教务主任、主讲老师	集体晤谈	2019.10.15	育英学校教学楼二楼小会议室
2	长沙	育英学校网络联校分校白石小学	电话访谈	2019.10.15	湖南某高校教师办公室
3	长沙	长沙市芙蓉区大同二小：教务主任、音乐、美术主讲教师	集体晤谈	2019.10.16	大同二小小会议室
4	长沙	长沙市长郡远程直播学校曹校长	单独访谈	2019.10.17	校长办公室
5	长沙	长沙市芙蓉区大同古汉城小学校长、教研主任	集体会晤	2019.10.17	大同古汉城小学研讨室
6	湘潭	湘潭市十八中：副校长、信息办主任、学科教师	单独访谈	2019.10.22	副校长办公室、教师办公室
7	湘潭	湘潭市湘机小学副校长、主讲老师代表、信息技术老师	集体晤谈	2019.10.24	湘机小学录播教室

续表4-7

序号	地区	访谈对象	访谈方式	访谈日期	访谈地点
8	湘潭	湘潭市红霞小学罗校长、方书记	集体晤谈	2019.11.13	校长办公室
9	湘潭	湘潭市雨湖区金庭学校彭副校长	单独访谈	2019.11.14	金庭小学会议室
10	湘潭	湘潭市风车坪小学信息办主任、音乐课主讲老师王老师、美术课主讲老师李老师	集体晤谈	2019.11.15	名师会议室

表4-8 教育行政管理人员访谈信息表

序号	地区	访谈对象	访谈方式	访谈日期	访谈地点
1	长沙	湖南省电化教育馆教研科余主任	单独访谈	2019.10.11	湖南省电教馆教研科办公室
2	湘潭	湘潭市教育局教育技术研究室翁主任	单独访谈	2019.11.14	主任办公室
3	长沙	长沙市教育局教育技术中心吴老师	电话访谈	2019.10.15	湖南某高校教师办公室

湖南省中小学网络联校项目第一期由湖南省教育厅发起，从省级财政中拨款支持项目实施，首期中小学网络联校项目实施周期为五年，主要做法如下：

（1）以县市为单位开展农村中心校与教学点网络联校建设试点，通过自愿申报、市州推荐、专家评审等方式在全省遴选7个县市（约100个乡镇）建设网络联校，通过网络将中心校的优质课堂教学资源推送到农村偏远地区的教学点，促进教学点的整体发展。

（2）以县市为单位开展以教学案例观摩为主要形式的教学点教师资源应用研讨活动，从三个方面探索教学点优质教学资源融合应用的方法和模式：即网络联校"同步直播课堂"模式、网络联校"异步录播课堂"模式和网络联校"资源包推送应用"模式。

湖南省中小学网络联校的总目标为：经过首轮项目试点，计划在全省选择7个县市（约100个乡镇）开展农村中小学网络联校建设与应用试点，通过网络联校、同步课堂等形式，将城市、乡镇中小学的优质智力资源推送到村小或教学点，切实解决湖南省优质教育资源配置不均衡，农村学校师资源结构性短缺等问题。探索农村中小学专递课堂建设与应用模式，通过共享平台将中心学校的优质智力资源共享到农村小学或者教学点，缓解农村学校或教学点教师结构性短缺等问题，帮助其开齐课程，推进农村教育均衡发展。

·第四章 "互联网+"背景下教育智力资源共享案例分析·

从实地调研的学校网络联校执行情况来看,绝大部分网络联校项目在2018年12月份通过湖南省教育厅的中期检查,绝大多数项目都按照计划严格执行,已经取得一些卓有成效的成绩,除了省级网络联校项目的继续执行,浏阳市等启动本地区的网络联校项目,将本地区城区优秀教师智力资源通过网络共享至农村小学或教学点,促进农村学校、教学点的有序发展,从而促进区域教育均衡发展。

随着湖南省中小学网络联校项目逐步实施,其影响不断扩大,网络联校项目走出湖南,开启"教育信息化2.0"背景下的新航程,并且开启了援疆谱新章,郴州市湘南小学与新疆维吾尔自治区托克逊县一小通过网络平台同上一节音乐课,这是对"互联网+"教育服务新模式的有效探索,也是郴州市教育援疆工作的一大特色。不仅如此,湖南省教育厅与北京市朝阳区协同开启"互联网+"资源共享新局面[1]。双方政府于2018年7月签订《北京市朝阳区人民政府与湖南省教育厅教育合作框架协议》,明确了双方共同推动"互联网+教育"资源共享项目建设,湖南省电化教育馆优选了湘西自治州花垣县十八洞小学、韶山市韶山学校等四所学校为实验学校,与北京市朝阳区的北京中学和朝阳区实验小学,采取"1+2"的模式,分两组共同参与网络联校项目建设。双方在北京召开项目启动会上达成两点共识:一是湖南省电教馆与北京市朝阳区教育信息中心之间建立起定期会商机制,主要通过磋商、会议等形式,为项目的顺利实施做好沟通协调与服务指导工作。二是结对学校制定远程互动课堂、教研、师资培训、资源共建共享等协同工作机制与计划。2018年10月9日下午3~6时,湖南省韶山学校组织学生首次通过网络直播形式,观摩了北京市朝阳区北京中学精心打造的系列话剧《戏如人生》,率先实现了优秀教学活动资源共享,标志着京湘两地"互联网+教育"资源共享建设项目迈出了实质性的一步[2]。

---

[1] 湖南省电化教育馆.京湘合作"互联网+教育"资源共享开新篇[EB/OL].(2018-09-20)[2023-01-20].http://www.hunanedu.net/a/keshiyewu/xiangmubu/jiaoyuxinwen/2018/0920/1567.html.

[2] 湖南省电化教育馆.京湘两地"互联网+教育"资源共享建设项目成功迈出资源共享第一步:北京中学与韶山学校首次网络直播活动掠影[EB/OL].(2018-10-09)[2023-01-20].http://jyt.hunan.gov.cn/jyt/sjyt/dhjyg/djgxwdt/201810/t20181019_587c10f5-702a-40ad-979b-6cf7e2a8b39a.html.

（二）共享过程

1. 搭建共享平台

共享平台是开展中小学网络联校项目的基础，搭建共享平台是项目实施的重要一步，从本质上来讲，湖南省中小学网络联校项目属于同步课堂，目前市面上的专递课堂，基本都采用了"录播系统+硬件视频会议系统"的架构。各地区根据本地实际情况采用不同的资源共享平台构建方式，所采用的录播硬件和共享平台也不相同。录播教室环境下的传输模式是湖南省中小学网络联校工程的主要实施模式，主校根据共享课程及分校数量，建设录播教室（主讲教室）1~2间，分校也应该根据课程数量建立听课教室1~2间，录播教室环境下的应景传输模式由录播系统、硬件教学终端、平台及应用四部分组成。

在作者访谈对象中，当问到"你觉得影响网络联校效果的最主要因素是什么"，几乎所有访谈到的老师表示第一个影响因素是平台的稳定，网络不流畅会导致互动交流的延迟。湘机小学的音乐主讲老师袁老师："网络平台的稳定是网络直播教学能够正常进行的基础，建议将平台继续优化，网络联校效果会更好。"长沙市芙蓉区育英学校的美术老师邓老师："直播授课时由于网络数据传输及相关原因，造成网络延迟，教学效果及评价不能及时反馈，直播界面切换偶尔卡顿。"

（1）湘潭地区的共享平台。湘潭市教育局教育技术研究室翁主任介绍：湘潭地区的网络联校项目主要从奥威亚、中庆、超然、阔地等教育信息化设备公司中采购交互录播设备。以奥威亚公司的交互录播设备为主，录播教室、直播教室的硬件建设由主校负责，区教育局公开招标。共享平台之前是使用湘潭市教育局搭建的湘潭市教育直播平台，这两年此平台由于某种原因暂时关闭，未来将并入智慧教育系统。但是，笔者在湘潭市岳塘区湘机小学（主校）、红霞小学（分校）实地访谈的过程中发现，共享平台主要是交互录播设备服务公司捆绑在一起，湘机小学和红霞小学就采用"AVA交互录播系统"，构建了区域专递课堂互动应用系统，通过湘机小学辐射红霞小学等形式，实现一对一、一对多的优质课程覆盖。

（2）长沙地区的共享平台。长沙市开展网络联校试点的主校录播教室、分校直播教室的设备采购由学校自主提供设备性能要求，区教育局负责招标，所以各项目校的设备各有不同。长沙市教育局现代教育技术中心熊老师说："这个项目的设备很复杂，销售这种设备的公司也很多，各个学校的需求也不一样，我们局里

·第四章 "互联网+"背景下教育智力资源共享案例分析·

面只负责项目的申报、监管及平台的管理，设备一般由各区教育局组织本区项目学校统一招标。"

长沙市教育局构建了长沙市基础教育网络联校平台，平台具有对全市网络联校项目开展的大数据分析与动态监管，主校与分校老师对录播课堂进行上传、下载、管理等，分区、市网络联校的管理平台，还具有动态课表、资源推荐等功能，具体功能如图4-10所示。

图4-10 长沙市基础教育网络联校平台

（图片来自长沙市基础教育网络联校平台网站）

如图4-10所示，在长沙市基础教育网络联校平台的左边地图上可以直观地显示全长沙市网络联校主校、分校的分布情况，在右边显示目前整个长沙市网络主校、网络分校的数量、计划总课程数、已授课数、授课老师数、累计受益人数等。如果用鼠标点击相应的市（区）内网络联校情况，可以直观地看到本市的网络分布情况。

在网络联校分布图下面，动态显示了本地区网络联校的开课动态（图4-11）、资源推荐（图4-12）。

图4-11 长沙市网络联校动态课表

（图片来自长沙市基础教育网络联校平台网站）

开课动态每周滚动一次,即提前一周在平台上公布下周网络联校网络直播课的时间、科目、授课学校、授课老师等信息,以便远端学校组织师生学习。

在资源推荐模块(图4-12)中,将各网络联校主校分享到平台的直播课课堂实录分学科在平台上动态展示,以方便远端师生再次回看。

图4-12 长沙市网络联校课程资源推荐

(图片来自长沙市基础教育网络联校平台网站)

2. 项目驱动

湖南省"农村中小学网络联校建设与应用"项目自2014年启动,由湖南省电教馆教研科负责项目的具体管理工作,首批试点的桃江等7个县拨付经费300万元,其中200万元由省财政拨付至7个试点县,其余的100万元拨付至省电教馆,主要用于试点绩效评估后的奖励、培训研讨及项目推进管理等工作。随后长沙市、湘潭市、株洲市、浏阳市及其他县(区)也启动了本地区的网络联校试点项目,采取了与省级网络联校相似的实施与管理方式。

从组织形式上来看,湖南省中小学网络联校项目的组织形式分为市县结对网络联校、县(区)内网络联校及镇(街)中心校辖区内网络联校3种。市县结对网络联校由市现代教育技术中心统筹,以市区知名小学为主校,县域内小学为分校,旨在将市内知名学校、名师引入县内。县(区)内网络联校的建设是选择县内名校为网络主校,向农村学校或教学点辐射,旨在发挥名校、名师的示范引领作用,帮助农村学校或教学点开齐开足开好课程,促进城乡学校课堂教学的同步发展。镇(街)中心辖区内网络联校的建设是选择规模较大、办学效益较好的中心小学为网络主校,向周边的偏远小学、教学点辐射,旨在发挥中心小学师资齐全的优势,帮助区域内完小、教学点开齐开足课程,促进课堂教学的同步实践。

网络联校的课堂模式主要有同步课堂、专递课堂和研修课堂组成。几乎所有的网络联校直播课堂都是以项目的形式启动，均是网络联校主校申报不同层次的网络联校项目，由相应的教育管理部门审批，拨付相应的启动资金，然后开展相应的工作。

3. 分级管理

湖南省中小学网络联校工作实行分级管理，省级、市级、县（区）级教育管理部门、项目校分别承担不同的责任与义务。

一是湖南省教育厅委托湖南省电化教育馆负责省级网络联校的整体规划、申报、监管与评价等，湖南省电教馆教研科具体负责全省网络联校的执行工作。湖南省电教馆教研科余主任：在首期湖南省中小学网络联校项目启动时，省电教馆组织开展了全省网络联校试点县的推荐遴选工作，印发《关于遴选农村中小学网络联校建设与应用试点县（市）的通知》（湘教电馆通〔2014〕20号）。通过"县区申报—市（州）推荐—专家评审"程序，从各市州申报推荐的11个县市中确定茶陵县、湘潭县、桃江县、隆回县、汝城县、衡东县六个县为项目试点县，2014年下半年鉴于龙山县专递课堂建设的突出成效，经馆领导研究，决定增补龙山县为项目试点县。二是成立了网络联校建设与应用项目专家指导小组，召开两次专家研讨会，对项目推进中的具体问题进行研究和指导。湖南省电教馆建立了以应用为导向的评估机制，加强对"网络联校"教学绩效评估，制定《农村中小学网络联校中期评估方案》，按计划组织专家对七个项目试点县进行中期评估。

各地州市根据湖南省电化教育馆的统一部署，协助省电教馆开展本地区省级网络联校的各项工作，统筹协调本地区的网络联校工作，根据本地区的农村村小及教学点的实际需求，开展市级的网络联校的试点项目。如湘潭市教育局教育技术研究室具体负责此项目的管理工作，长沙市教育局教育技术中心负责本市此项目的具体管理工作。长沙市从2014年湖南省首批网络联校项目启动以来，已经连续开展了两批市级网络联校试点项目，长沙县、浏阳市也陆续开展了本地区的网络联校建设工作。2016年，按照长沙市的安排部署，浏阳市率先启动"网络联校"工程，按"一托三（四）"模式建立了5所主校和37所分校，主校教学团队按"三固定、四同步"教学原则，为山区分校授课200余节，深受孩子们喜爱。工作开展之初，浏阳市借鉴其他县（区）的经验，结合自身实际，颁布了《浏阳市网络联校管理与操作手册》《浏阳市网络联校教学工作指导意见》《浏阳市网络联校工作考核细则》《网络联校优质教学资源共享合作协议》等文件，为主校、分校分别接入100M和50M专线光纤，组织开展分类培训，确保网络设备正常运行和熟悉操作。同时，建立联校QQ群、微信群，积极开展课前研修，定期组织观摩活动，增进交流沟通，有效提升了网络教学质量①。区教育局根据市教育局的安排，具体负责对主校、分校的推荐、遴选工作，负责协助主校完成设备招标与采购工作，以及其他具体事宜。

4. 主校负责

项目主校主要负责对项目的申报、分校的遴选、共享课程及主讲教师的确定等具体工作。获得立项的网络联校主校，项目主校校长为第一责任人，并成立由校长任组长的项目领导机构，制定了本校"网络联校项目建设工作方案"及相关制度，与分校签订项目协议书，细化了工作目标与任务，项目主校负责辖区项目的推进、管理和督查，负责联系分校，负责指导分校听课教室的建设以及网络带宽的费用。

（1）共享团队的组建。主要由技术支持团队和教学研发团队来组成，技术团队一般由本校信息技术老师组成，如长沙育英学校、长沙大同二小的技术团队都是由本校信息技术老师组成。如果主校信息技术老师缺乏，还需要借助录播设备公司的力量组成临时的技术团队，如我们访谈到的湘潭金庭学校彭副校长表示："我校信息技术老师缺乏，本学期计划引进一位信息技术老师，但又被区教育局借调走了，学校只能临时邀请提供录播设备的公司技术人员担任我校此项目的技术团队。"教学研发团队一般由主校主管教学的副校长或教研主任牵头，分别按照不同学科组建相应学科的教研团队，有些学校如长沙大同二小美术课是教研组全员参与直播，有些学校如湘潭市湘机学校是教研组全员参与备课，长沙市育英学校、湘潭市风车坪学校都是由教学经验丰富的教学名师或者骨干教师担任主讲教师。

（2）开展"专递课堂"探索。组建项目实施团队之后，主校根据项目的实

---

① 长沙市基础教育"网络联校"工作经验交流会在浏阳召开 [EB/OL].（2017-03-23）[2023-01-20]. http://www.liuyang.gov.cn/liuyanggov/xxgk/xxgkml/szfgzbm/sjyj/gzdt/3480804/index.html.

施方案，在主校与分校之间开展网络直播课的尝试，探索网络联校项目网络直播课的备课、上课、交互、教学评价等具体的教学实施策略。根据访谈的情况来看，网络联校主校最初都是采用双师课堂的形式，但是经过实践后，有些学校（如长沙育英学校、长沙大同二小和分校）的学生基础相差很大，所以育英学校采用专递课堂的形式，四位主讲教师专门针对分校的学生备课，专门为远端三所小学的孩子教学，在专递课堂刚开始的时候，由于网络延迟的原因，主讲老师和远端的学生互动起来非常吃力，主讲教师在录播教室针对远端孩子提问时，远端的孩子没有反应，老师很无奈。育英学校周老师表示："专递课堂最大的问题在于教学效果及评价不能及时反馈，反馈不太直接，有时候有延迟，需要切换界面，分校辅助老师对课堂纪律的管理很重要，如对学生的作业需要及时反馈。"但是随着专递课堂的逐步实施，在主讲老师的善巧引导下，远端学校的孩子在课堂上开始慢慢活跃起来，和老师的互动效率提高了很多。

还有部分学校依然采用同步课堂的形式，即在本校学生上课的同时，将课程实时直播给分校，让分校的学生跟随主校学生同步学习。在访谈的学校中，采用这种方式的有湘潭金庭学校、风车坪小学、湘机小学等，这种模式要求主讲教师需要熟练把握教学内容，在备课时要预留与远端学生互动的时间，还要顾及本地及分校2~3个教室中的学生。备课难是第一个需要突破的问题，主讲音乐的湘潭湘机小学袁老师表示："由于两校的学生之间存在差异，备课较难。以音乐课的戏曲授课为例，主校这边情况是学生异常活跃，学生对戏曲的兴趣浓厚；分校学生或由于认知发展水平、知识储备不足等，造成教学过程中出现冷场，主校与分校的沟通不够及时，戏曲课堂因此而难以开展，教学效果不好。"

网络延迟、网络卡顿成为这种模式中主讲教师普遍反映存在的问题，风车坪小学音乐老师徐老师说："网络延迟对其他课程来说可能影响不太大，但是对音乐课的教学是致命的，如一个四三拍的音乐，1秒的延迟就变成四四拍了。我在这边弹钢琴伴奏，这边声音传到对方学校那边去，如果有1秒的延迟，分校的孩子就跟不上我的琴声了，所以上音乐课有这样一个困惑。"湘机小学的音乐课老师刘老师表示："教学过程最主要的感受是网络延迟，主校与分校的传输连接问题凸显，主校网络畅通，分校网络不通畅，上课延迟，一定程度上阻碍了教学计划的正常进行。"

对分校课堂纪律的有效管理，是保证直播课效果的另一个重要因素。湘机小学的英语老师刘老师表示："两校之间的对接存在不少问题，应该设立专职人员管理课堂。如分校一般有人员管理课堂，但是管理人员对主校发起的课堂互动、教学评价，分校管理教师一般不能正常配合。"风车坪小学音乐老师徐老师介绍说："在音乐课游戏环节，纪律、课堂管理需要分校老师好好配合，因为小学生都喜欢动，有时候你让他拍三下，他却拍四下；如果那边老师配合得比较好还好，如果配合不是很好，就会出现课堂失去控制的现象，所以我们在上课之前会跟那边的提前沟通。"

（3）注重双方的沟通与交流。为了使项目进展较为顺利，主校教师与分校教师构建QQ群、微信群，在教学过程中遇到问题，双方教师可以通过这些手段及时沟通。有些学校在每学期开始，主校老师到分校去交流，与分校老师、学生进行交流，主讲老师在分校现场给学生上课，增进师生之间的感情。风车坪小学信息办冯主任："我们每学期开课之前授课老师到分校实地交流，跟学生交流，在分校上一节课，和学生建立感情。每一次上课之前这边的老师和分校的协助老师交流，上课之前把资料通过QQ发给分校的老师，每学期中间还会下去交流1~2次，分校的老师线下会把作品传给这边的主讲老师，2018年分校还举行了一次作品展，正好省里面的领导去金陵学校考察，对此活动大加赞扬。"

（4）强化对专递教学的管理。对于网络直播课的管理，各主校一般都有专用的网络直播课管理办法，如长沙育英学校有专用的网络联校（主校）教学情况登记表，主讲教师在一节课结束之后，将本节课的参与人员、参与学校及运行情况填写登记表，对于在上课过程中的技术问题，下课之后由学校技术团队负责解决，对于分校的管理问题，联系分校协商解决。

（5）注重对主讲老师的激励。关于对于网络联校直播课中对主讲教师的评价和激励制度建立，在我们访谈的近10所学校中，有两所学校（长沙育英学校和长沙大同二小）明确表示对教师有课时补助。长沙市育英学校周校长表示："育英学校从网络联校项目经费中拿出一部分经费，专门用于对主讲教师的课酬发放。"长沙大同二小的美术主讲老师江老师介绍："因为我们主讲老师对学校有贡献，学校对主讲老师有课酬。"有一所学校曾经对主讲教师承诺要发课酬，但是一直没有兑现，风车坪小学冯主任说："我们这个项目的总经费为50万，是分三批划拨的。第一年省里拨款30万，但是我们学校共花了50多万，两个分校区的宽带费用都要我们负责，所以我们学校实际上是贴钱在做这个项目。学校之前曾承诺过对主讲老师给一定的课酬补助，由于省里面的奖励经费还没有下来，老师们的课酬还没有拨发。"担任风车坪小学音乐主讲教师的徐老师对学校的做法比较理解："其实学校对我们主讲老师的工作量还是考虑了，其他老师每周14~15节，我们就是每周12~13节，相当于这样的课核算后是普通课的1.5倍工作量。奖励方面学校领导正在研究。"

其余的学校对参与网络联校的主讲老师或辅助老师的激励及评价，没有明确的制度或规定。如湘潭湘机小学负责网络联校项目的信息技术王老师表示："对主讲老师的课酬，学校本来要准备给老师加一点课时费，但是实现很难，上级管理部门没有相应的政策指导，如果上级教育管理部门有给老师加课酬的政策或明文规定，学校就好实施，这在一定程度上影响了老师参与这个项目的积极性。主讲老师大概有10多个，每一节课都需要几个老师一起研究、集体备课，主讲教师备课时会得到很多其他老师的建议和意见，主讲老师也不太愿意总是让人家磨课。"湘潭金庭学校的彭副校长遗憾地向我们解释说："说心里话，我们确实想给主讲老师付一点课酬，但是明文规定项目经费不得用于任何人的劳务费或加班费，我们不能违规啊。"

（6）开展"名师课堂"示范。利用网络联校网络共享平台，充分发挥名师示范带动作用，将主校的优质录像课、微课等资源打包到分校，既扩大了名师资源的辐射带动作用，又促进与网络分校之间的联合教研、教学互助和资源共享。湘潭市风车坪小学将本校小学语文、数学、英语等7门学科的100余节名师课堂资源共享至与本校开展网络联校的分校金陵学校，提升金陵学校三个学科课程教学的质量，提高金陵学校教师专业素养。长沙市育英学校周校长表示："长沙市育英学校与湖南省IPTV平台合作，目前已经将1~3年级语文、数学、英语部编教材相配套的名师课程视频资源录制完毕，并在IPTV频道上构建了育英名师精品网课，供芙蓉区小学师生使用。"

（7）开展"同步研修"。有些网络联校主校借助网络联校平台，将本校丰富多彩的教研活动放在录播教室进行，并将整个教研活动同步直播给远端分校，让远端学校的老师远程参加主校的教研、竞赛活动，这是一种情景化的教师研修，让远端教师通过虚拟网络参与到主校教师的教研活动中，学习主校老师的隐性知识,丰富远端学校教师的实践知识,提升远端学校教师的教学实践能力。湘潭市风车坪小学的信息办冯主任告诉笔者:"近三年来我校开展的主要教研活动都邀请金陵学校的教师同步参与,如2015年、2016年举行的'智慧课堂'教师竞赛活动,2017年举行的'聚焦核心素养、深化课堂变革'的教师'讲授议'竞赛活动都在本校录播教室上课,金陵学校的老师们利用网络同步观课,开展教师培训。此外,我校与金陵学校还利用直播平台开展在线备课、同课异构和在线评课等活动。这些活动对提升远端学校教师整体素质水平具有极大的促进作用。"

(三)共享效果

湖南省中小学网络联校项目经过五年多的实践,已经取得了比较满意的效果。

1. 对学生

湖南省中小学网络联校项目的受益者主要是农村村小和教学点的学生,首先使分校学生的音乐、美术、英语等课程有了专业的学科老师,并为他们进行全程直播教学,让这些偏远地区的薄弱学校也能得到城市学校优质教师智力资源服务,对小学生的艺术启蒙教育具有很大的促进作用。有些分校的小学生经过近2~3年的同步教学,美术绘画能力、书法、歌唱、舞蹈等能力有了较大的提升。

2. 对老师

网络联校直播课的实施,首先需要学校组建融技术团队、教研团队和学科教学团队为一体的直播教学协作共同体,在直播课教学过程中,需要各分团队的老师各负其责,形成合力,共同服务于直播课教学,在网络直播课教学的过程中,对本校老师的集体作战、团队协作能力也是一种有效提升。第二,网络直播课的整个教学过程是在互动录播教室中进行,需要老师对整个互动直播教学系统比较熟悉,在教学过程中要对分校的画面进行实时切换,在这样的教学实践中有效提升了主讲老师的信息素养。第三,能够增强主讲教师对自身职业的认同,增强职业的幸福感,比如大同二小美术老师姜老师说:"我觉得这个项目很有意义,我自己对学校有贡献,对分校的孩子有贡献,他们从一幅画都画不出来到现在每位同学都有自己的作品,很有成就感。"育英学校美术老师邓老师说:"网络直播课对自己来说,是很好的教学技能提升与尝试锻炼的好机会,这种课和平时的课不同,对自己的管理技术、教学交互能力的提高是一种锻炼。"最后,网络直播有助于提升分校教师的整体素质，分校学科教师全程参与专递课堂教学过程，学习主讲老师的教学实践知识，分校老师参与主校网络教研，对他们来讲是一种基于情景的教师培训，这在一定程度上提升了分校老师的教学素养。

3. 对学校

网络联校项目对主校和分校都有比较显著的效果，对于主校来说，一方面，主校在多次网络联校直播课、网络的研修项目的组织管理中，不仅提高了本校对教学的管理水平，也提高了本校的整体教研水平，通过主校对分校的智力资源共享，提高了主校在区域内的影响力和知名度，如长沙市大同二小被评为长沙市网络联校示范校。2018年3月，育英学校作为长沙唯一一所小学承接教育部义务教育第二组调研，教育部基础教育司专家组听取了芙蓉区小学美术名师工作室首席名师、育英学校美术教师郭晓芳执教的网络联校直播课，郭老师执教的《手形添画》课得到大家的一致好评[①]。另一方面，项目的实施，有效地推进了主校学校教育信息化。湘机小学的信息技术王老师表示："我校在网络联校项目实施过程中，建了一个录播教室和一个观摩室，学校的信息化教学环境得到很大的改观，老师们利用信息化手段开展教学的积极性也在不断提升。"

分校是网络联校项目的主要受益者，通过网络联校网络直播课，使分校美术、音乐、英语等课程开不出、开不齐、开不好的问题得到了有效解决，让分校的孩子也能够在小学阶段得到应有的艺术教育。湘潭金陵学校的小学生自从参与了风车坪小学美术老师的网络直播课学习，绘画水平有效提升。2018年4月份，金陵学校举行过一次小学生美术作品展，期间恰逢省教育厅的领导来金陵学校考察，得到省教育厅领导的赞扬。与长沙大同二小网络联校的古港镇联溪小学教师说："以前我们没有专职的美术、音乐老师，仅有的几名老师要负责全校所有的教学任务，现在自从开设了艺术网课，孩子们对此产生了浓厚的兴趣，每周都盼着上艺术课。"

4. 对区域

湖南省中小学网络联校项目的初衷是借助互联网手段，跨越地域的阻隔，将城区中小学优质教师智力资源共享到本地区村小或教学点，促进本地区农村薄弱

---

① 杨柳. 育英学校承接教育部中小学教育教学改革调研 [EB/OL].(2018-03-21)[2023-01-20]. http://www.furong.gov.cn/xxgk/gov1/jyj/news/201803/t20180321_294152.shtml.

学校教学效果的提升、教师专业发展和学生全面发展，也在一定程度上缓解了薄弱学校的师资结构性短缺的问题。从区域层面来看，通过本项目的实施，能促进本地区优质教师智力资源的网络流动，让主校和分校形成长期的手拉手帮扶关系，促进本地区不同层次水平的学校的有效互动和交流，对本地区教育的优质均衡发展具有一定的促进作用。大同二小负责人程翊表示："让山区的娃娃也能享受到城里学生一样的艺术教育，让孩子们在同一片蓝天下共同成长！"通过"教育＋互联网"的模式，"网络联校"已常态化开展授课，很好地弥补了农村学校薄弱学科师资的严重不足，实现优质教学资源的共建共享。

二、案例分析

（一）共享主体：主校音美英教师

湖南省网络联校项目中，智力资源共享主体是主校学科主讲教师，主讲教师一般为本校具有较强共享意愿的学科骨干老师，主讲教师要根据主校、分校学生的学情设计教学方案。有些学校还增加了磨课环节，由学科教学教研组老师共同打磨一节精品课。此外，主讲教师在备课过程中还需与分校学科辅助老师充分沟通，在授课过程中，主校一般会为主讲教师配备一位信息技术老师，"主讲教师"实际上是一个教研团队。分校学科辅助老师要在课前与主讲老师共同备课，在课堂教学中，为保证课堂教学的效果，分校辅助教师既要管理好分校学生的课堂纪律，还要引导分校学生与主讲老师有效互动，并将在课程教学过程中发现的问题及时反馈给主讲教师。从利益诉求的角度，主讲教师参与网络联校直播课的动机大部分是为了完成学校安排的任务，还有部分教师对网络直播课比较感兴趣，主要是通过网络直播课共享自身的智力资源，促进分校教师和学生的发展，增强自身的专业幸福感。但是在上课过程中需要同时管理两到三个班远端学校学生，网络直播课需要花费主讲教师更多的精力和时间，有部分主讲教师也表示在直播过程中很无奈。

（二）共享中介：学校、企业

从利益相关者理论的视角来分析，在本案例中，涉及的共享中介包括网络联校主校、网络联校分校、信息技术设备公司。网络学校主校是项目的主要负责方，校长为第一责任人，主要负责项目的设计、申报、实施、结题等，包括分校及主讲教师的遴选，组织本校老师参与网络直播课设计等，负责分校听课教室的建设及指导分校有序开展工作，组织本校教师与分校教师利用网络录播系统开展网络教研活动等。分校的职责是配合主校实施项目，提供直播课教室、选派直播课辅助教师，积极配合主校完成网络直播课的管理等。互联网企业为网络联校主校、分校供给录播直播设备，并提供设备安装、调试与维护等，在整个项目的实施过程中，保证平台的稳定、安全运行，同时，在设备管理、操作及平台使用等方面对主校、分校参与项目的老师进行培训。

从利益诉求方面来看，主校的利益诉求主要是通过获得网络联校试点项目，一方面可以促进本校信息化教学环境的建设，另一方面还可以促进本校教研教改活动，通过帮扶教学点开出、开齐美术、音乐等课程，凸显本校的价值，更重要的是可以提升学校或主讲教师在区域内的知名度。分校的利益诉求主要是免费获得主校智力资源服务与听课教室等环境的优化，解决本校教师结构性短缺的问题。互联网企业的利益需求主要是在为网络联校项目销售设备的同时获得一定的经济效益，以帮助企业获得一定的社会责任感。

（三）政府：湖南省电教馆、市教育局信息化部门、区教育管理部门

在湖南省中小学网络联校项目中，教育管理部门主要包括湖南省电教馆、市教育局信息化部门、区教育管理部门等，其主要职责是对不同层级的网络联校项目进行整体规划、协调、项目申报、网络联校进行动态监测考核、评估、资金拨付、设备招标与采购、教研指导等，教研部门负责协助做好网络研修、教学测评等工作。主校所在区教育局和网络联校分校所在县（市）区教育局共同负责教学管理。各网络联校的教学、研修等工作皆以联校主校为主体在所在县（市）教育局领导下进行，网络联校分校所在教育局应予以积极配合。湖南省电教馆在此项目中的利益诉求就是完成省教育厅交给的项目试点中的组织、管理与评估等任务，市级教育管理部门、区级教育管理部门的利益诉求是通过网络联校试点项目在区域内的实施，整体推进本地区教育信息化应用水平，促进优秀教师智力资源在区域内的流转，解决本区域参与项目的薄弱学校智力资源不足的问题。

（四）需求主体：农村学校师生

湖南省网络联校项目中的服务对象为远端农村小学或教学点的师生，学生为主要服务对象，目前主要是针对音乐、美术和英语三门学科的教学，让教学点和农村小学的学生能够接受应有的艺术教育，从利益相关者的视角来看，通过网络联校直播课，能够满足远端分校或者教学点学生对艺术课程学习的需要。另外，如果远端学校教学辅助老师是学科教学老师，辅助教师通过跟课研修的方式，学习主校优秀教师的教学方法，对教学内容的处理、解读，以及教学交互方式等，这对远端辅助老师来说是一种网络跟岗研修的方式，能够促进分校辅助教师的专业发展。

三、案例小结

（一）共享类型

湖南省中小学网络联校项目本质上来讲属于教育部门推行的同步课堂或专递课堂的范围，就是指将线下的教育活动与互联网结合的O2O（即Online To Offline 在线离线/线上到线下）教育智力资源共享类型。

这种智力资源共享模式在教育领域中虽然有"双师教学""互联网＋优课""网络联校"等不同名称，但是其共同点都是基于互联网连接不同地域的课堂，主体学校教师为远端薄弱学校的师生提供智力资源共享，是线上名师教学与线下传统教师辅助的深度融合，这种模式已经有很多学校积累了比较成功的经验，国内率先开展"同步教学"的是汤敏教授领衔的"双师教学"项目：从2013年9月开始，将中国人民大学附属中学的优秀教师的授课实况通过共享平台共享到广西、内蒙古等省地方的13所乡镇学校。近两年，伴随着移动互联网技术的普及，"双师课堂"备受国内众多教育企业的青睐与大力追捧，2017年被认为是双师模式在K12领域的爆发年，同时也是比较普遍的一种"互联网＋"智力资源共享现象，如成都的"捆绑模式"，湖南省的"网络联校"，广东省的"互联网＋优课"，湖北省的"互联网＋三式"同步课堂（"同体式"互动同步课堂、"支教式"互动同步课堂、"协作式"互动同步课堂）等。河南省卢氏县利用"CCtalk"网络平台随时随地开展同步课堂、名师课堂等直播教学活动及观课、议课等教研活动，把城区音、体、美等学科优秀教师智力资源输送到本县薄弱的边远农村学校，使农村学校学生跟随名师优质课进行同步学习，让国家级贫困县实现教育均衡发展弯道超车[①]。

---

① 王群力，郭会霞.卢氏县："互联网＋教育"推动区域教育均衡发展[EB/OL].（2017-08-09）[2023-01-20]. http://www.haedu.gov.cn/2017/08/09/1502272260336.html.

第四章 "互联网+"背景下教育智力资源共享案例分析

"互联网+同步课堂"是山东省教育援疆的一个探索——遴选青岛市11所中小学名校与新疆第十二师等11所中小学,用信息技术架起了天山南北学生沟通的桥梁,建立结对帮扶关系,开展跨越千里的互动教学,让新疆十二师中小学师生在学校就能享受青岛的优质教育资源。借助录播教室和网络技术,双方学校的老师基于网络直播平台同步教研、同步备课、同步上课,教研员可以通过平台对老师的授课进行互动点评。新疆第十二师教育局互联网中心主任翟世华表示,通过该试点项目的推进,孩子喜欢,学校老师业务能力明显增强,初步实现了城乡学校之间优质教育资源的共享。①

O2O教育智力资源共享模式的优势在于把网上和网下的优势完美结合。通过网络直播系统,把互联网教师与本地教师完美对接,实现"互联网+教育智力"资源共享落地。让教学点等薄弱学校的学生在接受线上优秀老师系统讲授的同时,又可享受线下本地教师的贴身智力服务。O2O模式还可实现不同地域、城乡中小学形成联盟,形成"一校带多点、一校带多校"的教学和教研组织模式,促成"互联网+优质学校"带薄弱学校、优秀教师带普通教师模式常态化,这种智力资源共享模式充分利用了互联网跨地域、无边界、海量用户的优势,同时充分挖掘线下优质教育智力资源,进而促成线上智力服务与线下智力服务的协同,使边远地区开不齐课、上不好课的农村学校学生获得城市学校的优质教育智力服务,促进农村地区学生课程学习的系统化和全面化,提升学生的学习效果,如人大附中"双师教学"项目开展第一学期后,项目组经过统计后惊喜地发现大部分"双师教学"班级的成绩要比同校其他年级高出几十分。"双师教学是教师培训中最管用的途径",这种跨校跨区域的全方位或长时效的智力资源共享模式,通过深度共享共用数字化学习资源和教师智力资源等,通过优秀教师陪伴式的教学示范,薄弱地区教师能够从中感悟优秀教师在教学中的教学实践智慧,从而促进自身专业发展,让农村等薄弱学校的师生获得优质教育资源服务,是"互联网+"时代对教育均衡解决方案的有效补充,能有效地促进教育均衡发展。教学名师通过名师空间面向全世界共享"名师课堂",充分发挥名师的示范、辐射和指导作用,并且以"名

---

① 徐博. 共享课堂事半功倍 互联网助力教育援疆 [EB/OL]. (2019-12-04) [2023-01-20]. http://m.xinhuanet.com/xj/2019-12/04/c_1125308526.htm.

师工作室"等形式组织特级教师、教学名师与一定数量的教师结成网络研修共同体，名师或特级教师等通过名师空间对共同体内的教师开展实践场域中的实时指导与智力服务，提升广大教师的教学能力和水平。

（二）问题分析

在调研过程中，研究发现湖南省网络联校项目中主要存在以下问题：

第一，平台运行稳定问题。网络带宽与平台稳定是绝大部分受访者反应比较突出的问题，虽然有些学校为主校和分校都部署了电信网专线，专门用于此项目的视频交互式教学，但是仍然存在严重的网络延迟问题，这背后其实还隐藏着一个问题就是经费问题，这一问题的本质是平台运营商等中介方的技术保障和资金保障问题。

第二，经费保障与使用问题。在调研中我们发现，虽然省教育厅对每一个省级项目按50万划拨经费，但是这些经费是分批划拨的，第二批经费只有经过中期检查之后才能划拨。这对主校来说，经费压力很大，本校录播教室、分校直播教室的建设、设备的购置和宽带的费用等都是一笔不小的开支，所以很多学校都是贴钱在做，这一问题的本质是中介方的资金保障问题。

第三，共享主体的激励问题，即对主讲教师的物质和精神激励问题。在调研中我们发现，有极少数学校对主讲教师有相应的激励措施，但是多数主校还没有将激励措施落实。省级管理部门和市级管理部门也缺乏对主讲教师等共享主体的激励措施，这一问题的本质是共享主体和共享中介方的问题。

第四，分校的配合问题。本项目的主要受益者是分校的师生，但是在调研中发现有些分校对此活动的配合积极性不高，远端学科辅助老师不参与课堂管理等。其本质是作为中介方之一的分校管理问题和分校教师的积极性问题。

（三）共享机制

根据理论研究部分对机制构建的阐释以及对各利益相关者的职责分析，将案例中的教育智力资源共享中存在的问题，绘制出如图4-13所示的O2O教育智力资源共享机制图。

第四章 "互联网+"背景下教育智力资源共享案例分析

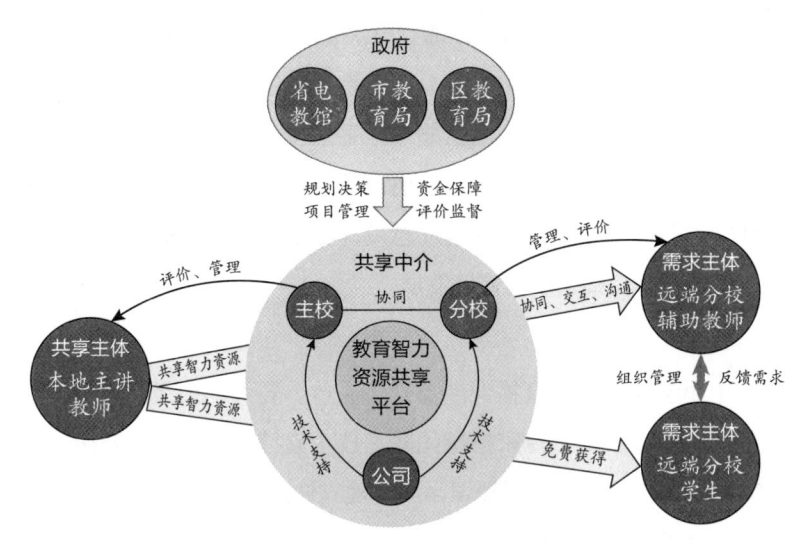

图4-13　O2O教育智力资源共享机制示意图

从图4-13可知，从宏观层面来看，该案例中的共享机制是政府主导、主校负责、优秀教师供给、远端师生免费使用的教育智力资源共享机制。该机制以政策为导向，网络联校主校的学科教师为共享主体，以满足网络联校分校的教学需求为目标，以省级、市级网络联校项目为抓手，由政府组织协调智力资源共享中介之间的关系，作为共享主体的主讲教师、远端辅助教师、远端分校学生的关系由主校、分校来协调，此种类型的教育智力资源共享是由政府出资、学校组织的教育智力资源共享，既要发挥主校优质教师智力资源的优势，又发挥企业的技术优势，加强主讲教师与辅助教师之间的协调、沟通，加强主校与分校之间的协同与合作，形成"政府统筹引导、主校参与建设、分校免费获取服务"的教育智力资源开发运行机制，协同创新、合作共建，为用户提供优质的资源产品和服务。

经过对湖南省基础教育网络联校样本校的实地调研和访谈之后发现，在网络联校项目实施过程中，各利益相关者执行自己的职责，发挥各自的作用。归纳起来，在湖南省中小学网络联校建设与应用过程中，有以下几种主要的微观层面的共享机制。

1. 管理机制

由于湖南省中小学网络联校项目涉及面广、参与的学校比较多，主校和分校的分布比较复杂，对参与网络直播的各类行为主体及其行为、资源、资金的管理十分必要。在本项目的实施过程中，成立分级管理的管理机制，省电教馆、市级、区级教育信息化相关部门各负责一部分管理责任，主要为网络联校主校的网络直播课顺利开展提供保障。对于网络直播课，采取主校负责制，主校是主要直播课实施及管理单位，负责分校的优选、直播课教学的组织、运行状态的监测等具体的管理责任等。各参与主体的管理责任越发挥得好，网络直播课的教学效果越理想，越有利于远端分校师生及学校的发展。

2. 协同机制

湖南省中小学网络联校直播课涉及众多主体，省级、市级、县（区）级教育行政管理部门、主校校长、专家指导团队、技术支持团队、学科教研团队、教学名师等，众多主体在网络直播课授课当中，建立协同工作机制，发挥各自的优势，共同服务于直播课的教学。首先是各级教育行政管理部门之间的协同管理，各司其职，为网络直播课提供政策、资金等方面的保障。学科教学团队在专家指导团队的指导下，协同备课，观课磨课，打造能够适应主校与分校学生的课程。主校、分校将本校的教学竞赛、课题研究或主题活动教研活动放在录播教室开展，让两端的老师通过共享平台参与协同教研，促进主校老师带动分校老师协同发展。

3. 沟通机制

虽然此案例中大多数学校都采用互动录播系统，比以往的网络直播课的互动效率要高很多，但是网络联校网络直播课的空间分离性依然存在，两校的设备情况、网速情况、准备情况和学情各不相同。为了保证网络联校的授课效果，建立主校与分校之间的沟通机制是非常必要的，主校与分校之间的师生沟通是建立主校与分校师生之间信任关系的重要手段。在具体实践中，主校与分校之间的沟通可分为课前沟通、课中沟通和课后沟通。部分学校在每学期开学初，主讲老师到分校与师生沟通，在分校为学生现场上课，给学生赠送学习用品，这是为新学期网络直播教学奠定重要的感情基础，增强分校学生对老师的认知，拉近师生之间的情感距离。在每一次课前，主讲教师和分校辅助教师集体备课，或者主讲老师通过QQ、微信等方式为分校老师交代本次课的内容、流程及互动要点等。课中的交流主要是主讲老师和本校、分校学生之间在分校辅助老师的辅助下实时互动交流。课后环节，双方老师采用社会性软件沟通，主要对本次课程运行情况进行反思，解决存在的问题。此外，主校与分校老师通过共享系统开展在线教研，也是一种有效的沟通机制，对促进分校教师专业发展具有较好的促进作用。

4. 激励机制

在此案例中，由于主校的老师要向远端农村小学或者教学点的学生开展远程直播教学，有些学校的老师甚至是专门针对远端分校学生的基础和需求设计专门课程，从本职工作任务上来说是本职工作之外的工作。同步课堂的老师虽然在为本校老师上课的同时将课堂直播给远端分校，但是主讲老师的备课难度、在课堂上的互动难度增加了，所以需要适当激励主讲老师及参与本项目的其他老师。在湖南省中小学网络联校中，部分学校已经明确表示对于参与直播的老师给予一定的课酬补助，还有部分学校减免了主讲老师的工作量。湖南省电教馆、各市级教育局对网络联校主校有项目检查等环节，对检查结果为优秀的学校给予一定的经费奖励等。从学生层面来讲，主讲教师对分校学生学习的正面表扬也是一种课堂中的激励措施。

5. 评估机制

在湖南省中小学网络联校项目启动之际，省电教馆建立了以应用为导向的评估机制，加强对"网络联校"教学绩效评估。制定《农村中小学网络联校中期评估方案》，拟对各个试点项目进行中期评估和结题验收评估。

6. 保障机制

保障机制主要包括经费保障机制、技术保障机制两部分。湖南省中小学网络联校是以项目驱动的教育信息化创新应用项目，每个项目均有不同额度的专项项目经费，同时要求试点市（县）按一定比例配套项目经费，经费使用必须严格按照项目经费预算执行，项目经费使用也遵循逐级审批制度。经费的使用内容为设备购买、技术服务、维护费用等。

从前文分析可以看到，湖南省中小学网络联校项目主要存在四个方面的问题：平台运行稳定问题，需要中介方建立技术保障机制。经费使用问题，需要中介方构建经费保障机制。共享主体激励问题，需要学校或教育行政管理部门构建或完善激励机制。分校配合问题，需要分校或者教育管理部门完善管理机制或新建监督机制。

按照表4-4教育智力资源共享案例分析表的分析类目，对本案例进行分类，得出如表4-9所示的案例小结表。

表4-9 案例小结表

共享情景	层次	湖南省农村村小、教学点小学生
	学科	英语、美术、音乐
共享目的		促进区域教育优质均衡发展
共享主体		主校音乐、美术、英语等学科教师
共享中介		主校、分校、平台运营商
管理服务方		省级、市级教育行政管理部门
需求主体		参与试点的湖南省农村小学、教学点的师生
共享类型		O2O教育智力资源共享模式
问题分析		平台稳定问题（中介方）、经费问题（中介方）、主体积极性问题（供给方、中介方）、分校配合问题（中介方）
共享机制	宏观	政府主导、主校负责、优秀教师供给、远端师生免费使用的教育智力资源共享机制
	微观 已有	管理机制、激励机制、协同机制、保障机制、沟通机制
	微观 新建	技术保障机制、监督机制、经费保障机制

第五节 促进区域教育优质均衡发展的名校教育智力资源共享

众所周知，我国城乡教育资源配置并不均衡，贫困地区和发达地区差异很大，贫困地区学生学习条件艰苦、接受优质教育的机会较少。在众多的教育资源条件中，优质师资资源是最为紧缺的资源，送教、支教、顶岗实习等传统的智力资源输入方式，不能在短时间内解决贫困地区学校优质资源短缺的问题。

名校网络课堂是"三课堂"之一，是指利用宽带卫星或者互联网，将名校的课堂直播给贫困地区的远端学校，使名校优质丰富的教育资源更多更广地扩散，名校的教师通过实时互动，让更多偏远地区的师生受益。在共享经济风起云涌、"共享"理念广为人知的当下，国内如北京四中、成都七中和湖南长郡中学等名校均采用不同的方式尝试将本校教师的优质智力资源共享给远端贫困地区的学校，以促进本地区的教育均衡发展。本案例选自四川省成都七中直播课堂，分析名校教师智力资源共享的机制。

第四章 "互联网+"背景下教育智力资源共享案例分析

一、案例描述

（一）基本情况

四川省教育厅指出：鼓励优质教育资源走向少数民族地区，将远程教育作为促进教育公平的重要举措[①]。2002年，成都七中通过校企合作成立成都七中东方闻道网校，随后四川、云南、贵州、广西、甘肃等地的教育局或学校纷纷与成都七中东方闻道网校签订合作协议，大约有248所贫困地区高中约七万多名高中生接受成都七中的直播课堂的教育。成都七中东方闻道网校借助卫星通信技术，把成都七中和边远山区、民族地区的学校连接起来，把成都七中优秀的教育资源通过远程实时直播课堂的形式共享给远端学校，将成都七中名校教师智力资源共享至贫困地区的中学，让远端贫困地区学校学生通过直播系统跟随成都七中平行班同步学习、同步作业、同步考试，完成高中三年的学习。中青报一篇名为《这块屏幕可能改变命运》的文章刷屏，引起社会广泛关注。在众多与成都七中合作的学校中，广西壮族自治区平果县的平果中学和云南省禄劝第一中学成为两所典型的远端中学案例。

1. 广西平果中学

广西平果中学是广西地区14个连片特困地区的学校，平果中学只有高中部，由于没有初中部，优质生源的吸引力下降，升学率低，形成恶性循环。2015年，平果中学校长到与成都七中合作的云南部分学校参观学习之后，主动与成都七中东方闻道网校联系，商谈与其合作的具体事宜。平果中学花费30万元购置卫星信号接收设备、新建直播教室与教师办公室。并从初中毕业生中优选35名优秀学生，组建平果中学第一个直播班（主要是以理科为主），取名1522班。成都七中东方网校向平果中学收费3万元每学期，平均到每一位同学每人每学期1 000多元学费。1522直播班是本校首个直播班，也是同年级最好的班级，成都七中与1522班同步上课的平行班则是成都七中最差的班级，但其平均成绩要高于1522班。平果中学1522直播班需要和七中平行班同步上课，每一门课程的作业、资料都由成都七中授课老师亲自编写，平果中学老师只负责在规定的时间内将资料打印出来发放给

---

① 四川省教育厅.四川省民族地区教育发展十年行动计划[EB/OL].(2006-9-21)[2023-01-20]. http://www.scedu.net/p/60/?StId=st_app_news_i_x4003_3486.

学生。为了保证直播教学的效果，平果中学直播班的教材由人教版换成苏教版。曾在直播班1522班读书的一苇同学介绍，直播班同学学习任务较重，几乎是普通班的两倍，同时要完成两份作业，完成七中和本校两部分课程学习，要参加本校及七中两次考试[①]。

2. 云南禄劝中学

云南禄劝中学是隶属于距离昆明只有几十公里的国家级贫困县禄劝县，县内90%是山区。禄劝县非常重视对教育的投资，全县教育支出反超财政总收入3.5亿元，实现了高中阶段全免费教育，并对农村家庭高中阶段学生在县内就读实行"三免一补"政策。

禄劝一中是禄劝县开展与成都七中直播班试点学校之一，禄劝一中在云南省中教学质量不算突出，其中考录取分数线低于昆明市最差学校100分[②]。直播班的学生需要自己购买一台平板电脑，主要用于答题、拍照上传作业，与成都七中的平行班相比，禄劝一中的学生学习基础水平比较低，大部分直播班的学生完全跟不上七中的进度。

成都七中的直播课引入禄劝一中给本校直播班老师带来不小的挑战，起初，曾遇到过老师撕书抗议，有些老师以消极的态度应对，如上课经常迟到，甚至整周请假。直播课堂中每节课最多给远端老师留下2~3分钟时间，远端老师产生消极情绪，不备课，不对习题仔细研究，变成直接给学生发答案。在学生心目中，远端的老师只是一个秩序维护者、前端的助手和助教，为了保证学生们跟上成都七中的教学进度，直播班老师的工作量是普通班的三倍以上。但也有老师采取积极的态度，因为学校直播班的老师大部分都是中青年老师，他们对电脑操作较熟悉，对新事物接受较快。成都七中老师崭新的教学方法、教学理念启发着远端学校的老师，对他们潜移默化地产生积极影响，如有些老师将成都七中老师发来的课件通过自己加工整理成学生能够理解的教案，尽早发给学生让学生在课前预习，并在上课的时候仔细观察学生的听课表现，择机在课后给学生补课；还有老师为了

---

① 一苇. 我也上过成都七中的"网班"，最后却选择离开 [EB/OL]. （2018-12-16）[2023-01-20]. http://news.ifeng.com/a/20181216/60194703_0.shtml.

② 程盟超. 这块屏幕可能改变命运 [N]. 中国青年报 - 冰点周刊，2018-12-13.

释放学生心理负担，利用空闲时间陪学生在操场跑步，以缓解学习压力；还有老师积极组织学生通过抽签等方式回答成都七中老师提出的问题。

直播班的质量和效果在很大程度上需要成都七中的主讲教师和远端直播班的老师相互配合和努力，因为成都七中直播与各远端学校的课程内容相同，但是各远端学校的实际情况千差万别，成都七中老师的教学方法和教学内容不一定对远端学生都适应，远端老师如何结合网络直播课程，依据本班学生的水平对教学内容进行调整，是至关重要的。成都七中的主讲老师对远端学生的积极评价，作用也不可小视，如曾经有七中任课老师将远端优秀作业通过直播平台展示给近万名学生，那位被直播表扬的远端学生当时激动得哭了，此后全班拼命地向该生学习。

三年的漫长学习，禄劝一中学生的成绩一步步追上来了，高一勉强及格，高二平均分上升到110分。禄劝一中高一学生的平均分和七中相差50分，到高三相差只有5分。禄劝一中的直播班学生学习态度更加积极，学习氛围更加浓厚。东方闻道网校的王红接说，直播班的学生，经过成都七中三年全英文教学，学生的口语出众。禄劝一中直播班的学生说，正是由于经历了三年成都七中的全英文学习，大学期间英语听力课感觉轻松很多。经过数年与成都七中合作，成都七中优质教师智力资源共享取得了相对满意的效果。自2006年11月引入一个班试点，到现在禄劝一中、禄劝实验中学两校网络直播班达30个班、1 500名学生。起初禄劝县每年只有20多人上一本，而现在有150多人，大学上线率从过去的47%增长到现在的95%，教学质量有很大提升。禄劝一中2018年1 230名高中毕业生，二本上线634人，一本上线147人。

直播班学生对成都七中主讲老师充满着崇拜，一位七中的老师在远端学校结束分享准备离开时，发现全校学生都在教室门前和他挥手告别，这位老师激动得流下了幸福的泪水。成都七中优良的学习方法也影响了禄劝一中的师生，成都七中学生的学习更有目的性，早就确定了理想学校，禄劝一中的老师受到启发，从高一就发给学生"填报志愿手册"，让学生早定目标。

（二）共享过程

成都七中网络直播课得到云南、贵州、广西、四川、甘肃、西藏等地区200多所学校的认可，引发全国各界的关注。其原因之一是成都七中在直播课程中采取了一系列卓有成效的共享策略，总结起来，具体的共享策略如下。

1. 搭建优质教育资源共享平台

教育的作用是使人们在追求至善、至真、至美的过程中提升生活幸福指数、促进自身精神领域的升华。为了贯彻落实《四川省民族地区教育发展十年行动计划》等文件精神，成都七中寻求将名校品牌效应来回报社会的具体办法，与相关企业合作成立成都七中东方闻道网校，构建多媒体远程同步教学系统，将成都七中优秀教育智力资源共享给远端贫困地区学校，让成都七中优质教育资源惠及更多的孩子，让更多的教师在网上跟岗研修、掌握成都七中先进的教学理念与方法。通过这一共享平台，将成都七中优质教育智力资源、优秀的课程文化、学生文化在区域内外共享，促进区域内外教育均衡发展。为了保证成都七中直播课程的优秀品质，除了选取形象好、素质高的青年教师作为主讲老师之外，在本校组建了直播课教学研讨团队，每一位学科主讲老师均由一位经验丰富的骨干教师为其教学方案把关。

2. 构建"四同、四位一体"直播教学策略

成都七中网络直播课的具体运行流程如图4-14所示，成都七中的直播课可用"四同"来概括。

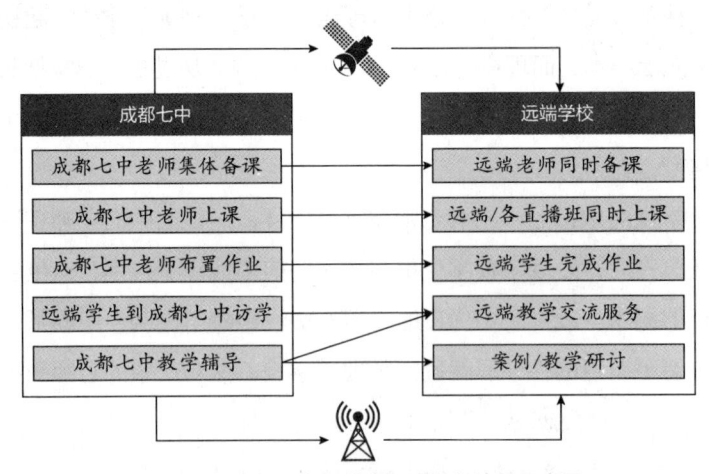

图4-14 成都七中网络直播课运行流程示意图

首先，第一个"同"由成都七中的老师和远端直播班的学科老师每周一次通过网络平台集体备课，两端老师共同商讨课程内容、教学安排及教学方案等。第

二个"同"即同时上课,在课中,成都七中主讲老师面向七中平行班及远端直播班的学生授课,直播班和平行班的学生按照同一课表异地同步上课,并进行同堂语音交流,远端学科老师对学生进行辅导。第三个"同"即同时做作业,在课间或课后的相同时间段内,两端学生完成有主讲老师布置的作业,并将作业结果上传到平台,主讲老师通过平台即可获得所有学生的作业结果。第四个同即"同时考试",平行班和直播班的学生在同一时间参加统考。由把关老师、主讲老师、远端辅助老师和信息技术老师组成"四位一体"的"直播教学共同体",各自分工协作,共同服务于直播教学,保证直播教学的效果。

3. 创建全方位、多形式的交互方式,促进师生教学交往

从教育社会学的视野来看,教学是一种社会交往,传统教学包括师生交往、生生交往。在教育技术学视野里,陈丽教授将远程教育、网络教育中教学交往等同于交互,并且指出教学交互包括操作交互、信息交互和概念交互三个层次,其中信息交互包括师生交互、生生交互、学生与学习资源之间的交互[①]。

成都七中的远程直播教学从本质上来讲,属于远程教育范畴,从时间维度来看,师生交互包括课前交互、课中的实时交互和课后的网络交互。从交互的对象不同来看,有七中主讲教师、远端教师、平行班学生、直播班学生之间的多重交互。从交互形式来看,此案例中的课堂教学有实时交互、转移交互、替代交互三种形式[②],在所有交互中,成都七中的教师和远端学校教师的交互是直播课堂中师生实时交互能顺利实施的前提,在备课环节主讲教师、远端教师及时交流,达成对教学方案的共识,为课堂教学内容的选择、课堂实施交互方式的设计提供支持,远端教师在课堂上高效协助主讲老师引导远端学生的课堂互动。

(三)共享效果

经过数十年优质教育智力资源共享的实践探索,成都七中和大部分远端合作学校都实现了多赢,成都七中的品牌被社会认可,贫困地区学校在七中师生的潜

---

① 陈丽.远程学习的教学交互模型和教学交互层次塔[J].中国远程教育,2004(5):24-28,78.

② 周波,郑莹莹.一桥飞架网络优质教育"天堑"变通途[EB/OL].(2013-11-28)[2023-01-20].http://news.sina.com.cn/o/2013-11-28/052028831079.shtml.

移默化中获得长足的发展，贫困地区合作学校的高考成绩有了较大的改观，也在一定程度上促进了贫困地区教育的均衡发展，促进了教育公平。

1. 对学生

通过成都七中远程直播教学，几乎让每一所与成都七中合作的远端学校学生的成绩均得到了大幅度提升，禄劝民族中学书记曹映芬说，2018届网2班，高三上学期期末考试总平均分高出普通班整整150分[①]。直播教学也开阔了远端学校孩子们的视野，让他们了解到了大城市的魅力和绚丽的外面世界，远端学校学生的语言表达能力、英语听说能力、艺术欣赏水平等都得到了有效地提升。

2. 对教师

教师专业发展是民族地区、农村地区和经济欠发达地区教育发展的重要基础。国家教育咨询委员会委员谈松华认为：从媒体报道的情况来看，成都七中的直播课堂确实让更多的学生能够享受到优质教育，也确实提高了学生的成绩。但是也要注意到，应该用成都七中等优质教育资源来培训贫困地区的教师，提升老师的专业素质，即让贫困地区的老师教育贫困地区的学生，比让贫困地区的学生直接接受优质教育资源的效果要好。对远端教育资源贫乏的学校，该模式还有利于教师培训，起到了"帮传带"的作用。

成都七中的主讲老师成为"网红教师"，他们在远端学校分享时被师生包围，经常收到来自远端师生的祝福，充分地享受职业的荣誉感、满足感和幸福感，促进自己的专业成长[②]。主讲教师专业能力得到显著提升，大多数主讲教师获得国家级、省级讲课比赛一等奖，主讲教师被邀请到全国各地讲学和进行教学示范，一批未来名师正在培育。

同时，成都七中的直播教学也促进了远端学校教师的专业成长。成都七中的直播教学不但让贫困地区学生圆了大学梦，还为贫困地区培养了师资，让更多的

---

① 王万春，何利权，李思文.八问"屏幕改变命运"：谁有资格上集中优势资源的"直播班"[EB/OL].（2018-12-16）[2023-01-20].https://baijiahao.baidu.com/s?id=1619964103702936552&wfr=spider&for=pc.

② 易国栋，亢文芳，李晓东."互联网+"时代百年名校的责任与担当：成都七中全日制远程直播教学的实践探索[J].中小学数字化教学，2018（4）：83-85.

贫困地区的学生间接受益[①]。远端学校直播班的学科老师在陪伴学生三年高中学习过程中，全程参与了成都七中的教学与教研，和成都七中主讲老师形成稳定的"师徒关系"，在教学实践境遇中学会了成都七中教师的隐性知识，还和众多远端学校的学科教师形成稳定的"学伴关系"，这是一种实实在在的"学中做，做中学"的跟岗研修方式。集体备课、案例分享、教育教学研讨会等形式为远端教师提供了与同行交流、反思、提升的机会，让薄弱学校教师的职业能力得到了快速提升，甚至成为本校的教学骨干，并带领本地更多的教师快速成长[②]。

3. 对学校

成都七中利用互联网向贫困地区共享智力资源的实践得到了教育部领导认可，教育部副部长杜占元在2013年亚太地区教育信息化高层专家会议上介绍了成都七中将自身的优质智力资源共享到民族地区、欠发达地区的典型经验。远程直播教学让成都七中的优质教育智力资源突破空间的限制，云南、贵州等10省的248所高中学校，7 000多名教师、8万余名学生与成都七中异地同堂，扩大了成都七中优质教育智力资源共享的范围。

另外，成都七中直播教学帮助贫困地区薄弱学校解决了优质师资不足等困难，稳步有效地提升了教学水平，带动一批薄弱学校走出了办学困境。如广西平果中学、云南禄劝一中在2018年高考中均有学生考上清华或北大，给本校的学校教育带来了较好的办学效益，直播班成为当地的教育品牌，减少了薄弱地区师资和优质生源的流失[③]。2018年高考，平果中学直播班产生了第一个广西全省状元，曾楷徽同学以全省第一名成绩被清华大学录取，这个消息在平果县城产生了不小轰动，平果中学放了一个半小时的烟花。在平果县2018年教育工作大会上，平果中学获

---

① 陈姝悦.成都七中远程直播教学展示研讨会在四川省新津中学举行[EB/OL].（2018-05-05）[2023-01-20].http://sc.china.com.cn/2018/kejiao_xiaoyuan_0515/272671.html.

② 杨光荣.教师网上跟岗研修助推教育均衡发展：成都七中东方闻道网校扩展优质教育资源的探索[J].中国民族教育，2017（Z1）：75-77.

③ 易国栋，亢文芳，李晓东."互联网+"时代百年名校的责任与担当：成都七中全日制远程直播教学的实践探索[J].中小学数字化教学，2018（4）：83-85.

得了五百多万元的高考奖励①。

二、案例分析

（一）共享主体：成都七中主讲教师

成都七中的主讲老师负责教学设计，主讲教师都是经过学校精选的中青年教师，他们体态语言优美、普通话标准、对电脑操作熟悉、对新事物能够积极接纳，具有丰富的学科知识背景。为了保证直播课程的效果，学校还专门为主讲老师配备了把关老师及技术老师，把关老师一般由市级以上的骨干教师、教研组长担任，主要从主讲教师的教学内容、教学方法、互动及教学评价等方面进行把关，以帮助授课教师提升教学水平。技术教师由网校技术人员和远端学校信息技术教师组成，主要协助主讲老师多媒体课件等教学资源的处理，并帮助主讲老师将信息技术合理应用到直播教学中。准确地讲，成都七中网络直播课的共享主体是一个团队而非个体，共享主体的主要利益诉求一般分为两个方面，一是为了扩大七中教师的影响力，在直播中促进成都七中教师队伍快速成长，另一方面是通过直播获得一定的物质回报或精神方面的奖励。

（二）共享中介：东方闻道网校、成都七中

在本智力资源共享案例中，共享中介包括东方闻道网校、成都七中等。

成都东方闻道科技发展有限公司与成都市七中联合新建了四川成都七中东方闻道网校，远程直播教学已经覆盖了小学、初中、高中各阶段。在本案例中，成都七中东方闻道网校是平台方，负责平台与项目的运营，在整个共享过程中负责项目的执行与协调、两端学校教师的平台使用方面的培训、共享平台的运维和技术保障、直播课程的转录与发送、课程学习资源的处理与编辑等，成都七中东方闻道网校的利益诉求就是发挥成都七中名师效应，通过平台扩大直播课的共享范围，以获得更大的经济利益。

成都七中的职责是组建主讲教师团队，选派主讲教师、直播班级、组织主讲教师团队编写教学材料等。成都七中本质上和成都七中东方闻道网校有相同诉求，即通过共享本校名师智力资源，弘扬成都七中的教学理念、教学思想和七中文化，

---

① 刘璐明.厉害了！直播不光能出网红，还能产状元！[DB/OL].(2018-10-20)[2023-01-20]. http://www.sohu.com/a/260543876_422109.

进一步扩大成都七中名校的品牌，另外通过直播活动，培养更多的专家型教师。

远端学校的职责是组建直播班，选调直播班的学科辅助老师，组织直播教学活动正常进行，远端学校的利益诉求就是通过直播获得成都七中的优质教育资源，提升直播班学生的学习效果，提升跟班教师的整体教学能力，提升本校的教育质量。

（三）政府部门：四川省教育厅，远端教育行政管理部门

本案例中四川省教育厅代表政府，四川省教育厅对成都七中直播教学从政策上是支持的，四川省物价局对成都七中东方闻道网校的学生收费进行批复：直播教学本部学费1.5万/年，直播教学远端班学费1.2万/年，除学费、住校生住宿费、代管费外，物价局规定东方闻道网校不得以任何名目加收其他费用，四川省教育厅的主要职责是监管东方闻道网校的收费。由于成都七中是体制内的学校，所以对主讲教师资质、教学过程无须政府直接监管，只需要成都七中代为监管。

由于智力资源共享采用的共享渠道是卫星通信而非宽带网络，卫星通信的带宽费用不菲，征得当地县教育局的支持是直播教学能否顺利实施的前提。本案例中禄劝县政府对教育脱贫非常重视，对成都七中优质智力资源共享至禄劝县一中和禄劝实验中学非常支持，按照双方工作开展的需要，每一所远端学校在项目启动之前，需要所属县教育局和东方闻道网校签订远程直播教育等合作协议，协议中对合作双方的权利和义务进行约束，禄劝县由政府出资为两所直播试验学校购买录播设备。所以，远端学校所在政府部门的职责是代表政府签订合作协议，并给参与直播的学校给予政策和资金方面的支持。

（四）需求主体：直播班的学生

远端学校一般位于民族地区、农村地区或贫困地区，学校的地理位置比较偏僻、优质生源较少、信息闭塞、教学资源较为缺乏、高考录取率较低。本案例中广西平果中学和云南禄劝一中都是当地不知名学校，这两所学校的共同点是高中部生源严重不足，好生源一般被好一些的重点高中录取。另外，教师的流失也很严重，一些有能力的年轻老师都纷纷跳槽到好一些省城学习发展，本校老师的教学水平较为欠缺、课堂教学效率较低。

平果中学和禄劝一中直播班学科老师是年轻老师，其主要职责：课前引导本校学生做好预习；课中组织管理本校课堂，并对学生提供辅导与答疑；课后对学

生的作业进行批改与辅导。成都七中的直播课对他们自身的冲击也不小，也增加了他们的工作压力，既要在课前和七中主讲老师集体备课，还要在课堂上维持学生学习纪律，负责学生学习过程中的疑惑解答以及课后学习及心理辅导等。

远端学校直播班学生一般是从本校优质生源中选取，如平果中学和禄劝一中的直播班都是从本校优选出来的优等生，而且采用小班化教学，但是远端学校直播班学生的学习基础远低于成都七中平行班学生。直播班学生的利益诉求为获得更优质的教学服务，实现考取理想大学的梦想。由于成都七中的教学强度大、难度大、进度快，直播班学生在高一参加直播学习一般是难以跟上七中老师的教学进度，直播班学生的学习压力非常大，有上课站在教室后排听课的学生，有凌晨三四点在教室学习被老师赶回宿舍的学生等等。不过在三年的直播学习历练中，有部分学生从七中的老师和学生身上学习到了不少知识或学习技能，学习成绩一步步上升，与成都七中平行班学生的差距不断减小，最终直播班为本校甚至本县的教育增添了光彩，如平果中学诞生了2018年广西地区的理科状元，成功被清华大学录取。

三、案例小结

（一）共享类型

成都七中网络直播课本质上来讲也属于教育部门推行的同步课堂范围，即O2O教育智力资源共享类型。远端师生跟随成都七中的线上直播课堂，获取成都七中优秀教师对学习内容的解释，在本地开展教与学活动。

（二）问题分析

成都七中的直播教学经过10多年的实践探索，取得了不小的成绩，引发了社会的广泛关注，同时也确实帮助部分贫困地区学校提升了教育质量。但是，经过理性分析可以发现，也存在不少问题：

第一，从报道来看，成都七中直播教学的服务对象数量巨大，在近万名学生同上一节课的场景中，主讲教师和远端学生之间的教学交互变成了一句空话。直播班学生的基础比较薄弱，导致直播班的不少学生中途退出直播班。所以，本案例中第一个问题是贫困地区的学校作为中介方，应该指派本校学科教师和主讲教师进行充分沟通，另外要动员本校学科教师积极学习成都七中教师的教学方法，此问题的本质是中介方的管理和与共享主体之间的沟通问题，为了保证直播的效果，政府应该责成中介方对直播的规模做适当调整，或者成都七中多开几个直播班，面向不同地区一定范围的远端学校开展直播教学。这个问题实际上是属于中介方的职责问题，中介方要加强管理，完善管理机制。另外，双方学校应该激励教师在教学之前充分沟通，构建沟通机制至关重要。

第二，成都七中直播教学从范围上来讲，已经超出了四川省教育厅管理范畴，涉及参与直播的各省市教育管理部门，其本质上是跨区域教育智力资源共享。各地区的教育行政管理部门应该加强合作，签订合作协议，加强对成都七中直播过程、直播效果进行监督。还有就是中介方的问题，需要各地区管理部门建立协同管理机制和监管机制。

第三，在直播过程中，对直播班老师的负面影响比较大，如有些老师消极应对，撕书抗议，对直播班老师来说，自己的地位和教育权利受到了威胁，但是自己的工作量比之前增加了近3倍，从某种意义上来讲，成都七中直播教学对有些学校的弊大于利，这反映出两个问题，第一，作为中介方的远端学校要加强对本校参与直播教学的师生教学活动管理，另外，可以采取一些激励措施，引导并激励本校学科老师的积极性，革新"互联网+"背景下传统教师的观念，对本校直播班学科教师采取合适的评价方法。这个问题的本质实际上是需求方的问题，需要直播班所在学校建立相应的激励机制，并制定相关的管理制度或规范，以消除直播班学科教师的顾虑。

（三）共享机制

根据共享机制构建的思路及其在本案例中各利益相关者的职责、利益诉求等，构建出如图4-15所示的宏观层面的O2O教育智力资源共享机制图。此类教育智力资源共享的机制是政府协调、企业主导、名师供给、学校与家长共同购买、学生使用的教育智力资源共享机制。四川省教育厅为成都七中直播课提供政策支持，并监督成都七中闻道网校的收费。远端学校所在教育行政管理部门对参与直播的学习给予政策和资金方面的支持。中介方包括成都七中、成都七中东方闻道网校、远端学校，成都七中的职责是组建直播团队，管理并激励主讲教师，定期组织成都七中的主讲教师到远端学校进行师生交流。成都七中东方闻道网校主要为共享的主体和共享需求者提供技术支持，并组织协调成都七中和远端学校所在地的教育行政管理部门签订合作协议。远端学校主要是组建直播班级，对参与直播的教师和学生进行管理。共享主体是成都七中直播团队，核心任务是设计课程，撰写与课程配套的学习资料等。远端学科老师的职责是课前和主讲教师集体备课，课中组织学生学习直播课，记录学生学习的情况，课后为学生的学习提供答疑解惑。

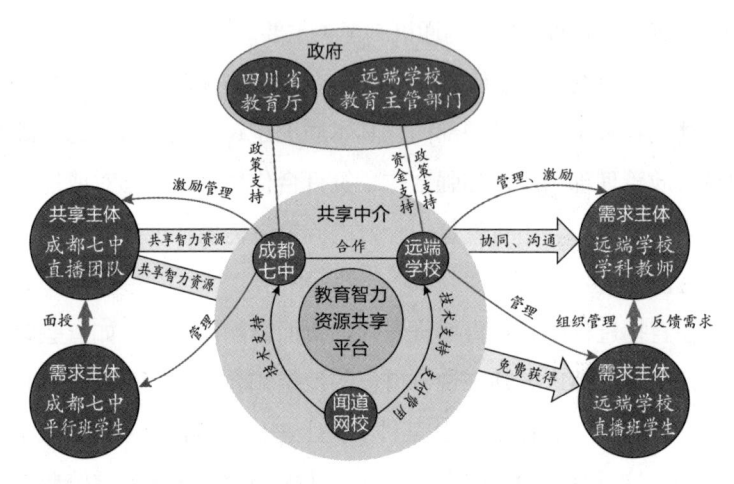

图4-15　O2O教育智力资源共享机制示意图

通过对成都七中直播课的过程进行分析，发现各利益主体在共享过程中，还采用了一些微观层面的共享机制。

1. 合作机制

成都七中全日制远程直播教学实践能够被众多贫困地区高中认可，引发社会各领域的共同关注，离不开各级教育行政管理部门、成都七中、东方闻道网校和远端贫困学校的多方合作，换言之，成都七中远程全日制直播教学取得较为满意的效果在某种程度上是多方合作的结果。

从媒体报道来看，远端贫困地区学校要接受成都七中的直播课堂教学，要承担巨大的社会压力和资金压力，卫星传输设备、录播教室的建设、录播设备的购置等费用远远超出远端薄弱学校的经费承受能力。因此，几乎每一所远端学校开展直播教学，必须得到当地教育局的大力支持，一般是县级以上的教育局与成都七中东方闻道网校签订合作协议，在协议中对教育管理部门、成都七中、东方闻道网校、远端学校等多方的责任和义务进行约束。本案例中禄劝一中能取得较喜人的高考成绩，其中，禄劝县教育局对本县教育的支持、在远程直播教学过程中的协调作用不可忽视。

2. 协同机制

在具体的直播教学操作层面，由于参与教学活动的教师身处各地，学生水平参差不齐，仅靠成都七中的主讲教师的单方面努力，不可能取得较好的直播教学效果。因此，成都七中采用"四个同时、四位一体"的直播模式体现了协同教学的理念。主讲教师、把关老师、远端学科老师、技术人员、信息技术老师各司其职、协同工作共同完成直播工作，具体协同机制是采用协同备课、协同实时交互、协同面授答疑、协同教研等形式，让远端薄弱学校的教师，突破地域限制，全程参与到成都七中的教育教学关键环节中来，共享先进教学理念和优质教育资源。在直播班学生三年高中学习过程中，"四位一体"的直播实践共同体的协同工作是保证直播课效果的重要制约因素之一。

3. 激励机制

新型教学模式，无论对成都七中的主讲老师还是远端直播班的学科老师，都是一种极大的挑战，七中主讲老师的备课繁重了很多，既要兼顾本校学生的水平，也要考虑远端学生的实际接受能力，其教学进度、教学难度和教学方法要尽量兼顾两端学生。远端学校直播班老师的工作量比普通班的重了很多，因此对两端参与项目的老师的激励是提升直播课效果的重要保障。

成都七中远程直播课项目中的激励机制主要体现在以下几个方面。首先，远端学校所在地教育行政部门或学校对参与直播的师生的激励，如云南省永善二中为了吸引优秀生源，在招生通知中承诺，2018年中考成绩位居前300名的优秀学生就读本校，可获得3 000~12 000元不等的政府奖励，学校对上述学生在高中阶段的学费、住宿费全免，并免费提供床上生活用品。东方闻道网校对主讲教师的激励，东方闻道网校对主讲教师支付薪水，金额由课时而定，每月数千元不等。此外，网校会邀请主讲教师到远端学校做一些讲座，每次500~1 000元不等的报酬。远端学校对参与直播班的老师也有一些激励措施，如在《成都七中东方闻道网校开江中学直播班管理方案（草案）》中规定，直播班的班主任按照20元/天补助，按月发放管理费。参与直播的学科老师的补助：高一年级语数外500元/月，理科综合400元/月，政史地300元/月；高二高三年级，语数外500元/月，综合科400元/月。

按月发放，每期按照五个月计算。

4. 信任机制

信任关系的建立是开展教育智力资源共享的情感基础。虽然成都七中主讲老师几乎每周都与远端学校的师生通过镜头见面，但还是存在心理距离，所以通过相互走访，举办研讨会等形式，建立信任关系是共享顺利实施的基础。在本项目中，每学期成都七中主讲老师都要到远端学校走访交流，以便和远端的师生建立信任关系，并及时了解远端学校的学情，有助于双方有序配合、协同教学。每周一次的线上备课与教研会，使主讲教师、把关教师、远端教师、技术老师都相互熟悉，这是直播教学工作得以顺利开展的情感基础。根据远端学校的需求，成都七中指派相关的主讲教师到远端学校开展讲座、现场授课、现场答疑等，建立与远端学校直播班学生的信任。同时，远端学校也选派师生代表到成都七中进行短时间面对面的交流，以增进彼此间的了解和信任。每学期每个网班均有少数学生代表去成都七中"留学"一周，体验七中的教学环境，这些都是建立信任机制的具体做法。

5. 管理机制

在项目启动之前，成都七中网校与远端学校或教育管理签订合作协议，合作协议中会对合作期限、合作内容、相关经费、双方职责都进行具体的约束，合作协议的签订是对直播教学顺利开展的重要保障，特别是远端学校所在教育管理部门对直播教育的政策支持、经费支持等都是重要的保障。对于网校这一新生事物，成都七中建立了《网校教师工作考核办法》《网校备课基本细则》《网校教学常规管理条例》等一系列管理制度，组建了"校长—主管校长—教务处—年级组—授课教师"五级质量监控体系。远端学校同样也有直播班教学的具体制度，如四川省开江中学的直播班管理方案（草案）从班制设立、招生及费用、教师确定、管理、奖励和考核、待遇确定等方面制定制度，以保证直播班教学的顺利开展。

按照表4-4教育智力资源共享案例交叉分析表的分析类目，对本案例进行分类，得出如表4-10所示的案例小结表。

第四章 "互联网+"背景下教育智力资源共享案例分析

表4-10 案例小结表

共享情景	层次	四川、云南、贵州、广西、甘肃等地合作学校的高中生
	学科	语文、数学、外语等九门高考学科
共享目的		名校教育智力资源共享，促进贫困地区薄弱学校的整体发展
共享主体		成都七中的直播团队：主讲教师、把关老师、技术老师
共享中介		成都七中、分校、闻道网校
管理服务方		参与直播学校所在地区教育行政管理部门
需求主体		合作学校的直播班的教师和学生
共享类型		O2O 教育智力资源共享模式
问题分析		直播班学生负面影响（中介方）、协同监管（中介方）、直播班教师积极性问题（中介方、受益方）
共享机制	宏观	政府协调、企业主导、名师供给、学校与家长共同购买、学生使用的教育智力资源共享机制
	微观 已有	管理机制、协同机制、激励机制、信任机制、保障机制
	微观 新建	沟通机制

第六节 案例分析总结

经过对上述四个教育智力资源共享案例的分析，从三大维度九个方面对四个案例做了综合交叉分析，得出如表4-11所示的分析表格，进一步对表4-11中各方面梳理之后，构建如图4-16所示的教育智力资源共享四类主体之间的关系、作用、利益诉求。从图4-16可知，教育智力资源共享具有以下特征和趋势。

第一，教育智力资源共享是大势所趋。伴随着"互联网+"技术的发展，特别是基于5G技术、人工智能技术的智慧社会到来，从事教育智力资源共享的主体越来越多，涉及的行业越来越复杂，教育智力资源共享现象逐渐普及，并成为教育资源共建共享的重要内容。

第二，从案例涉及的教育层次来看，主要以基础教育为主，还有少量的社会教育，虽然在高等教育、职业教育和继续教育中也有不少教育智力资源共享的案例，但由于本研究的范围主要以基础教育为主，研究领域主要是信息化促进区域教育优质均衡发展，因此，在本研究中主要以基础教育领域中教育智力资源共享现象为主。

国家、省、市县管理部门
利益诉求：促进教育均衡发展、税收
作用：顶层规划、制定政策、监管评价（监管过程、规范共享）
问题：政府监管力度不够，相关制度未更新

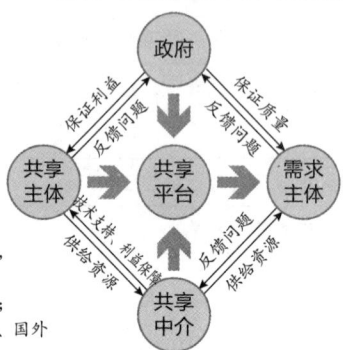

优质教师、社会人士、专家学者
利益诉求：不同主体的利益诉求不同
作用：供给源、资质、质量保证
问题：观念，信息素养，资源版权保护，主体利益保障
主体的复杂性：不同主体对应不同机制；
　　　　　　　体制内、体制外、国内、国外

学校、学习者
利益诉求：智力服务效益最大化，满足个性化发展
作用：共享的动力和需求
……

科研机构、企业、学校
利益诉求：获取经济利益、扩大影响、塑造品牌
作用：技术保障、审核供给主体资质、承担的法律责任
中介的复杂性：公司、学校、研究所、政府电教部门

图4-16　教育智力资源共享的四类利益相关者的关系图

第三，从教育智力资源共享价值方面来看，其主要体现在两个方面：促进区域教育优质均衡发展和实现个性化教育两个方面。教育公平有低水平、中水平和高水平三个层次，低水平教育公平是解决优质教育智力资源的有无问题，如面向小规模学校的教育智力资源共享就属于此层次；中水平教育公平就是解决教育智力资源量的问题，即提供足够多的优质智力资源，供学习者选择学习资源，如北京市教师在线开放辅导就属于此层次；高水平教育公平就是以学习者的个性化需求为依据，借助个性化资源推荐技术为学习者推荐能够满足自身个性化需求的教育智力资源。

第四，教育智力资源共享主体多元化。从共享主体的维度来看，教育智力资源共享的主体从体制内的教师到社会教育智力资源，教育智力资源共享的主体越来越多元化。不同的共享主体有不同的利益诉求，不同的利益诉求需要不同的共享机制来管束各主体按照规范与目标开展共享。

第五，共享中介越来越复杂。共享中介以参与教育智力资源共享的互联网企业为主，演化到各级电教部门、社会团体、科研院所甚至学校，共享中介越来越复杂，不同的共享中介为教育智力资源共享提供的服务方式和服务质量不尽相同，在共享过程中需要构建的共享机制也会随之变化。

第六，政府的监督功能、政策制定等功能在体制外教育智力资源共享尚未有效地发挥，甚至在有些教育智力资源共享情景中政府功能缺失。目前由于共享主体、共享中介和技术等因素不同，教育智力资源共享活动复杂又多样，对于这些广泛存在的教育智力共享现象，相关政府职能部门尚未对其进行有效监管。

第七，从共享类型来看，教育智力资源共享模式有合作共赢的 CS 共享模式、搭台唱戏的 C2C 共享模式、同步教学的 O2O 共享模式，不同的共享模式下四类主体的职责、利益诉求也不尽相同，应该构建与之相适应的共享机制。

第八，从利益保障的角度来看，教育智力资源共享的付费机制五花八门，有民间团体或基金组织付费，有政府划拨专项经费的，由学校自主购买的，不同的付费机制对共享主体和共享中介的利益保障有极大的影响。

第九，从教育体制的层面来看，有教育体制内的教育智力资源共享，纯粹的教育体制外教育智力资源共享，还有体制外向体制内渗透的教育智力资源共享。从共享的范围来看，有区域内的教育智力资源共享，区域外的教育智力资源共享，还有跨越区域的教育智力资源共享等。

上述基于教育智力资源共享案例九大方面的问题，对教育智力资源共享四个利益相关方的职责、发展趋势进行了分析，但是要使教育智力资源共享取得比较满意的效果，要从智慧教育生态、终身教育体系的角度构建能够保证服务质量、规范教育智力资源共享过程的共享机制，智慧教育生态和终身教育体系构建的初衷就是为促进教育均衡、高质量发展，进而实现终身教育与个性化教育[1]。借鉴美国著名管理大师多那比第安（Avedis Donabedian）提出的 SPO 模型，其主要包括结构面（structure）、过程面（process）和结果面（outcome）三个方面，意指欲取得比较满意的质量和效益，必须需要相对良好的结构和各要素动态运行的过程[2]。根据 SPO 模型，绘制出如图4-17所示的教育智力资源共享运行模型。

---

[1] 黄荣怀，刘德建，闫伟，等.雄安新区发展智慧教育的基线调研与政策建议[J].中国远程教育，2019（11）：1-14，92.

[2] DONABEDIAN A. Quality assurance. Structure, process, and outcome[J]. Nurs stand, 1992, 7(11): 4-5.

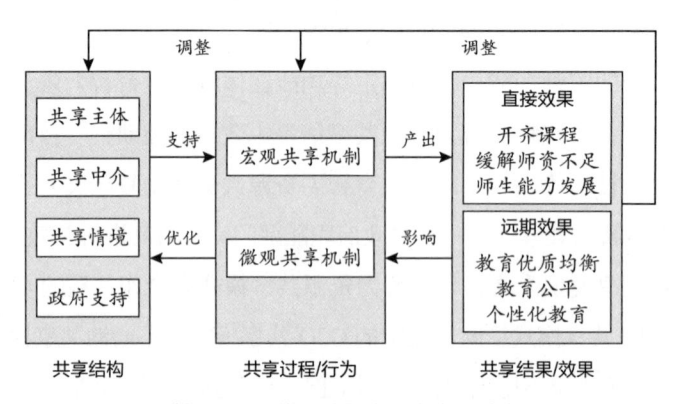

图4-17　基于SPO模型的教育智力资源共享运行模型

从图4-17可知，要取得比较满意的教育智力资源共享效果，不仅要不断优化教育智力资源共享系统内部结构，保证系统内部各要素处于比较良好的运行状态，更重要的还需要保证教育智力资源共享常态有序运行的共享机制，共享机制反过来也对共享系统内部各要素进行规范或优化，良好的共享机制再加上全面合理的共享结构方可产出比较理想的共享效果，共享效果反过来会影响共享机制和共享结构的调整。从四个案例分析中发现教育智力资源共享存在的问题主要分布在共享主体维度的资质、共享动机的激励、共享主体利益保障等，共享中介维度的共享过程监管、技术保障等，政府部门的监管、政策支持和资金支持等问题，体制内外学校合作问题等。

因此，"互联网+"背景下教育智力资源共享涉及的因素复杂，参与主体多元，不同情境下的教育智力共享主体、共享中介和政府在其中肩负的职责各不相同。因此，本着智力资源共享促进教育均衡发展、教育公平和办好人民满意的教育、落实立德树人根本任务等原则，基于案例分析中从三个维度提出的教育智力资源共享过程中存在的问题，从促进教育智力资源供给源的优越性、优化教育智力资源共享过程、确保各方利益的角度出发，可以对从教育体制内外、教育区域内外两个维度交叉的二维象限中对宏观教育智力资源共享机制进行分类并逐一分析。另一方面，应该从以下三个子维度构建微观层面的教育智力资源共享机制，①共享主体维度：准入机制、激励机制、沟通机制、竞争机制；②共享情境维度：信任机制、交互机制、保障机制、管理机制、监督机制、评价机制、合作机制；③共享中介维度：协同机制、智能推荐机制、安全防范机制、反馈调节机制等15种共享机制。

第四章 "互联网+"背景下教育智力资源共享案例分析

表4-11 多案例交叉分析

		案例1：阳翟小学远程同步互动课堂	案例2：北京市中学教师开放型在线辅导
共享情景	层次	小学生	北京市郊区中学生
	学科	语文、数学	初中九门学科
共享目的		促进两岸文化交流	个性化教育、教育公共服务转型
共享主体		阳翟小学老师、台湾部分万芳国小老师	全北京市参与辅导的中学老师
共享中介		阳翟小学、万芳国小	北京师范大学高精尖创新中心、各中小学
需求主体		阳翟小学和台湾万芳国小学生	参与试点的区域所有初中学生
管理服务方		双方教育行政管理部门	北京市教委、北京市各区教育局
共享类型		合作共赢的CS共享模式	搭台唱戏的C2C共享模式
存在的问题		共享主体如何激励（主体问题），共享过程如何监管（中介问题），内容如何统一（内容问题）	社会智力资源准入问题（主体），对社会智力资源共享过程的问题（中介），向其他地区扩展问题（中介）
共享机制	宏观	政府监督、学校积极合作、学生免费使用的教育智力资源共享机制	政府引导、优秀教师供给、学生免费使用的教育智力资源共享机制
	微观（已有）	信任机制、协同机制、交互机制、保障机制	管理机制、激励机制、监督机制、保障机制、评价机制
	微观（新建）	激励机制、监督机制	准入机制，协同机制和监管机制
		案例3：湖南省中小学网络联校项目	案例4：成都七中东方闻道网校直播课堂
共享情景	层次	湖南省农村村小、教学点小学生	四川、云南、贵州、广西、甘肃等地合作学校的高中生
	学科	英语、美术、音乐	语文、数学、外语等九门高考学科
共享目的		促进区域教育优质均衡发展	名校教育智力资源共享，促进贫困地区师生发展
共享主体		参与项目的湖南省主校音乐、美术、英语等学科教师	成都七中的直播团队：主讲教师、把关老师、技术老师
共享中介		主校、分校、平台运营商	主校、分校、东方闻道网校
需求主体		参与试点的教学点的师生	合作学校的直播班的师生
管理服务方		省级、市级教育行政管理部门	四川省教育厅、参与直播学校所在地区教育行政管理部门
共享类型		同步教学的O2O共享模式	同步教学的O2O共享模式
存在的问题		平台稳定问题（中介方）、经费问题（中介方）、主体积极性问题（供给方、中介方）、分校配合问题（中介方）	直播班学生负面影响（中介方）、协同监管（中介方）、直播班教师积极性问题（中介方、受益方）

续表4-11

共享机制	宏观	政府主导、主校负责、薄弱学校免费使用的教育智力资源共享机制	政府协调、企业主导、学校、家长共同购买、学生使用的教育智力资源共享机制
	微观	（已有）管理机制、激励机制、协同机制、保障机制、沟通机制	管理机制、协同机制、激励机制、信任机制、保障机制
		（新建）技术保障机制、监督机制、经费保障机制	沟通机制

本章小结

本章采用质性研究的研究范式，运用案例研究法对教育智力资源共享的案例进行分析。首先介绍了案例研究的设计与过程，分别从教育体制内外选取了福建省厦门阳翟小学远程同步互动课堂、湖南省中小学网络联校、成都七中网络直播课、北京市中学教师在线开放式辅导等四个教育智力资源共享的案例，对每一个案例分别从案例描述、案例分析、案例小结三大维度，分析共享主体、共享中介、需求主体和政府四类主体的职责及利益诉求，存在的问题和采用的宏观、微观机制，并分析每个案例中对共享机制构建的启示，最后对四个案例分析结果进行交叉对比，总结凝练出教育智力资源共享的趋势和存在的问题，并依据SPO模型构建了教育智力资源共享运行模型，依据运行模型及存在的问题，提出教育智力资源共享机制构建的思路和具体方法，初步构建了教育智力资源共享的机制，为下一章教育智力资源共享机制的研究奠定了实证研究基础。

第五章 "互联网+"背景下教育智力资源共享机制构建

"互联网+"不仅为优质教育资源短缺的问题提供了共享平台等技术支持,更重要的是为教育智力资源共享提供"开放、共享、跨界"等思维支持,因此,互联网技术从技术层面上对教育智力资源的支持是教育智力资源共享的前提和基础,但要从根本上解决优质智力资源短缺的问题,仅有技术支持远远不够,还必须借鉴"互联网+"思维构建行之有效的共享机制,促进各共享主体将自身的智力资源通过互联网共享到急切需要的人,实现优质教育资源的共建共享,也有利于实现教育均衡发展,促进教育公平。

教育智力资源共享是一种复杂的教育行为,教育智力资源共享系统是一个多重反馈的复杂系统,教育智力资源共享涉及多主体、多因素,我国已有部分区域在尝试教育智力资源共享,还有很多个体利用第三方直播或者共享平台开展教育智力资源共享,但这些目前都是自发的共享行为,没有被正式纳入教育公共服务体系中,也缺少行之有效的共享机制。"构建利用信息化手段扩大优质教育资源覆盖面的有效机制"是国家教育信息化发展的重要举措。当前移动互联网、大数据等技术风起云涌,如何基于实践探索,构建行之有效的共享机制,保障教育智力资源共享主体的合法权益,促进共享主体的智力有效流动,实现教育智力资源共享、社会效益和教育效益的最大化,是当前基础教育领域必须重视的一个方面。前序章节已经从理论、影响因素和探索性案例分析三个方面对教育智力资源共享进行了研究,本章主要以前序研究的结论为依据,通过总结归纳,构建促进教育智力资源共享的有效机制。

第一节　教育智力资源共享机制的障碍分析

虽然我国已经有不少教育智力资源共享的做法，各地也积累了不少经验，但是从构建教育大资源、构建网络化、数字化、个性化、终身化的教育体系角度来分析，我国教育智力资源共享机制还存在不少的障碍。

一、理念障碍

大部分教育智力资源主体的思想观念比较守旧，对"互联网+"的开放、共享、跨界等思想理解较为片面，很多具有丰富实践智慧的高智力人才从心理上很难接受智力资源共享，将自身的智力资源共享给他人的意愿比较低，对智力资源共享比较抵触，在某种程度上加大了教育智力资源共享的难度。智力资源需求方的观念也较为落后，对于通过互联网共享教育智力资源服务的质量存在大量疑虑，即使自己急需某方面的教育智力资源服务，但不愿意通过互联网手段寻找符合自身需要的教育智力资源。

二、体制障碍

教育行政管理部门为了维护本地区的利益，对本地区的优秀教师、教学名师和骨干教师等教育智力资源共享主体管理较为封闭，存在各自为政的现象。还沿用传统的教师管理制度和教师评价制度，认为本地区教师属于区域独有的资源，不允许本地区教师通过互联网技术手段将自身的教育智力资源跨地区共享。不同地区的政府管理部门尚未统一思想和制定合作政策，壁垒林立，未形成有效的联动机制，导致教育智力资源在区域间的共享难以实现。

三、技术障碍

"互联网+"教育智力资源共享是依赖于共享平台实现的，共享平台的兼容性、易用性、安全性和稳定性等是制约教育智力资源共享效果的重要因素。另一方面，不同地区的网络学习空间之间缺少统一标准和有效的接口，致使各地区数字教育资源服务平台存在壁垒和信息孤岛，区域内外不能实现更好的教育智力资源共享。

上述三个方面的障碍正好与我们在案例分析部分得出的问题一脉相承，要消除上述三个方面的障碍及破解教育智力资源共享中存在的问题，必须从多维度构建教育智力资源共享的机制。

第二节 教育智力资源共享机制的构建思路

一、教育智力资源共享机制的构建依据

共享是靠机制完成的[①]，机制是共建共享的重要保证，而机制创新是资源共建共享的灵魂[②]。有效推进教育智力资源共享，体制机制具有全局性、根本性作用。教育智力资源共享是在良好的机制框架内进行的，共享机制的构建关乎教育智力资源共享的效果。创新和健全教育智力资源共享机制，不仅能促进区域内教育智力资源的合理配置，而且能够提高教育智力资源共享主体的综合素质和竞争能力，进而提高区域内外的教育质量和促进区域内教育公平。教育智力资源共享活动从本质上来讲也属于教育实践活动，当前不同地区、不同教育领域中已经出现了不同形态的教育智力资源共享现象，纷纷通过探索"互联网+"教育服务新模式，促进教育优质均衡发展。但是我国教育智力资源共享机制的建设与创新还处于早期探索阶段，存在机制创新滞后问题，具体表现在：第一，注重教育智力资源共享的硬件和系统建设，通过制度或政策等加大人、财、物的投入，轻共享机制建设，较少考虑对参与智力资源共享各主体之间关系协调的机制；第二，通过项目运作的方式支持各共享主体开展教育智力资源共享，忽视对各共享主体之间协调与配合，缺乏必要的机制与相应的措施；第三，政府等管理部门在教育智力资源共享过程中的主导机制尚不成熟，教育智力共享过程中的政府职责不太明确，现行相关政策要么政出多门、多头管理，要么是政府管理缺失，政策的持续性、连贯性不强；第四，充分调动社会各方积极参与智力资源共享的协同机制尚未形成，难以形成合力，产生聚合效应。上述共享机制创新的问题，制约着教育智力资源常态化共享，导致教育智力资源共享体系内各利益相关者之间难以有效衔接与沟通。可喜的是，国家对教育机制创新

---

① 王德禄. 知识管理：竞争力之源 [M]. 南京：江苏人民出版社，2002.
② 王嘉毅. "互联网+"背景下教育资源共享的机制创新 [J]. 中国民族教育，2016（2）：7-9.

非常重视，国务院在《关于深化教育体制机制改革的意见》中指出：到2020年，教育基础性制度体系基本建立，形成充满活力、富有效率、更加开放、有利于科学发展的教育体制机制，人民群众关心的教育热点难点问题进一步缓解[①]。党的十九大报告要求教育体制机制改革处理好现代化与人民满意、公平与质量、系统与局部之间的关系[②]。因此，建立灵活健全的共享机制，协调教育智力资源共享体系各利益相关者之间的相互关系，是促进教育智力资源共享常态化，解决我国优质教育资源供给不足、增强人民对教育满意度的重要保障。

在教育活动过程中，参与活动的各方之间的相互关系及其运作方式就是教育机制。根据层次范围不同可将教育机制分为宏观、中观、微观三个层次，宏观层的教育机制即省级以上的管理层从整体视野协调教育的各子系统发挥作用，其可以表述为教育—社会互动机制；中观层的教育机制主要指某教育机构内部教育活动的活动系统和关系结构；微观层的教育机制就是具体教学和管理活动的引导和控制，其目的是规范、引导、推动、促进具体教学或管理行为朝着某个目标前进。从形式的角度来考察，教育机制包括行政—计划式机制、指导—服务式机制和监督—服务式机制；从功能角度来划分，教育机制包括激励机制、制约机制和保障机制等[③]。

本研究将教育智力资源共享视为一个系统，共享体系的建立与共享机制之间的关系是相辅相成、互相依存的，共享系统的不断完善能够促进共享系统内各要素之间的关联性，能够催生机制的建立和不断创新；反之，机制的创新与不断应用，能够有效促进共享体系内各要素之间的沟通与衔接，从而增强共享系统的生命力。本研究将"互联网+"背景下的教育智力资源共享机制界定为：为了使教育智力资源在智力服务需求者之间得到有效的转移和共享，共享过程各利益方及其相互之间的运作关系，在机制的作用或约束下，教育智力资源共享体系日臻完善，促进教育智力资源共享过程的有效运转。教育智力资源共享的目的在于借助"互联网+"的技术优势，促进教育智力资源供给侧改革与教育智力资源的合理配置，推动个体智慧向集体智慧的转变，即将适宜的教育智力资源适时适地共享给

---

① 中共中央办公厅，国务院办公厅.关于深化教育体制机制改革的意见[EB/OL].（2017-09-24）[2023-01-20].http://www.gov.cn/xinwen/2017-09/24/content_5227267.htm.

② 李璐.教育体制机制改革须中国特色[N].中国教育报，2018-05-03（1）.

③ 兰亚明，陆洋.终身教育发展与体系构建的机制创新[J].终身教育研究，2018（3）：24-28.

需要的人或者组织。为了达到这一目的，除了分析教育智力资源共享的影响因素，寻求解决策略的当务之急是构建促进教育智力资源有效共享的机制。本研究将教育智力资源共享机制视为一个良性系统，运用系统科学的思想和方法，分析教育智力资源共享机制系统各要素，从共享机制整体与各要素之间，共享系统与其他外部系统之间的相互作用关系中去精准地考察问题，着力解决好共享机制各要素之间存在的问题，实现教育智力资源共享的有效集成和效果发挥。

教育智力资源共享机制具有主观与客观的特征：教育智力资源共享活动必须依赖于一定的社会客观环境和技术条件，因而教育智力资源共享机制具有客观性。另一方面，由于教育智力资源共享活动是由共享主体主观意识指导的一种活动，在教育智力资源共享活动中影响和改变了需求主体的教育观念，提升了其综合素质等，教育智力资源共享机制又具有主观性，教育智力资源共享机制不仅具有规范控制教育智力资源共享活动的功能，而且具有引导、驱动教育活动的功能，这种共享机制的内、外部功能使共享机制的作用由内部作用和外部作用构成。其决定了共享机制的修改、进步需要教育内外部两方面条件，外部条件涉及社会政治、经济、文化等环境。

二、教育智力资源共享机制的构建原则

教育智力资源的共享机制构建目标是在"互联网+"等现代信息技术的引领和驱动下，通过强化政府的监督和引领作用，构建开放、自由、规范的教育智力资源共享环境，平衡各利益相关者的利益关系，激发各利益相关者的主观能动性，促进教育智力资源共享的常态化，以协助解决部分地区和学校优质智力资源不足的问题、满足学习者的个性化需求。

（一）育人为本，促进公平

教育智力资源共享机制的构建必须准确把握时代背景，深入了解国家需求和人民期待，从顶层合理规划机制构建方案。习近平总书记在全国教育大会上明确指示，要努力构建德智体美劳全面培养的教育体系，形成更高水平的人才培养体系[1]。在教育智力资源共享过程中，必须把落实立德树人根本任务、培养合格的人才放在首位，发挥作为共享主体的人的主观能动性，以开放共享的思维促进教育

---

[1] 吕玉刚.加快完善全面提高基础教育质量的体制机制[N].中国教育报，2019-12-12（1）.

智力资源共享，动员更多的社会智力资源主体通过互联网手段进驻教育系统，有效促进教育智力资源在教育系统内的有效流动，借助互联网技术连接优质智力资源与农村地区、偏远地区的学生、教师，实现优质教育资源的均衡发展，实现公平而有质量的教育，促进人的全面发展。

（二）技术赋能，精准服务

充分发挥5G技术、大数据技术、人工智能技术等技术优势，构建智能化的"互联网+"教育智力资源共享平台，使平台具有智能服务等功能。采集共享主体、需求主体、机构及各类服务提供者全面、多维的行为数据，对共享主体的智力服务过程数据进行分析建模，形成共享主体的用户画像。对智力资源需求者的行为数据进行采集、分析，构建学生、社会学习者等的学习者模型。对教育智力资源共享主体、资源需求者的服务绩效和学习绩效进行评价，评价结果作为平台优先推荐的依据。借助共享平台中的个性化引擎和智能化引擎，精准理解用户的智力资源服务需求，智能感知用户情境，实现智力资源、服务与用户需求之间的智能匹配，将最合适的智力资源共享到用户，为用户提供个性化、智能化服务。

（三）创新机制，聚合资源

在教育智力资源共享生态系统构建过程中，秉持创新驱动的理念，充分调动社会各方的积极性，有效整合各共享主体之间的关系，推动教育智力资源共享机制创新是关键。习近平总书记在全国教育大会上指出：办好教育事业，家庭、学校、政府、社会都有责任[①]。《教育信息化2.0行动计划》中指出：探索资源共享新机制。教育部科技司司长雷朝滋表示：在教育信息化2.0时期，教育信息化推进方式转变的重点在机制的探索和创新[②]。教育智力资源共享需要聚合教育系统内外的优质智力资源，聚合政府机构工作人员、民间团体、企业专业技术人员、手工艺工作者等社会智力资源，形成按照一定标准聚合数字教育资源、智力资源、应用服务、

---

① 董洪亮，赵婀娜，张烁，等. 习近平总书记在全国教育大会上的重要讲话增强社会各界办好教育的使命感、责任感、紧迫感[EB/OL].（2018-09-14）[2023-01-20]. http://www.moe.gov.cn/jyb_xwfb/xw_zt/moe_357/jyzt_2018n/2018_zt18/zt1818_bd/201809/t20180914_348683.html.

② 朱哲. 以教育信息化支撑引领教育现代化：教育部科技司雷朝滋司长解读"教育信息化2.0"[J]. 中小学数字化教学，2018（3）：4-6.

通过各利益主体之间的协商交流，在实践中创新服务机制，打通教育体制内外的智力资源共享壁垒，构建教育大资源云，为学习者提供虚实融合的学习资源环境和各类应用服务。

（四）引领发展，重构生态

在不同区域的基础教育中，开展网络联校、双师课堂等教育智力资源共享实践，在实践中不断地修正、完善共享机制，促进现行教育体制机制的改革创新，形成能够为不同地域、不同水平、不同需求的学习者提供个性化智力服务、知识服务等在内的教育新生态，为国家构建网络化、数字化、智能化、个性化、终身化的教育体系，建设人人皆学、处处能学、时时可学的学习型社会提供支持。

三、教育智力资源共享机制的构建过程

教育智力资源共享机制的构建大致流程如图5-1所示，研究设计采用聚敛式平行设计。

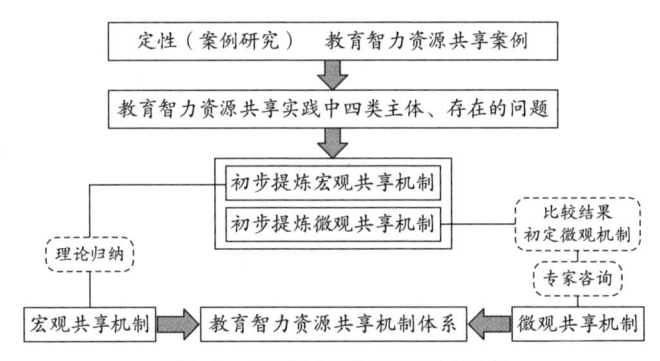

图5-1 教育智力资源共享基本流程

首先，从近年来我国基础教育领域中优选教育智力资源共享的典型案例，综合运用案例研究法中访谈、资料收集、实物收集、文献查阅等方法，收集案例的资料，从案例描述、案例分析和案例总结等方面对案例资料进行分析梳理，重点分析每一个案例中各利益相关者的职责和利益诉求、存在的问题，分析案例中各利益相关者之间的关系构建宏观共享机制，已经采用的微观共享机制，破解问题需要建立的机制，最后对每一个案例中得出宏观机制、微观机制进行分析，初步归纳出教育智力资源共享的机制。

定性研究部分采用理论归纳法，将案例分析部分凝练出的宏观共享机制从两

个维度归类分析，最后凝练出教育智力资源共享宏观机制。比较前两部分构建的微观共享机制，从国内选取相关领域的专家、中小学校长和教育局管理人员共30余人，进行两轮专家咨询，最后确定教育智力资源共享的微观机制。综合宏观共享机制和微观共享机制，构建教育智力资源共享机制体系。

四、教育智力资源共享机制体系

党的十九届四中全会指出：全面贯彻党的教育方针，坚持教育优先发展，聚焦办好人民满意的教育，完善立德树人体制机制[①]。教育智力资源共享机制的构建是"互联网+"时代国家完善立德树人体制机制、推动城乡义务教育一体化发展的有效组成部分。

由于教育智力资源共享机制的形成本身是一项系统工程，涉及教育内容、教育历史和社会文化环境等多方面因素，关系到组织类的教育机制、教育法规、教育政策；关系到人员类的教育行政管理者、工作人员、学校校长、教师、学校工作人员等；还涉及观念类的教育理论、教育观念、教育传统等。因而，对教育智力资源共享机制的构建过程是一件较为复杂的事情。教育智力资源共享活动本质上属于教育实践活动，教育智力资源共享机制的创新与构建也应该遵从教育机制的形成机理，教育智力资源共享机制包括宏观层面、中观层面和微观层面三个层面，本研究从宏观层面的参与教育智力资源共享各利益主体之间的整体运作方式、微观层面的两种利益主体之间的运作方式两个层面来构建。宏观层面主要通过案例分析凝练几类教育智力资源共享机制，主要侧重于教育智力资源共享形式。微观层面主要从各种教育智力共享活动中的各利益相关者相互之间的关系和运作方式，主要是从教育智力资源共享机制的功能方面来研究[②]。

依据教育智力资源共享系统运行的机理及其教育智力资源共享的效益，根据教育智力资源共享机制运行的关系，构建如图5-2所示的教育智力资源共享机制体系图。

---

① 新华社.中共中央关于坚持和完善中国特色社会主义制度推进国家治理体系和治理能力现代化若干重大问题的决定[EB/OL].（2019-11-05）[2023-01-20].https://china.huanqiu.com/article/9CaKrnKnC4J.

② 孙绵涛，康翠萍.教育机制理论的新诠释[J].教育研究，2006（12）：22-28.

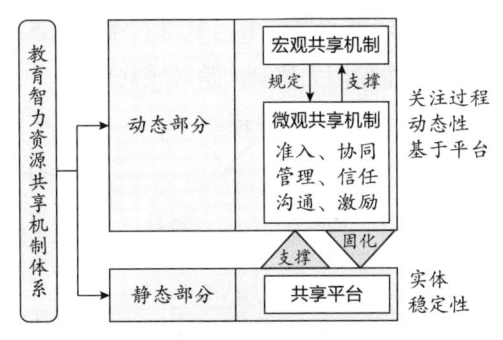

图5-2 教育智力资源共享机制体系图

从图5-2可以看出，教育智力资源共享机制体系由静态和动态两大部分组成，静态部分主要指教育智力资源共享平台，主要指提供资源共享功能的共享平台，其具有稳定性的特征，共享平台的主要作用是支撑动态共享机制的运作。动态部分教育智力资源共享机制包括宏观层面的共享机制和微观层面的共享机制，宏观层面的共享机制主要关注参与教育智力资源共享的各利益相关者之间的关系，微观层面的教育智力资源共享机制即各共享主体两者之间的关系，动态共享机制关注教育智力资源共享的过程，动态的教育智力资源共享机制的运作必须基于共享平台，经过修缮、验证之后的教育智力资源共享机制固化于共享平台中，通过共享平台，引导、规范教育智力资源共享过程，以达到教育智力资源效益最大化，解决基础教育发展不均衡等现实问题。

第三节 宏观层面的教育智力资源共享机制

对第四、五章案例分析部分中四个案例的进一步分析，发现四个案例中部分是体制内的共享；从共享范围来看，部分案例是区域内教育智力资源共享，部分是区域间共享。为了进一步精炼案例分析部分中提炼的宏观共享机制，构建了由体制、区域构成的二维象限，将四个案例及其中的宏观共享机制分别归类于四个不同的象限中，并归纳出五种宏观层面的教育智力资源共享机制（如图5-3所示）。

从图5-3可以看出，横轴为区域，从左到右为依次为区域内、区域外，纵轴为体制，从下往上依次为体制内、体制外。横纵坐标相互交叉将整个象限划分为四个象限，六个教育智力资源共享案例及其宏观层面的共享机制分别归类于四个象限中。第一象限为体制外跨区域共享，第二象限为体制外区域内共享，第三象限为体制内区域内共享，第四个象限为体制内跨区域共享。

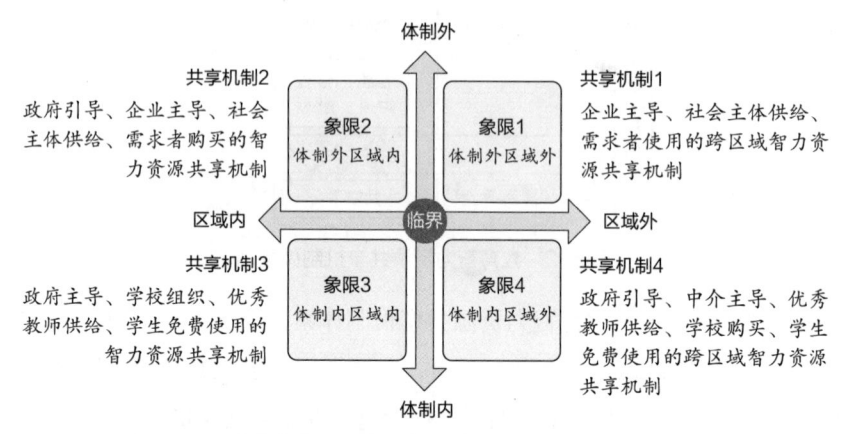

共享机制2：政府引导、企业主导、社会主体供给、需求者购买的智力资源共享机制

象限2 体制外区域内

象限1 体制外区域外

共享机制1：企业主导、社会主体供给、需求者使用的跨区域智力资源共享机制

区域内 ←——临界——→ 区域外

共享机制3：政府主导、学校组织、优秀教师供给、学生免费使用的智力资源共享机制

象限3 体制内区域内

象限4 体制内区域外

共享机制4：政府引导、中介主导、优秀教师供给、学校购买、学生免费使用的跨区域智力资源共享机制

体制内

共享机制5种：政府监管、企业/社会组织/科研院所主导、社会主体/优秀教师供给，学习者免费/付费使用的智力资源共享机制

图5-3　宏观层面的教育智力资源共享机制

共享机制1：与此相适应的宏观共享机制为企业主导（enterprise leading）、社会主体供给（social subject supply）、学习者免费使用（learner free）的跨区域教育智力资源共享机制（简称 EL-SS-FS 共享机制）。

共享机制2：案例2（北京教师在线开放辅导）属于第二象限，其共享机制为政府引导（government guidance）、研究机构主导（institution leading）、社会主体供给（social subject supply）、学生免费（free student）区域内共享机制（简称 GG-IL-SS-FS 共享机制）。

共享机制3：案例3（湖南省网络联校）隶属于第三象限，与此相适应的共享机制为政府主导（government leading）、主校负责（school organization）、优秀教师供给（teacher supply）、学生免费（free student）使用的教育智力资源共享机制（简称 GL-SO-TS-FS 共享模式）。

共享机制4：案例1（福建阳翟小学远程同步课堂）归属于第四象限，与此相适应的宏观共享机制为政府引导（government guidance）、学校主导（school leading）、优秀教师供给（teacher supply）、学生免费（free student）使用的跨区域教育智力资源共享机制（简称 GG-SL-TS-FS 共享机制）。

·第五章 "互联网+"背景下教育智力资源共享机制构建·

共享机制5：横纵坐标的交叉点为临界点，虽然目前暂时没有与此相适应的教育智力资源共享案例，但是此临界点代表着未来教育智力资源共享的趋势，即突破体制界限、跨越区域的教育智力资源共享。这种教育智力资源共享机制在智慧教育生态中方可出现，即政府监管（government supervise）、中介组织（intermediary organization）、供给主体供给（supply subject supply）、学习者免费使用（studentfree）的教育智力资源共享机制（简称 GS-IO-SS-SF/P 共享机制）。

下面对五种主要的宏观教育智力资源共享机制进行详细说明。

一、EL-SS-LS 共享机制

企业主导（enterprise leading）、社会主体供给（social subject supply）、学习者购买（learner free）的跨区域教育智力资源共享机制（简称 EL-SS-LS 共享机制），此种教育智力资源共享机制适应于体制外的教育智力资源有偿共享，国内的好未来、成都七中直播课堂等都是体制外面向全国甚至全球的教育智力资源共享类型，依据此种类型教育智力资源共享中四种利益相关者的相互关系，绘制出如图5-4所示的 EL-SS-LS 共享机制示意图。

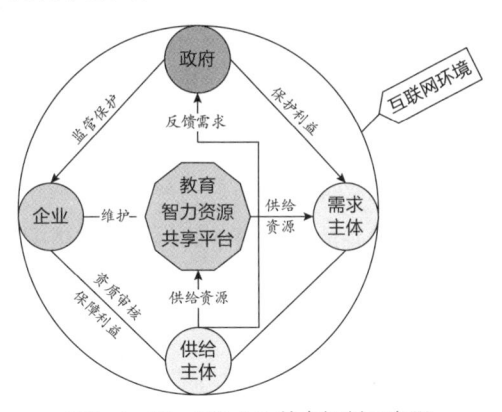

图5-4　EL-SS-LS 共享机制示意图

该共享机制在以需求主体的服务需求为导向，企业即是管理主体又是中介。企业的主要职责是开发并维护符合需求的教育智力资源共享平台，保证共享平台的安全性、易用性与稳定性，宣传教育智力资源平台和教育智力资源供给主体，招募学习者注册平台并选择供给主体进行学习，招募并审核优秀的智力资源共享主体，通过制定共享主体和需求主体的共享规则来规范、约束两类主体的行为，代替政府监管教育智力资源共享过程。

政府的职责通过制定公平的符合市场经济政策法规，加强对企业教育智力资源共享的过程的监管。另外，制定教育智力资源共享平台的建设标准和接口标准，以方便将企业自主开发的教育智力资源共享平台纳入国家数字教育资源公共服务体系中。此外，政府部门之间加强合作监管教育智力资源共享服务过程，以保证教育智力资源服务的质量，保护教育智力资源需求主体的利益。

共享主体是企业从国内外招募来的优质教育智力资源主体，如行业专业人士、大学教授、离退休人员或者优秀教师等，共享主体的职责是根据需求主体的需求，提供高质量的智力资源服务，以满足其学习或者工作需求，其利益诉求是提升名誉层面的个人声望。供给主体在有些情况下不仅是个人，还包括团队，如成都七中的直播课堂中供给主体是由主讲教师、技术教师和把关老师组成的主讲团队。

政府要联合商业部门、互联网监管部门制定专门的教育智力资源共享的规范和制度，加强对企业、主体等相关者及其共享行为的监管，以保护共享主体、需求主体的利益。

二、GG-IL-SS-FS 共享机制

政府引导（government guidance）、研究机构主导（institution leading）、社会主体供给（social subject supply）、学生免费（free student）区域内共享机制（简称 GG-IL-SS-FS 共享机制）。此种教育智力资源共享机制适应于区域内的教育智力资源有偿共享，北京市教师在线开放辅导属于此种类型，依据此种类型教育智力资源共享中四种利益相关者的相互关系，绘制出如图5-5所示的 GG-IL-SS-FS 共享机制示意图。

该共享机制在市场环境下，以需求主体的个性化学习需求为导向，在政府的引导下，委托科研院所或教育信息化企业承担监管、项目执行、培训等任务，这种共享机制是广泛发动本地区优秀教师及社会智力资源，促进本地区优质智力资源在区域内有效流动，以弥补学校教育不能完全满足学生个性化学习需求的不足。

政府的主要任务为通过区域内各级教育行政管理部门的合作与分工，制定区域内教育智力资源共享的规划，提供资金保障与技术保障，有效监管个性化在线辅导的过程，对供给主体、需求主体的行为进行评价，从物质和精神层面激励共

第五章 "互联网＋"背景下教育智力资源共享机制构建

享主体的积极性,制定政策保障共享主体和需求主体的利益,政府利益诉求应促进区域内义务教育优质均衡发展。

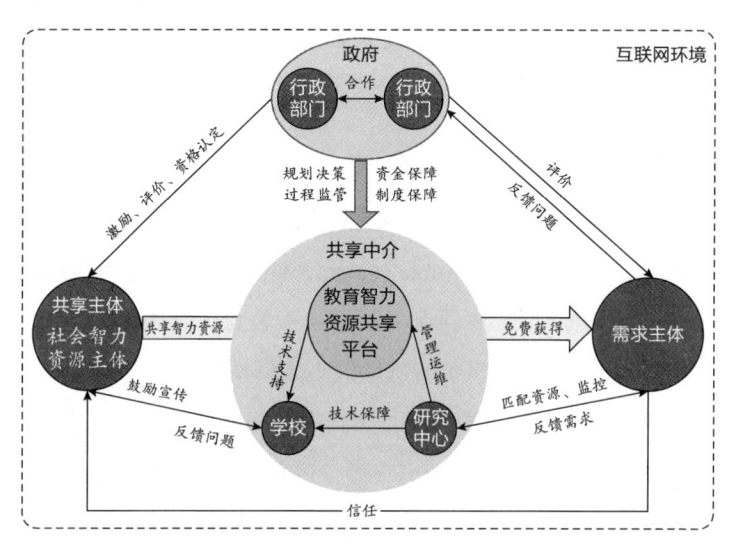

图5-5 GG-IL-SS-FS共享机制示意图

共享中介主要为试点学校、提供技术服务的企业或研究机构,企业的主要职责为运维共享平台,将政府制定的政策或制度固化于平台中,通过技术手段实现教育智力资源共享过程的监管与评价工作、智力资源推荐工作及优秀智力资源服务主体的宣传工作。

共享主体是区域内具有教师资格证的优秀教师及科研院所、政府部门中专业人员等优秀社会智力资源。共享主体的利益诉求是通过为需求者提供个性化的教育智力资源服务获得名利双收的利益,即希望政府合理评价教育智力资源的劳动成果,并将其与体制内的教师评价评优、职称晋升等联系起来。另外,由于社会智力资源不隶属于教育体制内,如何制定政策与制度解决社会智力资源的准入与劳动量的核算与评价问题,是政府应该考虑的问题。

从整体上来看,政府引导、科研院所主导、社会主体供给、学生免费使用的区域内教育智力资源共享是大势所趋,对解决区域内义务教育优质均衡发展,降低家庭、学生校外培训的负担,让学生回归自然学习状态具有非常积极的意义。但是如何制定更加全面的政策、吸纳更多的社会智力资源进驻共享主体,为学习者不仅提供学科知识的辅导,而且提供艺术、体育等素养提升的辅导都是各级政府应该考虑的问题。另外，借助互联网手段，将本地区优质智力资源共享到薄弱地区（如三州、三区等），地区政府之间应该通过协商建立区域级的合作机制，并将其纳入省级、国家级数字教育资源公共服务平台中，这是此种类型教育智力资源共享机制需要突破的瓶颈。

三、GL-SO-TS-FS 共享机制

政府主导（government leading）、主校负责（school organization）、优秀教师供给（teacher supply）、学生免费（free student）使用的教育智力资源共享机制（简称 GL-SO-TS-FS 共享模式）。该共享机制适用于教育体制内利用区域内优质教育智力资源，解决本地区农村地区、偏远地区小规模学校部分学科教师结构性短缺，开不出、开不齐国家规定课程的问题，如湖南省网络联校、广东省"互联网＋优课"、安徽的"在线课堂"等都属于这一类，也是目前各地区解决区域教育发展不均衡问题普遍采用的方法。依据此种类型教育智力资源共享中四种利益相关者的相互关系，绘制出如图5-6所示的 GL-SO-TS-FS 共享机制示意图。

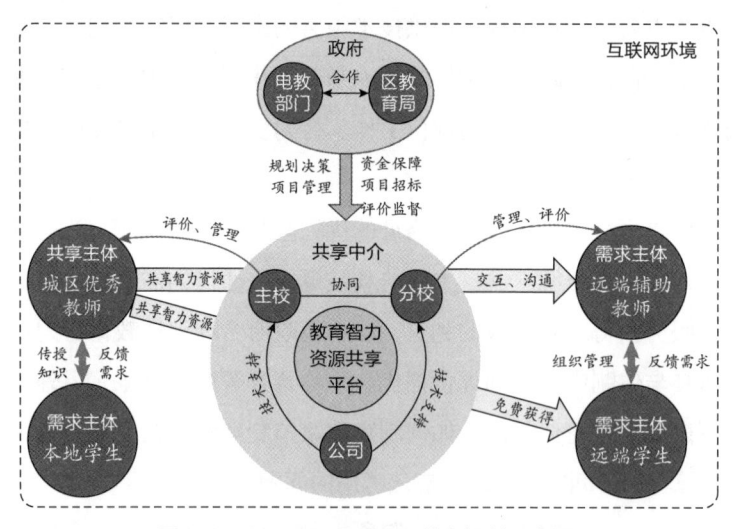

图5-6　GL-SO-TS-FS 共享机制示意图

政府在 GL-SO-TS-FS 共享机制中的职责是制定本地区面向农村小规模学校的教育智力资源共享的规划，设立专项资金，通过项目的形式开展教育智力资源服务，省级、市级电教部门负责具体的项目招标、管理与验收。同时各级教育行政管理部门应该建立管理机制，明确责权，共同完成教育智力资源服务的管理与监

督任务。

主校、分校和县级电教部门在本教育智力资源共享情景中承担共享中介，电教部门可以委托教育信息化企业负责教育智力资源共享平台的维护，并对主校和分校及用户提供技术支持。主校负责确定主讲教师，责成教研组开展直播课的教研，另外主校和分校分别负责对主讲教师、辅助教师的评价和管理。在这种情境下的教育智力资源共享，主校和分校之间协同工作非常重要，主校要强化对这种新型的教学形态的研究与管理，分校要积极配合主校完成直播教学任务。

共享主体为县级以上中小学的优秀教师，一般由主校指派本校相关学科优秀教师任教，优秀教师一般由本校该学科的骨干教师担任，优秀教师的职责为做好双师课或专递课的教学设计，共享主体在教学之前和远端辅助教师通过沟通渠道完成集体备课，并按照教学安排完成教学任务。

需求主体为本地学生、远端辅助教师、远端学生。如果是双师课堂，本地学生的需求和普通课堂没什么区别，远端教师的职责就是维护好远端学校班级的学生课堂秩序，并且引导学生跟随主讲教师的节奏学习，另外在跟随优秀教师直播教学的同时促进自身专业发展。远端学校学生的利益诉求就是接受城区优秀教师完成相关学科课程的学习。

从近年来各地区此种类型的教育智力资源共享服务的实施情况来看，也存在诸多问题，比如双师课堂中本地学生和远端学生的学习基础差别较大，远端学生跟不上教学节奏，城区优秀教师的数量不足等，无法满足本地区小规模学校持续开出、开齐国家规定课程的问题等。因此，从省级政府层面加强本地区教育智力资源共享的顶层规划，制定专门的教育智力资源服务管理制度，对于长期从事教育智力资源共享、帮助该地区小规模学校开不出、开不齐课程情况表现良好的教师给予奖励，并在职称晋升等方面给予政策上的倾斜。在前期教育智力资源共享实践的基础上，鼓励城区学校与乡村小规模学校组建协同发展共同体，并以项目的形式对发展共同体的建设与发展给予支持。对于区域优质教师数量不足的问题，可以将师范院校经过实习之后的准教师通过互联网纳入面向乡村小规模学校的智力资源服务行列中来。

四、GG-SL-TS-FS 共享机制

政府引导（government guidance）、学校主导（school leading）、优秀教师供给（teacher supply）、学生免费（free student）使用的跨区域教育智力资源共享机制（简称 GG-SL-TS-FS 共享机制）。该共享机制是政府主导、优秀教师供给、学生免费使用的区域教育智力资源共享机制的升级。GL-SO-TS-FS 共享机制下的教育智力资源共享严格意义上来讲是单向共享，城区学校和优秀教师只有智力资源输出，没有获得相应的回报。从某种程度上来讲，乡村学校有乡村文化特色，对城区学生和教师来讲也有一定的学习价值。不同地区的教师素质、学校文化都不尽相同，都有值得双方借鉴的地方，双方合作共享是双方实现双赢，获得全面发展的必然选择。于是，政府引导、优秀教师供给、学生免费使用的跨区域双方合作共赢教育智力资源共享孕育而生。第四章中案例1——福建阳翟小学远程同步课堂属于此类，湖南省教育厅与北京朝阳区教育局开展的资源共享也都属于此类教育智力资源共享的情景。依据此种类型教育智力资源共享中四种利益相关者的相互关系，绘制出如图5-7所示的 GG-SL-TS-FS 共享机制示意图。

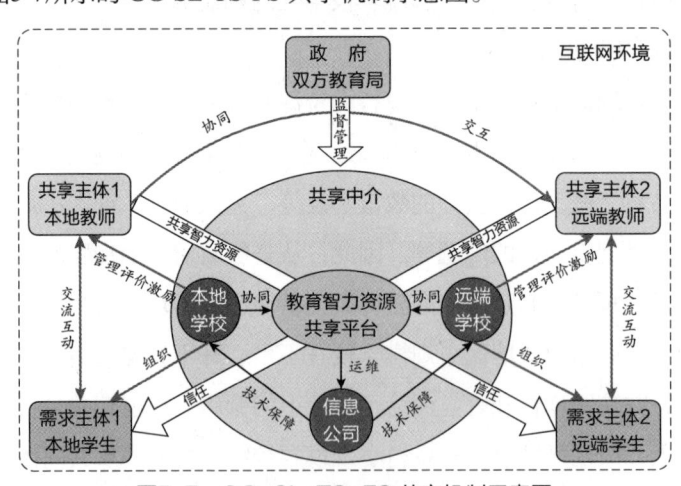

图5-7 GG-SL-TS-FS 共享机制示意图

由图5-7所示的教育智力资源共享机制可知，此类教育智力资源共享的实质和 GL-SO-TS-FS 共享机制差不多，不同之处就是共享由单向共享变为双向共享，共享主体为本地和远端优秀教师共同担任主讲教师。双方的学生分别接受双方学校优秀教师的教育智力资源服务，是真正的互利双赢教育智力资源共享。

在此情境下的教育智力资源共享中,政府的首要工作是与双方所在地教育行政管理部门签订教育智力资源共享合同,确定共享主体的义务、责任及教育智力资源共享的经费筹措,另外还要负责监督管理双方的教育智力资源共享过程。本地和远端共享学校是教育智力资源共享的主要管理者,双方学校还要确定保证教育智力资源有效运行的资金投入,负责对本校从事直播教学的老师管理、评价和激励,另外还需要组织本校学生参与直播教学,信息技术公司主要负责为双方学校提供技术保障,确保平台运行的稳定性。双方共享主体在共享之前和过程中要不断地交互和协同开展智力资源共享。

从整体上来看,政府引导、学校主导、优秀教师供给、学生免费使用的跨区域教育智力资源共享机制是未来专递课堂、双师课堂的升级版,但是由于共享双方学校的情况差别较大、需求差异较大,如何签订适合双方利益诉求的合作共享协议是这种教育智力资源共享能否可持续的关键。

五、GS-IO-SS-SF 共享机制

政府监管(government supervise)、中介组织(intermediary organization)、供给主体供给(supply subject supply)、学习者免费(student free)的教育智力资源共享机制(简称 GS-IO-SS-SF 共享机制),这种教育智力资源共享机制代表着未来,"互联网+"发展到5G、大数据、云计算、物联网、人工智能等技术交叉融合的阶段,智慧教育生态基本形成,人们在虚实融合的空间中开展教与学活动,突破教育体制障碍,跨越区域,实现无障碍的教育智力资源共享将成常态。根据这一共享机制四类利益相关者之间的关系,构建出如图5-8所示的 GS-IO-SS-SF 共享机制示意图。

从图5-8可以看出,政府、供给主体、中介方和需求主体四个利益相关者的具体职责如下:

政府的职责是制定政策,对全国教育智力生态进行顶层规划,教育部负责组织推动国家教育智力资源共享平台及全国教育智力资源共享平台体系建设,建设教育智力资源共享平台接口标准,将体制内外教育智力资源共享的平台接入到国家数字教育资源服务体系,构建全国教育智力资源共享平台体系,促进全国教育智力资源共享的互融互通。各地区教育行政管理部门要明确教育智力资源共享主

管部门，并负责本级教育智力资源服务平台的建设，制定符合本地区实情的教育智力资源共享主体激励政策与评价规范。市（县）级以下的教育行政管理部门负责宣传省级以上教育智力资源共享平台，并做好本地区教育智力资源共享活动的组织、管理与协调。

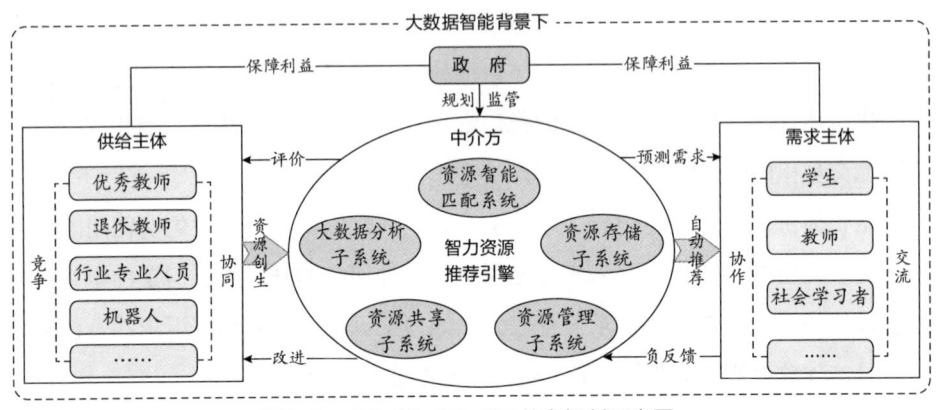

图5-8　GS-IO-SS-SF 共享机制示意图

共享中介：政府可以委托各地区教育信息化管理部门作为本地区教育智力资源共享的中介，教育信息化管理部门在原有网络学习空间"人人通"平台的基础上增添教育智力资源共享的管理与服务功能，为本地区教育智力资源共享主体提供智力资源服务。另外，共享中介要负责对教育智力资源共享主体资质的审核，共享服务工作量的核定，代替政府监管教育智力资源共享过程。共享平台具有教育智力资源共享主体的自动推荐功能，共享平台依据需求主体在网络学习空间中的学习行为数据构建需求者个人特征模型，依据此模型预测需求者的教育智力资源需求，并且从教育智力资源共享主体库里面自动推荐共享智力资源。

共享主体：各地区中小学优秀教师、科研院所专家、行业优秀人士、手工艺工作者等都可以作为智力资源共享主体，面向全国的需求者提供免费的智力资源服务。共享主体如果是体制内的教师或者事业单位的工作人员，可以在业余时间不影响正常工作的前提下开展智力资源服务。另外，智能教育机器人可以作为教育智力资源共享主体，专职智慧型教师、社会智慧型人才与人工智能教师[①]都作为共享主体为需求主体提供个性化的教育智力服务。

---

① 郭绍青.教育信息化缔造教育新生态[N].学习时报，2019-12-13（02）.

GS-IO-SS-SF 共享机制的前提是智慧教育生态的构建，智慧教育生态是借助人工智能技术驱动的交叉融合背景下对现有教育流程再造、对现有体制机制创新的结果。在此教育生态中，教育体制的限制被打破、现有教育机制障碍被排除。社会各行业的高智力人才都能够通过智慧学习支持服务系统以真实或虚拟的形象为学习者提供个性化的服务，教育智力资源服务系统聚合专职智慧型教师、社会智慧型人才与人工智能教师共同承担创新型人才培养的智力教育资源服务生态是智慧社会教育发展的需要[①]。在此背景下，教育智力资源共享的技术、体制、机制障碍基本被排除，但是教育智力资源的版权保护，共享主体、需求主体的隐私保护将成为新的问题，因此，在教育智力资源常态化共享的过程中必须制定隐私保护、版权保护的相关政策，以确保各主体的版权或隐私受到保护。

第四节 微观层面的教育智力资源共享机制

一、微观共享机制的初步提出

从第四章探索性案例的定性分析可知，每个案例中已经采用和需要新建的教育智力资源共享机制分别如表5-1所示。

表5-1 案例分析对共享机制的启示

维度	需要构建的共享机制
共享主体	准入机制、激励机制、沟通机制、竞争机制
共享情景	信任机制、交互机制、保障机制、管理机制、监督机制、评测机制、合作机制
共享中介	协同机制、智能推荐机制、安全防范机制、反馈调节机制

从表5-1所示，案例分析部分中建议需要新建或完善的共享机制共有15种。其中，沟通机制、交互机制、反馈调节机制都属于教育智力资源共享主体之间，这三种机制属于同一种机制，将两者合并为沟通机制。保障机制包括技术保障、资金保障和制度保障三部分，安全防范机制属于技术保障的范畴，所以将安全防范机制归入到技术保障机制里面。

所以，本研究将教育智力资源共享的机制初步确定为沟通机制、评测机制、信任机制、协同机制、管理机制、保障机制、激励机制、准入机制、竞争机制、

---

① 郭绍青. 教育信息化缔造教育新生态 [N]. 学习时报，2019-12-13（02）.

交互机制、监督机制和智能推荐机制共12种机制。

二、微观共享机制的专家咨询

为了解决上述问题，保证构建的教育智力资源共享机制具备一定的系统性、合理性和实用性，项目组采用德尔菲法，从国内选取了30~40名专家，进行两轮的咨询，最终确定微观层面的教育智力资源共享机制体系。

（一）德尔菲分析方案的确定

德尔菲法是通过多轮问卷调查或访谈等方式，征询专家对某一研究领域的问题意见，常用于对某一系统指标结构的构建、指标权重的确定，以及对未知领域问题的研究和解决等，其具有预测的性质，已经在自然学科和社会科学研究中得到广泛应用。本研究对微观层面教育智力资源共享机制体系的构建研究特别适合采用德尔菲方法进行研究，依据研究的需要，本研究采用两轮专家咨询，专家咨询过程如图5-9所示。

首先，建立专家咨询组，根据教育智力资源共享活动及其管理的参与者、教育机制研究的需要，分别从专业背景、共享经验和样本的代表性等方面来选定专家组共42人，专家组分别来自高等教育、基础教育、教育管理部门和互联网企业等，专家分布在北京、江苏、广东、湖南、河南、甘肃、河北等地区。其中涉及教育原理研究专家3名，学科教学专家4名，教育技术学专家6名，教育经济学专家2名，中小学校长9名，教育行政管理人员10名，参与教育智力资源共享活动的主讲教师5名，教育智力资源共享管理者3名。

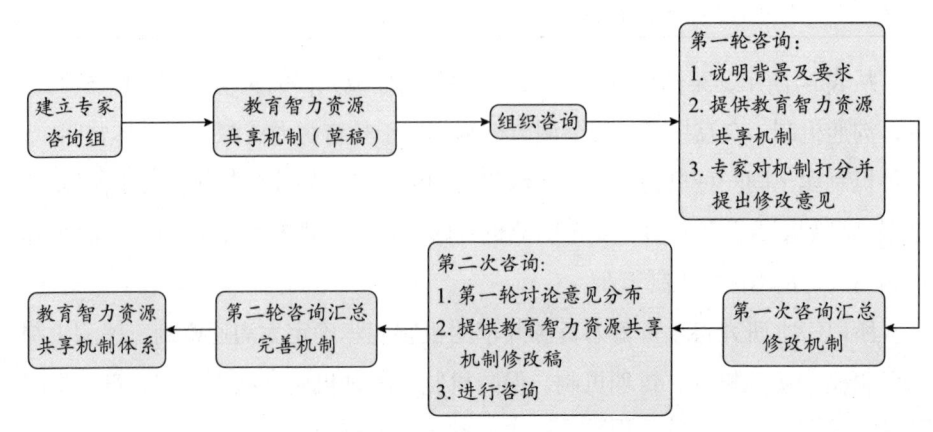

图5-9 教育智力资源共享机制专家咨询流程

第五章 "互联网+"背景下教育智力资源共享机制构建

根据第四章教育智力资源共享案例中对共享机制的启示，初步构建微观层面的教育智力资源共享机制体系，其中包括机制的维度划分、机制名称和机制简介。

制作教育智力资源共享机制的第一轮咨询问卷，并通过网络问卷的方式开展咨询，对第一轮咨询意见进行汇总，调整教育智力资源共享机制体系，制定第二轮咨询问卷。

开展第二轮咨询，并根据咨询的结果确定微观层面的教育智力资源共享机制体系。

（二）第一轮咨询结果分析

本研究第一轮专家咨询问卷主要通过问卷网平台，以微信发送的方式将问卷逐一发给专家，发放问卷人数42份，回收问卷40份，回收率为95.23%。利用SPSS21.0对回收数据进行分析，分析结果如表5-2所示。

表5-2 第一轮专家咨询问卷数据统计结果

共享机制	个案数 有效	平均值	中位数	标准差	最小值	最大值	百分位数 25	50	75
准入机制	40	4.55	5.00	0.677	2	5	4.00	5.00	5.00
激励机制	40	4.60	5.00	0.496	4	5	4.00	5.00	5.00
竞争机制	40	2.70	2.50	1.244	1	5	2.00	2.50	4.00
信任机制	40	4.30	4.50	0.911	1	5	4.00	4.50	5.00
协同机制	40	4.40	4.00	0.591	3	5	4.00	4.00	5.00
沟通机制	40	4.48	5.00	0.599	3	5	4.00	5.00	5.00
交互机制	40	1.88	2.00	0.757	1	3	1.00	2.00	2.00
监督机制	40	4.23	4.00	0.733	2	5	4.00	4.00	5.00
评测机制	40	4.53	5.00	0.554	3	5	4.00	5.00	5.00
管理机制	40	4.45	4.00	0.504	4	5	4.00	4.00	5.00
质量监控机制	40	2.43	2.00	0.958	1	5	2.00	2.00	3.00
技术保障机制	40	4.70	5.00	0.464	4	5	4.00	5.00	5.00
资金保障机制	40	4.50	5.00	0.599	3	5	4.00	5.00	5.00
制度保障机制	40	4.53	5.00	0.506	4	5	4.00	5.00	5.00
智能推荐机制	40	4.50	4.50	0.506	4	5	4.00	4.50	5.00

在德尔菲分析方法中，中位数和均值是检验专家意见的重要衡量系数。从表5-2可以看出，竞争机制的均值为2.70，中位数为2.50；交互机制的均值为1.88，中位数为2.00；质量监督机制的均值为2.43，中位数为2.00。这三个机制的均值得分均小于3.00，中位数均小于或等于2.50，说明专家对竞争机制、交互机制和质量监督机制的打分不是很高，表明专家对这三种共享机制不太赞同或者认可度不高。其余的12种共享机制均值最小值为4.23，最大值为4.70，说明专家们对这12种共享机制比较认同。

对专家的修改建议部分的文本进一步分析，利用在线词云制作软件制作出如图5-10所示的建议文本词云图。从图5-10可知，绝大部分专家认为机制设计比较好、非常好或设计比较全面。关于问卷设计问题，2位专家分别提出了机制的定义不是很清楚，问卷应然性问题太多，可以考虑采用实然性问题。关于共享机制的归属关系问题，有2位专家认为共享主体的知识产权保护非常重要，有1位专家建议加入资源安全机制，有1位专家建议加入退出机制和预警机制，有2位专家认为交互机制和沟通机制内含有交叉，有2位专家认为沟通机制包括交互机制，有1位专家建议建立长效的经费保障机制。

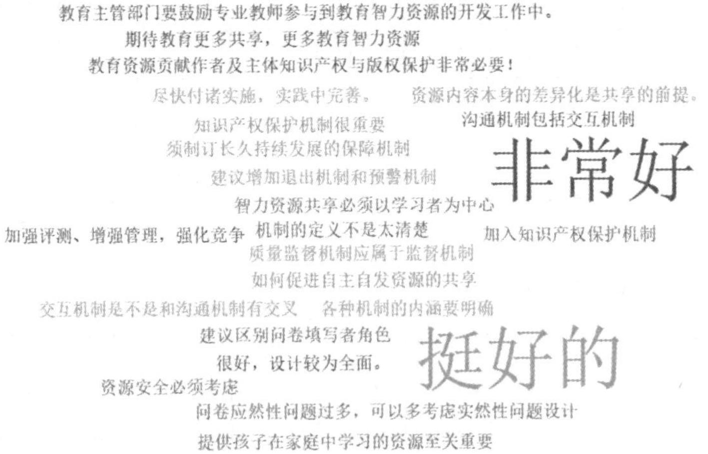

图5-10 教育智力资源共享机制专家建议文本词云图

综合以上数据分析和文本建议，对微观层面的共享机制体系做如下调整，将交互机制与沟通机制合并，取名为沟通机制。将竞争机制删除，将质量保障机制和监督机制合并，因为监督机制包括质量监督和共享过程监督。关于专家提出的资源安全机制，本质上属于技术保障机制。根据第一轮分析的结果，对共享机制体系做适当地调整，并对机制的说明文字做适当修改，减少应然性描述等导向性描述，设计第二轮专家咨询问卷（见附件5），实施第二轮专家咨询。

（三）第二轮咨询结果分析

本研究第一轮专家咨询问卷主要通过问卷网平台，以微信发送的方式将问卷逐一发给专家（见附件4），发放问卷25份，回收问卷24份，回收率为96.00%。利用SPSS21.0对回收数据进行分析，分析结果如表5-3所示。

表5-3 第二轮专家咨询问卷数据统计结果

机制名称	个案数		平均值	中位数	标准差	最小值	最大值	百分位数		
	有效	缺失						25	50	75
准入机制	24	0	4.50	5.00	0.659	3	5	4.00	5.00	5.00
激励机制	24	0	4.75	5.00	0.442	4	5	4.25	5.00	5.00
信任机制	24	0	4.42	4.00	0.584	3	5	4.00	4.00	5.00
协同机制	24	0	4.46	4.00	0.509	4	5	4.00	4.00	5.00
沟通机制	24	0	4.58	5.00	0.504	4	5	4.00	5.00	5.00
监督机制	24	0	4.33	4.00	0.565	3	5	4.00	4.00	5.00
评测机制	24	0	4.58	5.00	0.504	4	5	4.00	5.00	5.00
管理机制	24	0	4.46	4.00	0.509	4	5	4.00	4.00	5.00
保障机制	24	0	4.63	5.00	0.495	4	5	4.00	5.00	5.00
推荐机制	24	0	4.46	4.00	0.509	4	5	4.00	4.00	5.00

从表5-3所示可以看出，24位专家对12种共享机制的认同度都比较高，监督机制的均值最小为4.33，中位数为4.00；激励机制的均值最大为4.75，其中位数为5.00，说明专家们对教育智力资源共享机制体系较为认可。

为了减少机制的数量，使机制的名称更加规范，将技术保障、资金保障和制度保障合并为保障机制，因此，综合考量教育智力资源共享案例、教育智力资源共享的影响因素和专家咨询三个方面的结果，最终确定教育智力资源共享机制体系为：主体维度：激励机制、准入机制、沟通机制；情境（组织环境）维度：信任机制、协同机制、沟通机制；中介维度：监督机制、评测机制、管理机制、保障机制和推荐机制等10大教育智力资源共享机制。

三、微观共享机制体系构建

依据第四章教育智力资源共享案例分析结果对机制构建的建议,以及本章上一部分初步构建的共享机制体系,分别从供给方(主体)利益、中介方和组织环境三个维度对共享机制进行归并,得出如图5-11所示的教育智力资源共享的微观机制体系框架图。

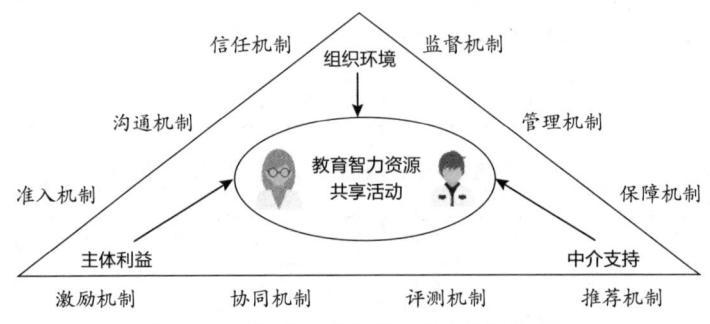

图5-11 教育智力资源微观共享机制关系图

从利益协调层面来看,其目的在于协调各利益相关者之间的互动关系,营造有利于智力资源共享的制度环境,进而强化教育智力资源共享的动机。从共享主体利益协调维度来看,虽然存在公益性智力资源共享的案例,但是由于教育智力资源的形成需要花费主体一定的时间和精力,因此,常规性的教育智力资源共享至少要保护共享主体的利益。换言之,共享主体利益最大化是教育智力资源共享行为产生的最大动因,在教育智力资源共享过程中,存在政府、企业、教师、家长、学生等之间的利益协调,这些主体通过联合博弈,实现整体利益最大化。在诸多主体中,智力资源共享主体是比较关键的主体,虽然从中观层面的教育系统来讲,智力资源共享可以节约成本,提高智力资源的利用效率,但是,资源优势是共享主体在业内保持竞争力的重要筹码,伴随着资源的共享,共享主体的优势必然会受到影响。因此,智力资源共享要以获得一定的收益性为基础,收益性是影响共享的主要意愿和条件[①]。一方面,共享主体之间通过沟通机制相互学习、共同提升自身的专业技能和信息素养,另一方面,共享主体所在的单位或组织采取必要的激励措施,激励共享

---

① 张旭梅,陈伟,张映秀.供应链企业间知识共享影响因素的实证研究[J].管理学报,2009,6(10):1296-1301.

主体共享智力资源的积极性，第三，建立智力资源共享主体准入机制，要进入教育智力资源共享体系的主体，必须经过一定的审核方可进行共享。

虽然通过利益分配、激励等可以改进教育智力资源共享的效果，但是利益因素只能达到对共享动机的强化目的，并不是产生教育智力资源共享行为的充分条件。组织内的文化氛围、上下级关系等、价值观、信任等在内的文化必须受到相应的重视，组织环境是另一个考察教育智力资源共享的维度，从组织环境的角度来看，教育智力资源共享活动是在一定的组织环境中进行的，组织的文化氛围、组织机构、相关制度都会对教育智力共享主体的共享行为产生一定影响。资源共享各方的熟悉程度、信任关系也会影响共享教育智力资源共享的行为发生。对教育智力资源共享活动的监督管理也是实现智力资源共享常态化运行的重要因素。因此，需要构建必要的信任机制、管理机制、监督机制，促进组织环境对教育智力资源共享的支持。

"互联网+"是本研究的大前提，从技术支持的维度来看，目前的教育智力资源共享必须借助一定的技术手段，移动互联网技术、大数据技术、人工智能技术、流媒体技术等为教育智力资源共享活动的顺利进行提供了技术保障，直播平台、协同工作工具为共享主体开展智力资源协同共享提供了工具支持。教育行政管理部门借助基于技术的评测机制，将共享主体在共享智力资源的贡献与考评、职称晋升等挂钩，提升共享主体参与共享智力资源的积极性。因此，需要建立协同机制、评测机构、保障机制和推荐机制。

这些机制是一个既相互独立又相互联系的有机系统，各机制在具体运行过程中可以协同工作、共同发力，发挥共享机制的系统性、整体性、协同性的作用，为教育智力资源共享保驾护航。

四、激励机制

（一）机制简介

心理学视野中，激励是指激发人的行为动机的心理过程，是朝着既定目标不断循环前进的动态过程，动机是产生和维持满足需求和实现目标的行为动力。从行为科学的视角来看，需要激发动机，动机引发行为。动机会激发人们制定满足需要的目标，为了完成目标，人们就会创造满足需要的活动。管理部门要通过不断地激励，促使员工不断地产生新的需要，从而产生组织希望实现的目标行为。激励理论有内容激励理论和过程激励理论两个方面。

弗雷德里克·郝茨伯格的双因素理论认为保健因素和激励因素是影响人们行为的主要因素（图5-12），保健因素包括工作环境、工资薪水、人际关系等与工作环境有关的因素，能起到保持人的积极性、维持工作现状的作用。第二类就是激励因素，就是与员工工作本身有关的、能促使人们产生工作感的一类因素，是高层次的需要，如成就、责任、发展机会等，这类因素缺乏时，人们就缺乏进取心，但是一旦具备了激励因素，就会对人们产生极大激励力量[①]。

| 激励因素 | 成就 承认 工作本身 | 责任 晋升 成长 | 保健因素 | 监督 公司政策 与监督者的关系 工作条件 工资 | 同事关系 个人生活 地位 保障 与下属的关系 |

图5-12 郝茨伯格双因素激励理论

期望理论认为只有人们预料到某一行为能给自己带来诱人的结果时，才会采取特定的行动。期望理论的核心观点可用公式 $M=V*E$ 来表示，M 表示激励力，V 表示效价，E 表示期望值。效价就是个体对某一行为能给自己带来满意程度的评价，激励力就是对个人进行某一项活动的激励强度，即只有当外界对某一行为的激励力和个体对某一行为的期望值都比较高的情况下才能对个体产生比较大的激励。早期综合激励理论认为个人的行为（B）取决于个体的内部动力（P）和环境的刺激（E），可用公式 $B=f(P*E)$ 来表示三者之间的关系。只有外部环境的激励措施和个体内部动力同时发力，才能产生某种预期的行为。

激励手段：从以上激励理论可以看出，激励手段主要有正激励和负激励。正激励即正向强化，而负激励则指对某种行为的约束。正激励具有推动个体朝着组织期望的目标去努力，也是常用的激励方式。从激励手段的内容来看，主要有物质激励、精神激励和感情激励[②]。

---

① 王蓉，王平，李锐.论双因素理论在高校科研团队管理中的应用[J].科技管理研究，2010，30（3）：202-203.

② 何春明，徐斌华，刘辉.供应链管理实务[M].西安：西安交通大学出版社，2014.

（二）机制实现

对激励机制的内涵，学界没有统一的定义，刘延平认为：激励机制就是为了满足被激励对象的某些需要，激励主体综合采用各种激励手段，使激励对象朝着主客体期望的方向努力，在整个过程中激励主体和激励客体相互联系、相互制约，以实现各方的效应或成果最大化的一种契约[①]。

本研究在借鉴前人对共享机制界定的基础上，将教育智力资源共享激励机制界定为：是教育智力资源共享主体所在的单位或者上级主管部门、中介方等采取的多种激励手段，激发共享主体的共享动机，激励共享行为，促进区域内优质智力资源的有效流动，满足学生的个性化发展或者促进区域教育优质均衡发展，这些激励手段相互作用、相互补充，共同促进教育智力资源共享行为的有序发生。

通过本研究前序部分对智力资源共享行为的理论及实证分析，可以得知影响智力资源共享行为的因素是一个多重复杂系统。教育智力资源共享中对共享主体最核心的激励要素是利益分配，同时组织的共享文化、组织内成员的相互信任关系等非经济因素也具有诱导因素。因此，教育智力资源共享的激励机制设计不仅要关注经济利益因素，也要关注组织的文化等共享情景因素。这就决定了对智力资源共享行为的激励不能仅以某一个理论作为主要依据，而是要结合共享主体的特点，从解决多重障碍因素的角度建立一个综合立体的激励模型。从定量研究部分得知，激励因素对共享主体的几个维度都产生正向调节作用，在案例分析部分，诸多案例都采用了不同的激励措施。因此，由不同主体，从不同维度对共享主体实施激励措施，是共享主体产生积极共享行为的必要前提。

如图5-13所示，教育智力资源共享的激励机制从内容上来讲，有物质激励和非物质激励；从作用上来讲，有正激励和负激励。受激励的对象主要为智力资源共享供给者和需求者，通过激励机制的作用，使供给者通过共享而达到满足兴趣、提高知名度、帮助他人、互惠互利、实现自身价值等方面的作用。使智力资源服务需求者达到满足学习需要、自主学习、协同发展和个性化发展等目标。

[①] 刘延平，黄金芳，郭纹廷，等.现代企业组织理论与实践[M].北京：北京交通大学出版社，2012.

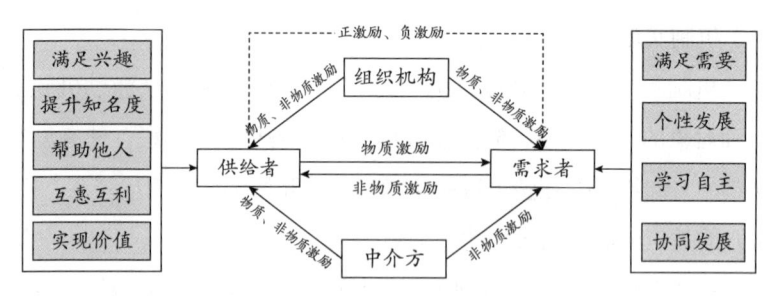

图5-13 教育智力资源共享机制框架图

从利益协调的层面来看，教育智力资源共享行为的发生必须依赖一定的激励措施。而有效的激励机制都必须建立在一定的激励理论基础上，为共享主体提供过程性激励或结果性激励，如提供教育智力资源的共享酬劳、共享荣誉、职位提升等。

在教育智力资源共享的实践中，可以通过以下方式实现激励机制。

1. 物质激励跟精神激励相结合

这种方式是结构化激励手段最基本的一种方式。在教育智力资源共享的实践中，物质激励是通过物质刺激的手段，满足教师等教育智力资源主体物质方面的需求，激励他们更好地共享自身智力资源。一般主要包括对从事教育智力资源共享的主体给予工资、奖金或者专项报酬等福利待遇。根据案例分析可知，骨干教师等从事教育智力资源共享的主体都是在自己本职工作基础上增加了网络教学直播或在线辅导等活动，教师等共享主体需要额外花时间对学生或同行开展智力服务，所以在教育智力资源共享项目设计的时候就应该从机制设计方面增加对教师等共享主体物质激励措施，如根据共享老师的共享工作量给予一定的课酬补助，这种激励措施会大大激发共享主体的共享积极性。

共享主体不仅是经济人，也是社会人，他们不仅有物质上的需求，也有精神上的需求。精神激励就是区域教育管理部门（如教育局等）通过评奖等方式满足共享主体的心理需要。荣誉激励就是各级教育行政管理部门及学校（包括公办和民办）给予从事教育智力资源共享的优秀教师授予"共享模范""智力共享先进工作者"等荣誉称号，并在一定的范围内传播，扩大影响，吸引更多的优秀教师加入智力资源共享的队伍中来。职称晋升对教师有着较大的激励作用。在教育智力资源共享的活动中，骨干教师、名师等同样有晋升职称的需要，教育管理部门要制定激励制度，将在智力资源共享方面的贡献作为共享主体在一定组织内部职称、职位晋升的主要依据之一，对在智力资源共享方面贡献比较大的主体，在职称、职位晋升方面给予重点倾斜，这种激励制度既能极大激励共享主体的共享行为，又能激励其他教师参与到教育智力资源共享队伍中来。另外，建立教育系统之外的其他行业专业人员共享智力资源的激励制度，引导社会智力资源进驻教育体系之中，发挥他们的专业优势，对学生等智力资源需求者提供智力资源服务。最后，由于教育智力资源的主体依附性，要依据共享平台中的共享行为数据，对共享主体进行有针对性的激励，充分发挥共享平台的数据分析和动态传播的共享，在共享平台上根据用户好评的数据对共享主体实时排行，将享有一定荣誉的共享主体在不同层次的平台上定期宣传。

2. 正激励和负激励相结合

所谓正激励，就是行为主体的智力服务行为符合学校、区域的教育发展需要，并且对服务对象产生了一定的帮助，学校或者政府部门以奖赏的方式来激励这种行为，上述的物质性激励都属于正激励。负激励就是对共享主体在共享过程中出现的如不积极回应、敷衍了事等消极行为采取劝诫或惩罚措施等手段，但是目前的实践中主要是以正激励为主。

3. 从心理契约角度建构教育智力资源共享激励机制

心理契约表现为在员工与组织之间在某种行为上的信任与忠诚关系，这种关系体现自愿与互惠的特点，组织与员工在互动情景中明确双方的责任与义务，强调员工行为的自觉性。因此，在教育智力资源共享的实际情境中，教育局、学校等组织应发挥心理契约的功能，建立科学的激励机制，激发优秀教师共享智力资源的意愿。在构建教育智力资源共享的激励机制时，应充分考虑共享主体的心理需求，因为骨干教师、教学名师等创新型员工基于精神成就等方面的心理需求大于外在物质报酬条件的刺激。因此，激励机制的建立应更多地从教育智力资源共享追求的精神和情感的心理状态入手，更多地把骨干教师等对个体发展环境和条件的需要、成就感和晋升方面的需求考虑在内，建立综合型激励机制[①]。

---

① 陈齐苗.心理契约视角下知识型员工创新激励机制问题研究[J].中国领导科学，2017（5）：18-22.

五、沟通机制

（一）机制简介

沟通是人们为了统一思想、保持感情通畅，个体与个体之间、个体与群体之间的思想或感情的交流过程①。沟通是解决问题有效途径，在教育智力资源共享的行政管理方、服务供给方、共享中介和需求主体方之间建立沟通机制，可以促进互相了解对方需求，统一认识，高效解决问题。

团体绩效理论（group performance theory）认为，团队的任务越复杂，越需要团队成员之间具有较强的依存关系，充分沟通、协商、讨论显得尤为重要。教育智力资源共享活动涉及多个主体，不同的主体对智力资源共享活动的理解存在差别，每一次教育智力资源共享过程中需要共享主体等采取多形式、多途径的交流对话，才能消除共享主体之间的隔阂，消除智力资源共享的障碍。因此，无论是体制内的网络同步课堂、专递课堂还是体制外的一对一在线教育等具体的教育智力资源共享活动，均有必要建立有效的沟通机制。

教育智力资源共享沟通机制在一定的沟通氛围下，参与智力资源共享的各主体，根据智力资源共享的特点，通过一定的沟通渠道进行交互与对话，不断解决共享中存在的问题，达成智力资源共享的共识，促进各主体将自身的智力资源有效共享至需要的个体或组织。教育智力资源共享之沟通机制框架如图5-14所示，由教育智力资源共享主体、教育智力资源共享沟通介体、教育智力服务接受者、沟通渠道和沟通氛围组成。

沟通主体：就是向他人提供智力服务的个人或组织。在基于"互联网＋"共享文化背景下，参与共享的各方平等关系是基础条件。因此，应强调参与智力资源共享的各主体之间的平等性，每一个参与者都在整个共享过程中是智力资源共享者或接受者，都在影响着他人，并受到他人的影响。换言之，教育智力资源共享过程是多元主体共同参与的过程，而不是共享主体和需求主体之间的关系，教育智力资源共享遵循主体间性的哲学思想，即教育智力资源共享主体把对方视为主体而不是客体。从沟通主体的不同来看，沟通有组织间沟通、个体间沟通，其

---

① 桑德拉·黑贝尔斯，理查德·威沃尔二世.有效沟通（第七版）[M].李业昆，译.北京：华夏出版社，2005.

中共享主体个体之间的沟通是组织间沟通的基础，共享主体所在组织间的沟通对个体间智力资源共享具有促进作用。

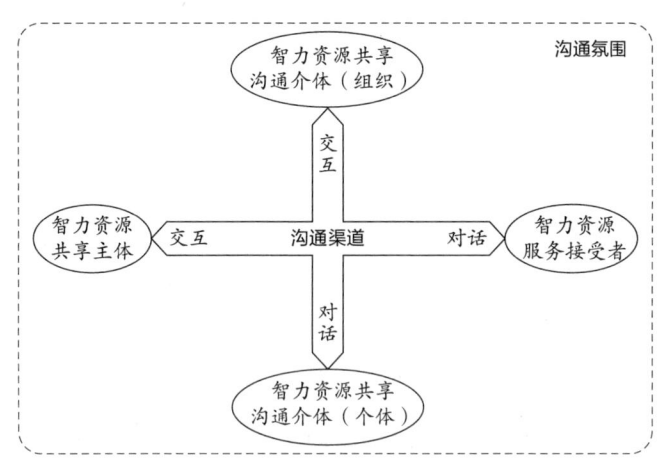

图5-14　教育智力资源共享—沟通机制框架

需求主体（服务对象）：就是接收来自共享主体的智力服务的个体或群体，在本研究中主要指接收智力服务的学生或老师等。虽然智力资源服务接受者是服务对象，但是也有对智力资源共享相关信息的知情权，有必要利用必要的沟通渠道与共享主体、共享组织者等进行沟通。智力资源服务接受者对共享之后的效果和满意度通过沟通渠道反馈给共享主体或者组织者，无论正反馈还是负反馈，都会对下一次教育智力资源共享提供重要的参考。

沟通介体：沟通介体在教育智力资源共享中虽然不直接参与教育智力资源共享活动，但是在教育智力资源共享沟通中担任中介角色，肩负着对从事智力资源共享各方的沟通与协调工作，对沟通渠道是否畅通、沟通信息能够及时传递等起着至关重要的作用。在本研究中，沟通介体主要是指教育局等教育行政管理部门、学校、互联网企业等组织机构，还包括培训机构、互联网教育企业。

沟通渠道：就是沟通主体之间进行信息交流或交互的途径。沟通渠道是保证沟通主体之间及时、准确交换意见、沟通信息，是智力资源共享绩效的重要环节。一般情况下，教育智力资源共享沟通渠道包括微信群、QQ群、电话、专题研修会议、走访调研等。在"互联网+"背景下，教育智力资源共享的渠道趋于立体网络化，特别是在教育智力资源共享平台中增设沟通模块，将常用的第三方社会性软件内嵌于智力资源共享平台中，为各共享主体沟通提供便利与支持，有效地提高智力资源共享的沟通效率。

构建信息分享渠道，在共享平台中醒目的位置将相关的智力资源共享信息定期分享，以便参与共享的各利益相关者及时了解信息。建立利益表达渠道，利益是教育智力资源共享各方实施共享行为的核心，维护自身合法权益，是教育智力资源共享各利益相关方和谐共存的基本前提，利益相关者通过利益表达渠道提出自身诉求，其他各方经过协商，最大限度地维护各利益诉求方的权益。建立信息反馈渠道，反馈是提高问题处理效率的重要环节，教育智力资源共享各方通过信息反馈渠道将在教育智力资源共享过程中遇到的政策、平台、管理等问题及时反馈，及时破解教育智力资源共享中存在的问题，提高教育智力资源共享的效率。

沟通的渠道主要有与共享工作直接的工作网络和人际关系网络，对于工作网络，共享主体组建协同工作组（如团队协同工作组），通过智力资源共享项目的实施与推动来完成工作任务信息的沟通，以增进共享主体之间的相互了解与合作。可以通过组建灵活多样的非正式组织（如 QQ 群、微信群等），以工作以外的非正式交流活动方式增加相互了解的机会。

沟通氛围：社会学家用沟通氛围这个词来描述一个组织内人际关系的质量，比如人们是否觉得受到尊重，是否互相信赖，是否认为自己受到他人的赏识。每个组织都有自己的大氛围，可能是积极的，也可能是压抑的[①]。沟通氛围非常关键，它在沟通内容与组织认同间起中介作用[②]。从社会学的角度来看，从事智力资源共享的利益主体组建成为一个虚拟组织，这一组织内的沟通氛围是智力共享中沟通机制的第一推动力。如果缺少沟通氛围或者沟通氛围不积极，各共享主体就会选择不共享、不表达，将自己的智力资源隐藏起来。

（二）机制实现

教育智力资源的共享与流动需要共享主体之间必要的沟通，从沟通内容上来

[①] ADLER R B，ELMHORST J M，施宗靖.商务传播：沟通的艺术：第八版[M].上海：复旦大学出版社，2006.

[②] 史江涛.沟通氛围与知识共享：一个实证研究[J].情报理论与实践，2011，34（11）：40-45.

讲，主体之间的沟通有任务性沟通和情感性沟通，情感性沟通主要是共享主体之间的日常沟通，如平时的微信聊天等，这种沟通有助于拉近共享主体之间的距离，建立他们之间良好的关系。任务性沟通主要是与共享任务密切相关的沟通，如双师课堂中主讲教师和远端学校教师之间的任务沟通等。从沟通方式上来讲，有直接沟通和间接沟通，直接沟通是共享主体之间面对面的沟通，这种沟通包含共享主体之间的眼神、表情等情感性沟通，但是这种要求共享主体必须在同一时空范围内。间接沟通就是共享主体之间借助社会性软件等技术共享进行沟通，这种沟通方式既便捷又准确。如在湖南省网络联校中主校老师到分校的分享活动，属于以情感性沟通为主的直接沟通。另外，共享主体所在组织内部的组织机构对沟通有一定的影响，扁平化灵活的组织机构可以简化共享主体沟通的中间环节，便于共享共同体内部成员之间的交流。

沟通机制对资源共享具有重要的推动作用，建立沟通机制可以促进共享成员之间的信任，信任反过来又会进一步促进资源共享。简单化、结构化、一致性和稳定性是有效沟通的四大标准。要有效实现沟通机制，有效发挥沟通机会在教育智力资源共享中的积极作用，需要从以下几个方面着手：

1. 树立平等沟通的意识

沟通和宣传、说教和反馈不同，是一种双向、平等沟通的过程。在教育智力资源共享过程中，要通过宣传等手段，强化教育智力资源共享参与各方的沟通意识，鼓励他们充分利用沟通渠道随时沟通，在沟通过程中学会倾听，保证共享主体能顺利开展教育智力资源共享活动。

2. 充分利用互联网手段

在"互联网+"教育智力资源共享过程中，信息被放置于一种开放、可分享、易获取的空间中，良好的交流和沟通不仅可以推动信息流动，而且也是智力资源共享高效、可持续运转的核心，互联网彻底改变了信息传播的方式与途径，使得沟通变得越来越扁平化，可以促进智力资源共享主体的沟通和分享。利用互联网思维转变沟通思维，充分利用互联网打造共享主体之间的沟通平台。充分利用智力资源共享平台内部的沟通平台，加强智力资源共享供给方、接收方等多方之间的充分沟通，提高工作效率，使得互联网时代的组织文化更具真实性。根据智力资源共享的任务，利用各种技术构建智力资源共享共同体，通过QQ群、微信群、协同工作圈、网络学习空间体系等形式开展交流与沟通，促进智力资源共享。

3. 注重双向沟通与有机沟通

采用自上而下沟通与自下而上相结合的沟通，一方面能够尽量消除共享各方之间的疑虑，能够从集体及个人的角度出发，寻求二者共同利益的一个平衡点，营造各方多赢的氛围（能够营造一种民主、平等、合作、进取的氛围）。另一方面，在智力资源共享过程中要保持信息沟通的持续性和及时性。

4. 构建多元的沟通方式

沟通的目的就是提升共享主体工作的积极性，沟通的作用就是在适当的时间，将适当的信息以适当的方式传递给相关人员。沟通方式按不同分类方法分为纵向沟通和横向沟通，双向沟通和单向沟通、语言沟通和非语言沟通等，具体形式表现如会议、培训、书面交流、报告等。共享主体、平台方、管理机构之间应建立一个全方位的沟通和多元沟通方式。共享主体、共享需求方的相关价值诉求是双向互动的，彼此之间的价值诉求又不相同。共享利益相关之间要建立信息交流机制，可以定期召开协调工作会议，也可以利用共享平台、社会性软件等灵活多样的手段，构建全面的沟通体系，扩展沟通渠道、保持共享活动相关方之间的有效沟通。

5. 构建制度化的沟通机制

没有规矩，不成方圆。在教育智力资源共享的项目启动初期，在项目内部构建一系列制度化的沟通机制，让智力资源共享的各方更加顺畅地进行信息交流。如在湖南省网络联校项目中，湘潭市风车坪学校作为网络联校主校，在项目启动之初就建立了主校和分校的沟通制度，规定每学期主校主讲教师至少要到分校沟通一次，每学期开学之际，主讲教师要到分校开展沟通交流，和分校的学科老师、学生取得联系，沟通共享课程的具体事宜。

六、信任机制

（一）机制简介

信任已经成为经济和社会运行与发展的基础。信任与知识共享、资源共享的关系，在国内外已有相关的理论和实证研究。《现代汉语词典》（第6版）：信任就是相信而敢于托付。信任一词在社会学、心理学、经济学和管理学等学科中都有独特的阐释,如信任是合作伙伴关系中的一方对他方的可靠性和诚实度有足够的信心。吉肯斯(Inge Geyskens)等认为:真正能够区分信任关系的是双方建立相互信任的关系,他们相信,一方关心另一方的利益,任何一方采取行动之前都会考虑自身的行动对另一方所产生的影响[①]。信任必须由施信者和受信者组成,二者缺一不可,相互扮演不同的角色。在经济学领域中,经营者认为信任是建立供给关系的关键,是各类团体、供应商与客户进入解决问题阶段的起点。

信任度也是市场经济条件下资源配置赖以运行的基础,信任水平是社会关系脉络中的一个基本因素;另外,信任是市场交易中普遍存在的一个因素,因此信任的意义即是组织的,也是社会的[②]。信任是虚拟企业等虚拟组织中重要的关系资本,其不仅可以提高虚拟组织的工作绩效,也可以有效促进各成员关系的发展。合作双方的相互需要是信任建立的基础,相关主体之间的信任程度与其间的亲密度密切相关,而且呈正相关关系。信任机制的实现就是通过主体之间的关系维系来实现,既可以利用人脉关系等工具性方法,还可以通过相互尊重等情感性色彩方法[③]。

在跨组织的价值创造过程中,建立良好的信任关系至关重要,其能够简化及节约创造成本[④]。同理,信任也是教育系统内外智力资源主体深度合作和开放共享的重要基础。较高信任度可以明显增加共享主体在智力资源共享过程中的沟通交流次数,使得共享主体能够提升自身的知识创新并将其共享出去。缺乏信任会导致隐藏知识或技巧,智力资源也无法实现共享。

共享经济是互联网时代出现的一种新型经济形态,一般由第三方创建的、以

---

① GEYSKENS I, STEENKAMP J B E M, KUMAR N. Generalizations about trust in marketing channel relationships using meta-analysis[J]. International journal of research in marketing, 1998, 15(3): 223-248.

② 汪荣有. 公共伦理学 [M]. 武汉:武汉大学出版社,2009.

③ 彭泗清. 关系与信任:中国人人际信任的一项本土研究 [C]// 陆学艺. 中国社会学年鉴 (1995—1998). 北京:社会科学文献出版社,2000: 290-297.

④ PENG M.Institutional transitions and strategic choices[J]. Academy of management review, 2003(28): 275-296.

信息技术为基础的市场平台，能整合线下的闲散物品或服务者，让他们以较低的价格提供产品或服务[①]。信任的建立是实现共享经济的基础，共享经济实现前提是需要完善相关体制机制和营造信任的环境。共享经济和共享教育有诸多相同之处，都是借助信息技术平台整合线下闲置的资源或者服务，为用户提供低价质优的服务。在教育智力资源共享中，信任关系的建立同样也是共享活动得以顺利进行的基础，共享主体越遵守规则，其在其他成员或用户中的信任度就会提升，别人就会越愿意接受他提供的智力服务。教育智力资源共享不是单独个体就可以完成的，必须是共享主体与需求主体建立起以信任为基础的合作才能实现，特别是在网络环境下，空间距离使得共享主体与共享服务接受者之间不能面对面地通过语言或肢体进行交流，这就突现了教育智力资源共享中信任问题的关键。信任是共享主体有效共享智力资源的纽带与保证，共享主体、需求主体双方信任的程度，是影响共享效果的重要因素。信任关系的建立与维持离不开共享双方在共享过程中的利益互动。

在互联网时代，买卖双方交易不需见面，传统的信任机制基本上失效。一种基于互联网的崭新互联网信任机制产生，用户评分、用户评价等能够帮助消费者识别对方的信誉，也正是这种信任机制的建立，使得不守信用的用户被过滤掉，互联网营销基本上保持一个比较诚信的交易环境。买卖双方不需要见面，即可在网络平台上完成交易。这样让闲置的资源得到有效利用，如 Airbnb 房屋短租、Lyft 拼车等平台都是基于互联网信任机制而完成交易。基于互联网的信任机制创新是闲置资源分享的关键，否则，闲置资源的交易双方就无法信任对方，分享经济就不可能开花结果。Aribnb 平台已经开始尝试将用户的 Facebook 好友数与平台上的用户评价系统数据相结合，为用户创造更复杂、更科学、更具参考价值的信用数据。未来基于互联网的信任机制应该是跨平台的、多平台数据整合的结果[②]。

教育智力资源共享主体间在相互平等的原则下，认为供需双方都值得信任，共享主体愿意将自身的经验或技巧共享给对方，或者为对方提供在线实时辅导等，以解决服务对象所遇到的问题。信任机制是指教育智力资源共享系统中构成、影

[①] 郑志来. 共享经济的成因、内涵与商业模式研究 [J]. 现代经济探讨，2016，411（3）：32-36.

[②] 邓亚鹏. 企业战略联盟稳定性研究 [D]. 北京：北京交通大学，2012.

·第五章 "互联网+"背景下教育智力资源共享机制构建·

响相互信任关系的各组成要素及其之间相互作用方式,以及为促进和维持信任关系所采用的手段或方法等。这些作用手段和方法实际上对参与智力资源共享的相关主体起到了正面的促进及反面的制约作用,因此信任关系是教育智力资源各协作方合作伙伴契约关系的一部分,属于非正式的契约范畴。

基于以上分析,可以构建囊括不同共享主体、智力资源服务接受者的能力与意愿,智力资源共享管理部门、智力资源共享平台等在内的信任机制框架图(图5-15)。

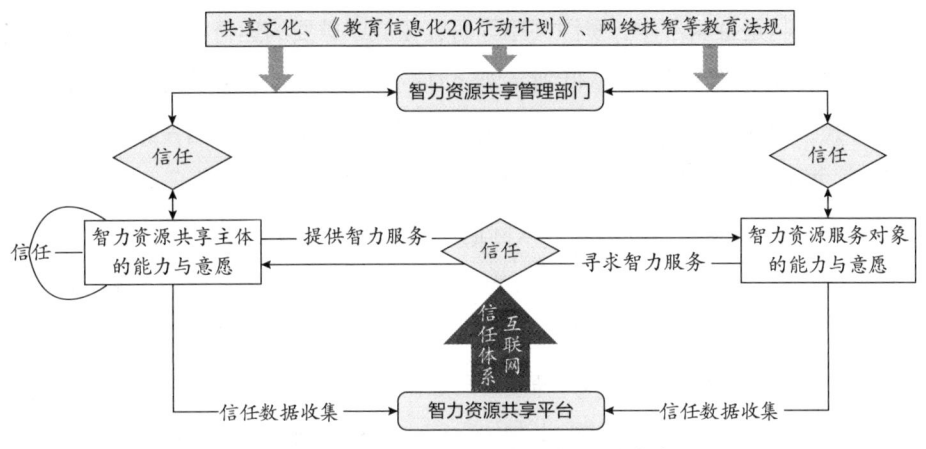

图5-15 教育智力资源共享的信任机制框架

本信任机制框架由"三主体+一平台"实体组成,其中有四种信任关系,教育智力资源共享主体与智力资源服务接受者之间的信任关系是本框架中最重要的关系,虽然共享主体和受益方之间不具备相似的特征,但是二者所在组织大多是学校等事业单位或学校基本具有相似的特征因素,共享主体的地位、声望等是智力资源共享服务接受者对其产生信任的前提。反之,如果共享主体和智力资源服务接受者不隶属于同一类组织或者单位,他们之间的信任关系还是从规范型信任开始。第二种信任关系即不同共享主体为了完成某一智力资源服务,需要相互协作,需要建立相互信任关系,促进相互了解与熟悉,才能实现有效共享。第三种信任关系即在教育智力资源共享活动中,承担共享活动管理、组织和协调工作的教育管理部门和智力资源共享主体、智力资源服务对象之间的信任关系,即管理部门基于对智力资源共享主体的声望、能力和信誉等的信任,教育智力资源服务接受者(学生、教师)等对教育行政管理部门的信任。第四种信任关系即教育智力资源共享主体、教育智力资源服务对象、教育行政管理部门对共享平台（中介方）的信任，信任的内容主要是出于对中介方的技术服务安全性等方面的信任，另一方面，共享平台利用大数据分析技术采集并分析智力资源共享主体、智力资源服务接受者之间的行为数据，构建不同主体的信任数据库，建立基于数据的信任体系，为其他信任关系提供数据支持或建议。

（二）机制实现

1. 信任机制发展的阶段

信任机制是企业合作、资源共享等研究领域中重要的运行机制之一，有研究者从不同的维度将信任机制从低到高划分为不同层次，Shapiro 将合作企业之间的信任形式分为基于威慑的信任、基于认知的信任、基于共识的信任和敏捷信任四种形式，并且伴随着企业合作进程出现一个不断上升的过程[①]。

R. J. Lewicki 等经过研究认为人际信任由低到高包括三种类型：谋算型信任、了解型信任和认同型信任，这三种信任关系是连续的、渐进累计的关系，每一层次的信任关系必须以前一层次信任关系的建立为基础，三个阶段中的任何信任关系必须要经历的全过程。Inkpen 等提出企业间信任有心理信任、社会信任和制度信任。教育智力资源共享的信任机制的实现必须经历循序渐进、螺旋式上升的阶段性过程，使共享主体之间、共性主体与共享收益方之间形成相应的信任关系。基于以上对信任划分，本研究借鉴 Inkpen 对信任阶段划分，将教育智力资源共享的信任关系划分如图5-16所示的三个阶段。

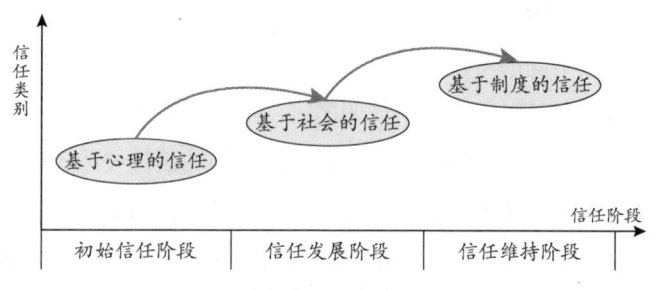

图5-16 教育智力资源共享信任阶段模型

初始信任阶段：教育智力资源共享主体在学习者智力资源服务需求的拉动下，

[①] 杨浩雄.城市环境中虚拟共同配送系统构建研究 [M]. 北京：中国财富出版社，2012.

产生智力资源共享意愿，智力资源服务主体和需求主体借助教育管理部门或互联网企业构建的第三方共享平台，建立初步的信任关系，双方的信任是基于心理的认识层面，此阶段的信任关系很弱，容易受到智力资源共享的一方失信行为而破裂，特别是接受智力服务的主体对智力服务主体的服务都属于尝试阶段，容易对智力共享主体产生失信行为，退出智力资源共享。在此阶段中，教育管理部门或者学校主管智力资源共享的人员应该强化对新共享用户的关注，及时发现并解决存在的问题，构建良好的共享氛围，为信任关系的进一步发展做准备。

信任发展阶段：参与教育智力资源共享的多个主体、智力服务接受者经过一段时间的共享实践之后，相互之间的熟悉程度增加，双方的信任关系进一步升级，包括学生等需求主体对教师等智力资源服务主体的服务态度、服务与共享能力等更进一步认识，智力资源共享主体对需求主体的服务需求、知识基础和学习风格了解进一步加深，共享主体和需求主体之间的共享关系基本确定，一定范围内的智力资源共享网络体系初步构建，此阶段的信任属于社会性信任，双方在智力资源共享过程中均有收益，信任关系具有可持续性，并成为确保教育智力资源共享绩效的关键因素。

信任维护阶段：是在信任发展阶段的基础上共享主体各方的信任关系进一步加强，并且能够持续发展，是信任关系达到高级阶段。信任已经成为每一个教育智力资源共享虚拟组织中共享文化的主流内容，并已形成此组织进一步运行发展的无形资产——制度，此阶段的信任是基于制度的信任。教育智力资源共享的各方彼此都非常熟悉，服务接受者对智力资源共享主体非常崇拜，共享主体能够为学习者提供量身定做的智力资源或服务，智力资源共享活动非常频繁、共享氛围浓厚、轻松愉快，智力资源主体与需求者之间形成固定的帮扶模式，智力资源服务主体为需求提供经验、诀窍共享或提供在线辅导答疑已非常自然，智力资源共享已达成共识。

综上，本研究中案例研究部分主要分析了双师课堂、专递课堂和在线辅导等教育智力资源共享，三种智力资源共享在项目启动之初，都是在一定的组织发动下，通过培训、宣传、交流等形式增加共享主体各方的心理信任，项目启动之后，教育行政管理部门要责成专人通过平台对参与共享的各方进行协调或帮助，以增进共享主体各方之间的信任关系，当教育智力资源共享各方达成共识之后，智力资源共享已经形成大家公认的制度文化，激励共享主体主动共享。

2. 信任机制实现的措施

信任机制是教育智力资源有效共享的重要保障，但是在智力资源共享项目启动之初，在主讲教师、课外辅导教师之间建立与发展信任关系，存在着诸多困难，原因是来自不同地区、不同行业的共享主体所在组织的文化、管理模式、技术背景等均存在较大的差异，建立信任关系需要采取一定的措施。

Zucker的信任产生机制理论认为信任的建立需要一个过程，常见的信任产生机制有三种：特征型信任、规范型信任、过程型信任。借鉴Zucker对信任机制的观点，特征性因素、规范性因素和过程性因素同样也是影响教育智力资源共享的三种因素。特征性因素：参与智力资源共享的主体、智力资源服务接受者、学生等所在的学校、培训机构等组织的文化、业务内容、办学宗旨等特征，参与智力资源共享的各方在这些特征方面的相容性。规范性因素：包括宏观和微观两个层面：宏观规范如国家层面的资源共享、教师支教、网络扶智、教师法等法规的健全性，以及基于互联网诚信体系的完备性等。微观规范即参与智力资源共享的各方通过区域教育行政管理部门等确定的教育智力资源共享规范或相关制度，主要是明确共享主体、共享中介方和共享服务对象等各方的权利和义务。过程型因素：即参与智力资源共享的主讲教师、辅导教师、学生、家长和管理服务者等在合作过程中的合作机制，如信息交流等。因此，教育智力资源共享的信任机制实现最好围绕着这三个方面实现。

教育智力资源共享关系管理的一般过程分为共享主体与服务对象的选择、共享关系的建立和共享关系的维持三个阶段，结合信任的三个关键影响因素，可以有效地设计教育智力资源共享的信任机制，如图5-17所示。

图5-17 教育智力资源共享的信任机制设计

根据图5-17中的内容，为了提升教育智力资源共享主体之间的信任水平，必须从以下几个方面着手：

（1）从信任产生的特征性因素维度构建。从信任产生的特征性因素出发，需要选择好合适的智力资源共享主体和服务对象。在共享关系还没有建立起来之前，需要共享主体所在的教育管理部门或者教育培训机构招募有一定资质、经验丰富、在业界有一定声望的骨干教师、教学名师、社会专业人士作为智力资源共享主体，智力资源共享组织者可以依据智力服务需求来制定一定的招募标准，如不仅要具备一定的资质，而且还有比较强烈的共享意愿。针对学习者智力服务的差异性需求，可以在一定区域内、教育系统内招募学科骨干教师、名师、教研员等作为智力资源共享或服务主体，针对学生创新能力训练、综合实践等需求，可以在区域内招募各行业内的专业人士。招募的智力资源共享主体较高的声望可以增加学习者等智力服务对象对其的信任。另外，从共享系统的维度，汇集具有不同特征因素的教育智力资源主体，增强智力资源共享主体特征的互补性，如在募集体制内优质师资智力资源的基础上，力争将气象、航天、地震、交通、医疗等针对不同行业的社会智力资源纳入智力资源服务主体。可以通过人工或技术手段自动匹配合适的智力资源给需求者，让信息技术在信任关系提升方面发挥作用，共享主体可以从特征性因素的维度，借助共享平台选择符合自己辅导的学习者，与其建立信任关系。

（2）从规范型因素维度构建。从信任产生的规范型因素维度出发，信任按照建立的基础可分为基于制度的信任和基于认知的信任。基于制度的信任是合作双方或多方为了维持合作关系而建立的较为完善的制度，这种制度制定了合理的激励措施，也制定了防范和监督机会主义等行为。社会中最根本的信任关系，不管是技术信任、组织信任，还是人际交往信任，都需要依赖制度来维持信任关系圈。这种背景下，合作各方选择相信其他各方的行为不会违背之前达成的协议或制度，这种信任也可以称之为基于制度的信任。另一种，基于认知的信任，是建立在对合作伙伴相互了解的基础上。在教育智力资源项目启动之后，根据项目开展的需要，制定完善的智力资源共享规范，强化规范性因素对共享主体之间信任的促进作用，致力于建立制度化的信任。通过制定制度或规范来对在共享过程中表现较积极的共享主体给予一定的奖励，对抱有机会主义的共享主体有一定的惩罚措施，这是一种威慑性信任。从在案例调查的过程来看，大部分教育智力资源共享组织者在共享主体加盟之前，必须签订共享的协议，协议内容主要是对参与智力资源共享、提供在线辅导的教师等共享主体的行为进行规范，让其遵守一定的承诺，表现出较强的可信度。

（3）从信任产生的过程型因素维度。从信任产生的过程型因素维度出发，共享行为的连续性决定了以往的行为对现在和将来有着积极的影响。共享主体和共享需求者之间长期持续、稳定的相互关系会进一步强化两者之间的信任，这种信任关系会随着共享业务的不断拓展得到不断强化。具体可以从以下几个方面来增进信任关系：第一，构建多种沟通渠道，良好的沟通能够有效地激发并整合情感因素，尊重共享主体的感情需求，使他们能够达到精神层面的充分交流。沟通和信任的关系是相互促进的。Loomis（1959）发现，当沟通增加时，知觉的信任随之增加，合作行为也增加。良好的沟通方式是建立共享主体之间、共享主体与客体之间达成互信、获得成功的先决条件，教育智力资源共享的组织管理者可以充分利用信息技术手段，构建多种沟通方式，以实现智力资源共享主体之间的信息交流便利和畅通，进而构建平等、尊重、信任的关系氛围，这是教育智力资源有序共享的必要保障。第二，对共享过程中涉及主体进行适度的动态评估。信任并不是一成不变的，而是动态变化的，在缺乏信任感的智力资源共享关系中，共享的内容往往是不准确、价值不高的知识。共享主体与需求主体之间的信任关系会随着环境的动态变化而发生相应的变化，通过共享智力资源的合作各方的动态评估，既可以继续深入了解共享主体的特征性因素，修改完善相关制度和机制，促进信任关系不断强化。第三，构建基于云计算技术的信任云。基于智力资源共享平台中的云计算技术，构建信任云模型，凡是参与智力资源共享的主体在进行智力资源共享时，私有云中的智力资源提供者和被提供者之间必然已经存在基本的信任，以此为基础，主体之间进行智力资源共享，随着共享活动的进一步发展，成员之间更加了解对方，进而增进成员之间的信任感。凡是进入信任云范围之内的共享主体，相互之间的信任是他们之间的智力资源共享的催化剂，各主体不再需要确认各主体之间的身份特征。

七、协同机制

（一）机制简介

知识协同理论源于协同学理论，其本质上是一种系统自组织机制[1]，完善的知

---

[1] 俞竹超，樊治平. 知识协同理论与方法研究 [M]. 北京：科学出版社，2014.

识型组织具有开放性、非平衡、非线性、涨落等特征,因而它是一个自组织系统。在"互联网+"背景下,智力资源共享活动往往是主客体之间知识协同意愿的具体体现,如处在不同地域两所学校的老师可以通过协同教学工具,共同为两地的学生开展协同教学,这种教学形态既提升了两地教师的协同效应,又为不同地域的学生之间进行知识协同提供桥梁。另外,这种校际智力资源共享活动实际也是一种自发的组织,资源共享的动力完全来自协同双方内部,而非教育机构或者行政部分的政策使然。

协同论认为,自然界中千差万别的系统,虽然其属性不同,但是其各个子系统之间存在相互影响和相互合作的关系。在一定的条件下,复杂系统中的各子系统通过非线性作用产生协同现象,进而形成具有一定功能的自组织结构。各子系统之间的相互协同就是合作现象,是开放子系统中的非线性特征,各子系统之间的协同有简单协同和复杂系统两种,简单协同即子系统采取相同的行为来完成同一目标,而复杂协同即各子系统采取不同的行为来完成一个共同的目标。

教育智力资源共享系统是由不同共享主体和共享要素组成的复杂开放系统,尽管协同论源于自然科学的研究,但是其原理和思想对于分析教育智力资源共享系统这种复杂的教育系统具有一定的借鉴意义,尤其是协同效应原理,是教育智力资源共享系统各主体之间追求的目标之一,协同论成为研究教育智力资源共享各主体之间作用机制的指导思想[1],各共享主体之间究竟以何种方式协同,协同机制到底是什么,需要我们进一步研究。

教育智力资源共享活动不仅仅是个人行为,需要共享主体、智力资源服务者、平台技术服务人员、共享管理人员等不同身份的人员共同参与。换言之,教育智力资源共享是多方主体间密切互动、相互影响,主体之间和业务之间的互动,强调智力资源配置、共享绩效之间的关联,要素之间的各种关系组成了教育智力资源共享机制体系。

运用协同论的思想分析教育智力资源共享系统,可以勾勒出如图5-18所示的协同机制模型图。在此模型中,政府、企业和其他社会力量、学校和个人等以共享需求为动力,通过网络共享平台,聚焦共享目标协同、主体关系协同、共享过

---

[1] 赵雪芹.跨系统协同信息服务研究[M].上海:世界图书出版公司,2015.

程协同核心，通过整合、反馈和协调等手段，协调共享系统内部各相关要素之间的关系，共同促进教育智力资源共享系统正常运行。教育智力资源共享系统中的相关主体相互配合、相互协作，形成面向学习者智力服务的合力，发挥"1+1>2"的整体效应作用，以此有效推动教师智力资源共享，逐步实现社会智力资源和学校智力资源的有机整合，为学习者提供多元立体的智力服务，以满足学习者的多样化需求。

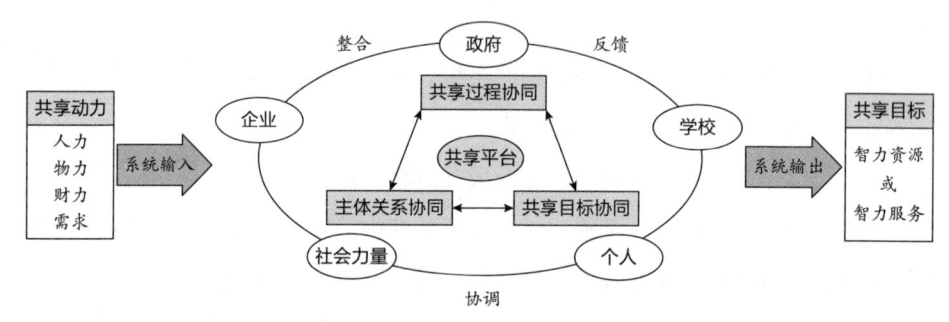

图5-18 教育智力资源共享协同机制示意图

具体而言，协同主体包括教育行政管理部门、教育信息化部门、企业、学校、社会专业人士、优秀学校教师等，其中教育行政管理部门、企业、学校等在共享过程中主要体现在协同管理和技术服务等方面，而社会专业人士、优秀教师、辅助教师等个体在共享过程中可以通过任务协同和过程协同，特别是在同步课堂和专递课堂等案例中需要个体化的共享主体进行协同。协同机制的直接目标是通过机制创新，突破以往只局限在教育系统内部解决贫困地区、薄弱学校的优质智力资源不足等问题的局限，通过教育体制机制创新，将政府、企业、学校、社会智力资源、学校智力资源等有效协同起来，共同为需要提供智力支持的学习者提供满意的智力服务。协同机制的终极目标是通过云计算模式，聚合教育系统内外的智力资源，共同构建多元互补、业务精湛、智能周到的教育智力资源云，为广大学习者提供智能化的智力资源云服务。

共享主体关系协同与共享目标协同之间的关系：共享目标的协同有利于共享主体关系的协同，当共享参与各方的共享目标趋于一致时，能够强化各主体的行为意愿，使各主体朝着为学习者提供贴心的智力服务这一目标而建立关系、发展关系、稳定关系[①]。反过来，共享主体之间的协同有利于达成相同的共享目标，当共享主体之间的关系较为密切或者共享主体之间建立较为稳定的信任关系时，主体之间就会容易对同一事物产生相同的认识，达成共识，从而朝着一致的目标努力。共享主体关系协同与共享过程协同之间的关系：较高质量的共享主体协同有助于推动促进共享过程的协同，当教师、社会专业人士等教育智力资源主体等之间拥有良好的协同关系，双方之间已经有了协同共享的经验，这对新的教育智力资源共享十分有利，良好的协同关系能够使共享主体之间以比较自然熟悉的方式开始共享智力资源，期间不需要磨合和建立信任的过程。另外，共享过程的协同反过来又能促进共享主体之间关系的协同与升温。如果教师、社会专业人士等共享主体在共享过程中协同比较顺利、合作愉快，就会促进主体之间和谐关系的建立，各方在智力资源共享过程中能够扮演不同的角色，分别完成不同的共享任务，进而完成共享智力资源的整体任务。共享过程协同与共享目标协同之间关系：相同的智力资源共享目标为主体共享行为指明了方向，推动教育智力资源过程有序进行，进而促进共享主体之间在共享过程中能够相互协同、各司其职。另外，如果共享主体在共享过程中各环节衔接自然、主体默契度高、任务完成比较理想，也能加深各主体对共享目标的理解与认同。

（二）机制实现

1. 管理协同

管理制度束缚是教育智力资源共享的一个障碍因素[②]，各层级管理部门之间的管理职责不清晰，各共享主体之间的职责含糊，缺乏明确而周到的管理制度无疑会影响到教育智力资源共享的顺利进行。这就需要在政府、各管理部门之间建立协同机制，以协调各管理主体之间的责任与义务，并通过制定透明、公正、合理的智力资源共享制度体系，规定政府、省级教育管理部门、市（区）级、县级及以下教育行政管理部门分别在经费支持、人事安排、奖惩措施、监督管理等方面

---

① 李志刚，郭丰恺.基于复杂适应系统理论的大学生创业服务体系研究[M].成都：四川科学技术出版社，2015.

② 付俊超，杨雪，刘国鹏，等.产学研合作运行机制与绩效评价研究[M].武汉：中国地质大学出版社，2011.

的具体分工，同时鼓励参与同一智力资源共享的不同层级教育行政管理部门之间进行纵向协同，各司其职，保证教育智力资源共享的顺利开展。

2. 技术协同

根据调研的情况来看，目前各地区、甚至同一地区不同县（区）的学校采用的平台不尽相同。笔者在调研中发现，以校为本的共享平台比较普遍，这说明这些地区和学校在构建教育智力资源共享平台的时候，依然把平台作为一个独立的平台来建立，并未把教育智力资源共享平台作为地区"网络学习空间人人通"平台的有效组成部分来架构，这样做既加重了地区或学校教育信息化运维的成本和负担，又加重了数字鸿沟，很不利于教育智力资源在更大范围内的共享。因此，有必要在教育信息化企业、区域教育信息化管理部门、学校现代教育技术部门之间建立技术协同机制，以构建"互联网+"大平台为目标，将同一地区的教育智力资源共享平台纳入"人人通"工程的建设之中来，统一平台建设标准，统一资源建设与共享标准，统一数据采集与分析标准，以"大平台"思维、大数据思维来建设教育智力资源共享平台，为教育智力资源共享提供坚实、便捷的技术基础。国内做得比较优秀的有浙江省、安徽省及湖南省的教育智力资源平台。

3. 任务协同

在教育智力资源共享过程中，由于共享主体与需求主体身处不同地点，当需求主体不是个体的时候，对远端学习者学习过程的管理、学习任务的管理、交互过程的管理等工作不是智力资源共享主体一个人能够完成的，需要两个甚至多个共享主体联合起来，协同工作，共同为学习者提供智力服务。因此，需要建立教育智力资源共享各主体之间构建协同机制，通过各主体之间的充分沟通协调，整合各主体的智力资源共享目标，厘清各主体在教育智力资源共享过程中的协同任务分工，特别是在专递课堂和同步课堂等教育智力资源共享现象中特别突出，具体可从课前、课中、课后等环节来具体安排协同任务，协同内容方面可以从预习、新课讲授、课堂学习过程、互动过程、作业反馈等方面进行安排协同任务。

八、保障机制

保障机制是确保其他微观机制顺利运行的基础，为沟通、协同、管理、评价等的顺利实现提供保证。推动我国教育智力资源高质量常态化共享，必须完善教育智力资源共享的条件保障机制，下大力气加快补齐普及、资源和制度短板，进一步推进教育公平，为提高育人质量提供坚实保证。

（一）机制简介

《现代汉语词典》（第6版）中将"保障"释义为确保，即保证做到，如保障供给、保障人民言论自由等。"保障机制"主要指使系统正常运行并发挥预期功能的制度或体制体系，是为确保某一系统目标顺利实现而设计的工作系统，主要包括一系列的组织、制度、政策、法规等[①]。保障机制是为管理活动提供物质和精神条件的机制，其中的物质条件包括设备、资金和技术等，精神条件主要包括管理制度、政策法规和组织文化等。任何事物的存在和发展都离不开物质条件和精神条件二者的相互作用。教育智力资源共享作为一种教育领域中典型的社会活动，也不例外，它的有序开展，离不开国家、区域、社会团体、企业等提供的一切可以利用的资源或条件保障。从动态角度看，保障机制贯穿于教育智力资源共享的全过程。建立健全机制化的保障体系，是教育智力资源共享的制度化体系正常的、高效运转所必不可少的重要环节。从保障机制的构成来讲，教育智力资源共享机制具体由技术保障机制、资金保障机制和制度保障机制组成，如图5-19所示。

图5-19 教育智力资源共享保障机制示意图

教育智力资源共享的保障机制是指在教育智力资源共享过程中，为了保证智力资源共享活动的有序开展，扩大教育智力资源共享的覆盖面，提升教育智力资源共享的绩效，由管理者等主体制定的一系列保障措施，保障教育智力资源共享的顺利实现。

（二）机制实现

1. 技术保障

"互联网+"教育智力资源共享以信息技术为支撑，基于互联网的共享平台是教育智力资源共享活动有序开展的基础条件。具体来讲，教育智力资源共享的技术

---

① 王晓丹. 我国促进中小型外贸企业发展及保障机制研究 [D]. 长春：东北师范大学，2016.

保障包括共享系统的安全性、稳定性、功能性等方面的内容。首先，教育智力资源共享平台必须纳入各级各类教育系统的网络安全和信息化工作的体系之中，以《中华人民共和国网络安全法》等法律法规为纲，全面提升教育智力资源共享平台的网络安全防护能力，确保智力资源共享主体的数据和信息安全，强化隐私和版权保护，这也是我们在调研中发现共享主体比较在意的一部分内容。其次，要保证教育智力资源共享活动的常态化进行，避免共享主体在同步授课或个别化辅导等智力共享过程中出现断线、卡顿、掉线等现象，共享系统构建的企业要保证共享系统中的录像和视频传输设备的正常稳定运转，教育信息化部门要保证足够的网络带宽，以保证智力资源在网络中的顺利流动。不同层次、不同地域的共享系统之间尽量能够做到无缝衔接，避免教育智力资源共享过程中的资源孤岛和共享壁垒的出现。第三，教育智力资源共享平台要保证一定功能全面性与易用性，并且能够根据共享主客体之间的需求变化而不断地迭代发展、功能升级，共享平台具有功能开放性开发功能，降低技术门槛，方便用户调用或者组建自身的共享系统界面或功能。教育智力资源共享平台内嵌数据交换平台，能够依托国家或地区数据交换平台，开展跨部门、跨层级、跨区域的数据交换共享。各省级教育智力资源共享平台应尽早纳入省级或者国家级数字教育资源服务系统之中，确保教育智力资源打破地域限制，借助互联网及资源推荐功能在全省设置全国范围之内的有序流动，为构建网络化、数字化、个性化、终身化的教育体系提供有效支撑。

2. 资金保障

经费是教育智力资源共享的物质基础和重要保障，它规定着共享专用经费的投入、分配和使用规则的机制，更是专递课堂、同步课堂和在线辅导、直播课堂等教育智力资源共享活动持续共享的决定性条件[①]。经费保障体系，旨在解决来自教育智力资源共享过程中各方面的经费支出，无论是教育体制内还是体制外的教育智力资源共享活动，都需要投入大量的经费，主要用于录播设备、共享系统的开发与升级、共享主体的劳酬等。在教育体制内的同步课堂、专递课堂等教育智力资源共享活动中，网络带宽费、培训宣传费、主讲教师的课酬等都是一笔不小

---

① 陈静漪.中国义务教育经费保障机制研究：机制设计理论视角[D].长春：东北师范大学，2009.

的费用。尽管教育智力资源共享有有偿共享和无偿共享两种，少数的无偿共享是共享主体可以接受的，但是长期的无偿智力资源共享无论对管理部门还是共享主体来说都是不太现实的，因为共享主体在共享智力资源之前一般需要花费大量的时间和精力去准备。在访谈调查中也发现，资金问题是一个既敏感又关键的问题，很多受访者表示上级管理部门没有明确表态给参与智力资源共享活动的老师给予课酬补助，学校也不敢冒险擅自给老师们发课酬补助。教育体制外的教育智力资源共享的资金投入一般是由提供平台的企业出资，愿意共享智力资源的主体经过审核即可通过平台向互联网用户提供有偿智力服务，所以共享所需的资金一般由企业和用户共同承担。但是在教育体制内部的智力资源共享项目中，融合国家、地方政府、企业、社会团体、教育管理部门等众多主体资源，多主体的参与意味着更多的不确定性。在教育智力资源共享的具体过程中，由于参与主体较多、共享周期较长等缘故，其开支可能会超出预算，增加了资金保障的不确定性，面临着资金链断裂的风险。

因此，要建立扎实、灵活多样的教育智力资源经费保障机制。加大政府投资力度，鼓励民间资本资助，实现教育智力资源共享经费的多元化投入，保证教育智力资源有序共享。加大教育财政中专项经费的投入力度，努力拓宽经费筹措渠道，创新社会投资、捐资的经费投入机制，通过政策引导，激励事业单位及需求个体分担教育智力资源共享成本。建立教育智力资源共享资金投入的长效机制，对教育智力资源共享专项经费的划拨比例、分配方式以及使用方式做出明确规定，其中要特别设立对共享主体劳动报酬的奖励性资金。另外，通过政策引导鼓励社会公益组织捐赠教育智力资源共享基金，广泛动员社会团体、民间组织或者企业等通过众筹、募捐等方式筹措教育智力资源共享的资金，专门用于教育扶贫、网络扶智等资助，以保障面向农村、偏远地区教育智力服务的有序开展。

3. 制度保障

《孟子》在《离娄章句上》中讲"不以规矩，不能成方圆"。制度建设对有效实现教育智力资源共享具有根本性的意义，要实现教育智力资源共享的常态化运行需要一套行之有效的政策制度，大到教育主管部门的教育信息化方针政策，小到学校的智力资源共享专项管理制度，每一步都要做到有章可循、管理到位，使得教育智力资源共享规范化、科学化和制度化。

教育主管部门应高度重视"互联网+"背景下教育智力资源共享工作,将教育智力资源共享作为教育信息化2.0背景下数字教育资源共享的重要趋势,从宏观层面通过政策制度、资金支持等方式引导和鼓励教育智力资源共享。国务院近年来曾多次发文强调利用互联网手段为偏远农村地区的薄弱学校或教学点共享优质教育资源和师资资源,同时强调启动网络扶智工程攻坚行动[①],弥补师资力量不足等短板,帮助这些地区打赢脱贫攻坚战。

另外,省、市级教育主管部门积极响应国家号召,根据本地区实际情况,都制定出适宜本地区教育智力资源共享制度。如《北京市中学教师开放型在线辅导计划》。湖南省的《农村中小学网络联校中期遴选方案》《农村中小学网络联校中期评估方案》等专项文件,浏阳市构建了《浏阳市网络联校管理与操作手册》《浏阳市网络联校教学工作指导意见》《浏阳市网络联校工作考核细则》《网络联校优质教学资源共享合作协议》等制度体系。安徽省的"在线同步课堂"也为了解决教学点师资力量不足、课程难以开齐、教育水平不高的问题,成了缩小城乡教育数字鸿沟、推进教育公平的有效举措。安徽省教育厅《关于印发在线课堂应用与管理相关制度的通知》(皖教秘〔2014〕91号),对各县区"在线课堂"的开课情况管理及上报工作、试点学校校长的责任意识都做了明确的规定。

第三,试点学校或教学点根据上级教育行政管理部门的政策要求和工作部署,制定本校教育智力资源共享的制度。如湖南省长沙市芙蓉区育英学校专门制定了"育英学校网络联校(主校)网络教学运行情况登记制度",要求每一位主讲老师上课结束的时候填写教学登记表,发现问题及时解决。

除此之外,教育智力资源共享应该建设以下相关的制度。第一,建立奖惩制度,即对在教育智力资源共享过程中,取得较好效果的、贡献比较大的组织或个人给予一定的物质和精神奖励。相反,对于在共享中不遵守约定、违反智力资源共享的信任规则等行为主体给予一定的惩罚措施,对于情节严重的共享主体列入黑名单。第二,建立智力资源共享主体的准入制度,教育是为国家和社会培养合格公

---

① 中华人民共和国教育部.关于印发《教育信息化2.0行动计划》的通知[EB/OL].(2018-04-18)[2023-01-20]. http://www.moe.gov.cn/srcsite/A16/s3342/201804/t20180425_334188.html.

民的社会活动，以开放的态度广泛纳入社会智力资本进入智力资源共享体系，但是从事教育智力资源共享或服务的主体必须具有一定的业务能力和政治素质，对体制外新加入的教育智力资源共享主体要通过相关部门一定的资质审核才能进入智力资源共享体系。第三，建立社会智力资源共享专项制度，对有意参与智力资源共享的人士，或将自身的专业技能通过互联网向广大社会民众共享、普及科普知识，提升民众的科学素养的社会人士，对其身份、专业素质进行审核，对共享方式、共享频次进行合理规定，并且对其参与智力资源共享的贡献给予一定的认可或奖励，并授予一定的荣誉。第四，建立教育智力资源共享过程监测制度，对共享主体共享过程行为数据进行采集、分析，通过过程性行为数据形成共享主体特征模型，方便为智力资源服务需求者推荐较适合的智力资源。

九、管理机制

（一）机制简介

"互联网+"教育智力资源共享活动涉及人员众多、地域跨度大、机构复杂，因此需要对这些要素进行有效管理，梳理各管理主体的职责与义务，制定合理的管理机制是教育智力资源共享的必要条件。巴曙松等认为所谓管理机制是指管理的组织架构和运作机制[①]。管理机制是指组织基本职能的活动方式、系统功能和运行原理。管理机制之所以重要，是因为管理机制能够明确规定管理系统中各主体的角色分工。一般来讲，管理机制既包括各组织之间的组织关系，又包括其具体的管理任务。

教育智力资源共享活动是伴随着"互联网+"技术发展而出现的新的教育现象，与以往的"送教下乡""实习支教"等智力资源共享方式不同，智力资源共享主体不仅包括体制内的教师，还包括社会专业人士、甚至国际上知名的专业人士等，其中有些主体并不属于教育体制内部的管理范畴，因此需要进行教育体制机制创新。另外，新时期的教育智力资源共享是基于移动互联网、大数据等技术背景下，管理系统不再沿用传统的垂直层级式管理结构，而采用扁平化管理结构，充分利用大数据分析结果，实现对教育智力资源共享主体的共享行为进行监督与约束。

---

① 巴曙松，杨现领. 新中介的崛起与房地产价值链的重构[M]. 厦门：厦门大学出版社，2017.

教育智力资源共享的管理机制是指规范、引导、激励共享系统发展的一种运行模式，即各管理部门之间的联系、制约和作用的方式。传统环境下教育管理部门的组织机构一般是金字塔式的科层制组织结构，这种组织管理机制运行法则是上层决策、中层管理、基层执行，科层式管理结构，具有管理层次多、任务下达与信息反馈比较慢等弊端。传统环境下的教育体制对教师等遵从事业单位人事管理制度，任何一个主体固定隶属于某一组织，一般不允许通过一定的方式进行流转。显然，教育智力资源共享与当前的教育体制机制不太相符，必须通过教育体制和机制创新，打通传统教育体制机制的限制和障碍。

（二）机制实现

1. 创新教育智力资源共享的新体制

体制是指组织中的机构设置、隶属关系和权限划分等方面体系和制度的总称[1]，体制是机制的宏观基础与运行框架，机制是体制发挥作用的具体方式[2]。机制是组织（企业）各要素相互依存、相互制约的关系，是体制微观构成，只有机制和体制的协调运行，才能促进企业的全面进步。

党和国家近年来特别注重教育体制机制的改革：中共中央办公厅、国务院办公厅在《关于深化教育体制机制改革的意见》中指出，"到2020年，教育基础性制度体系基本建立，形成充满活力、富有效率、更加开放、有利于科学发展的教育体制机制，要完善义务教育均衡优质发展的体制机制"[3]。建立健全课后服务制度，探索实行弹性离校时间，提供丰富多样的课后服务。加强教师资源的统筹安排，实现县域优质资源共享。

可见，完善义务教育均衡优质发展的体制机制，发挥市场机制的作用，鼓励社会有序参与等是党和国家对教育体制机制创新的关键词。要推动优质教育资源向农村、薄弱学校、贫困地区、困难群体倾斜，在短期内采用传统的手段难以收效，因此，要充分利用移动互联网技术及互联网思维，建立以市场机制引导的教育智

---

[1] 瞿梅福. 学校管理生命化的实践 [M]. 杭州：浙江大学出版社，2017.

[2] 林加全. 全球化时代高校学生创新素质教育机制论要 [J]. 钦州师范高等专科学校学报，2003，18（4）：73-76.

[3] 姜朝晖. 新时代高校人才培养的战略定位与发展路径：基于《关于深化教育体制机制改革的意见》的解读 [J]. 重庆高教研究，2018（1）：3-11.

力资源共享管理体制，坚决破除制约教育智力资源有序共享的体制机制障碍，广泛、有序引入社会智力资源，形成相对灵活的开放教育智力资源共享生态。

2. **构建虚拟扁平化的组织机构**

"扁平化管理"是相对于传统的等级结构管理模式而提出的一种新型管理机构组织方式。扁平化管理就是通过革除传统自上而下、树状结构组织管理之弊端，构建管理层次少、管理幅度大、结构紧凑的横向组织，大大提升组织的灵活性、敏捷性、柔性和创造性[①]。扁平化管理在减少行政层级的同时增强服务职能，降低管理成本的同时提升服务质量。

基于信息技术的扁平化管理模式，不仅能较大幅度地减少管理层级，能够借助信息技术把信息从最底层反馈到最高层，能较好地解决等级式管理的"层次重叠、组织机构运转效率低下"等弊端，加快信息流的速率，提高决策效率。虚拟扁平化组织是借助信息技术手段实现扁平化的目的，各管理主体之间不再需要通过管理层级逐级传递，而是通过信息管理系统增强组织的快速反应能力。扁平化组织管理方式已经被企业等现代化组织普遍使用，如微软公司就是通过其"数字化神经系统"来处理其日常事务管理，微软的数字神经系统中每天收集到公司方方面面的数据，并且能够传递到不同层级的管理者，当公司的任何地方出了问题，不再需要一级一级上报，能够快速地反映到各管理层，有利于管理者科学决策。

当前，教育智力资源共享活动中涉及的相关管理者如国家或地区教育行政管理部门、教育财政部门、教育人事部门、市县级教育局、教育信息化部门、教育信息化企业、社会团体组织、主学校、远端学校等。我们借鉴虚拟扁平化管理，构建了如图5-20所示的教育智力资源管理结构。

在此扁平化的管理模式中，所有管理主体都处于同一个管理层面，通过共享平台中的数据和信息管理模块，实现对教育智力资源共享主体的管理，这些管理主体之间也可以借助共享平台实现相互之间的信息沟通与协同管理，另外，教育智力资源共享主体、教育智力资源服务接受者可以将共享过程遇到的问题直接通过平台实时反馈给各管理主体。教育智力资源共享的管理机制不再采用传统层级式上报的管理机制，而是充分利用共享平台中收集的共享行为和共享过程、共享结果等数据，

---

① 周三多，陈传明. 管理学原理[M]. 南京：南京大学出版社，2006.

并且运用平台的大数据分析功能，对这些数据进行分析，并以可视化的方式反馈给各管理主体，实现数据支持的教育智力资源共享管理。这种管理过程能较好地明确各管理主体的工作职责，促进其各司其职、促进其权力和资源的有效配置，也能够纵向压缩、横向贯通，完善管理工作的运行机制，提高工作绩效。

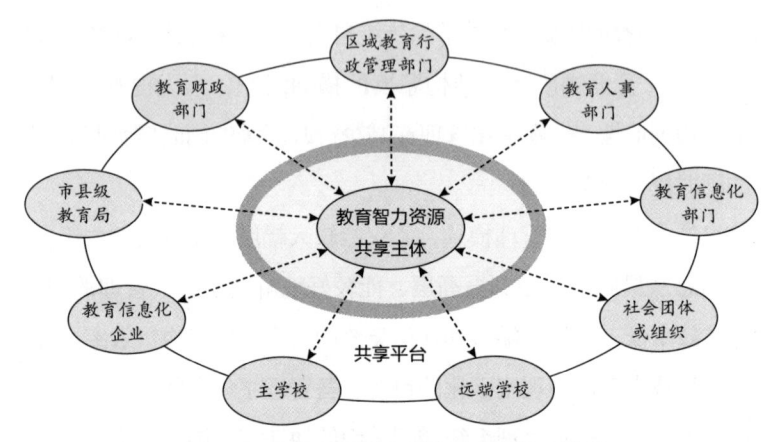

图5-20 教育智力资源共享扁平化管理模式

3. 注重教育智力资源共享的优化设计和效能分析

智力资源共享活动管理的核心是教育智力资源的效能分析和优化设计[①]。智力资源管理的核心是引导具有智慧优势的共享主体有序开展共享。对已公开、半公开的教育智力资源的特征进行分析，描述智力资源的激活特征，通过广泛宣传优质教育智力资源主体，动员教育系统内外具有智力资源潜质的个体积极参与智力资源共享。提高教育智力资源共享的管理效能，改善教育智力资源共享不活跃、效益低下的状况，挖掘教育系统内个体的隐性智力资源或团体智力资源，对提高各级各类教育机构、科研院所、政府机构、行业组织等智力资源的共享力度和应用效能，具有重要的价值。

十、准入机制

（一）机制简介

根据第四章教育智力资源共享的案例分析中得知，互联网为教育智力资源共享提供宽广的空间和舞台，从表面上来看似乎是具有一定技能技巧的人都可以通

[①] 王前. 智力资源管理的若干基本问题[J]. 公共管理学报，2004，1（2）：44-50，95.

第五章 "互联网+"背景下教育智力资源共享机制构建

过网络向他人共享智力资源。从共享主体的身份来看，既有体制内的具备教师资格证的公办教师，又有体制外的自由教师或教师培训机构的教师，还有其他行业或团体的专业人士、科研院所的科学家，甚至还有境外的具有一定资质的教师，因此共享主体的类型多样、成分复杂。从当前在网络中存在的教育智力资源共享的现象来看，也存在着一定乱象，但是教育具有一定的特殊性，义务教育活动必须服务我国义务教育的相关制度，要保证从事教育智力资源共享活动或者提供教育智力资源服务的主体优质，必须对其从德才两个方面进行资质审核，只有通过审核的主体方可进入到教育智力资源共享体系之中，向社会提供智力服务。

既然教育智力资源共享已经成为一种不可阻挡的潮流，国家有关部门应该设立专门的教育智力资源共享的资格认证标准和准入制度，规范"互联网+"教育智力资源共享的市场，规范共享主体及其之间的行为，鼓励教师智力资源合理地在网络上流动[①]。那么，准入机制的建设主体是谁？应该通过什么样的方式审核共享主体的资质等问题都是建立准入机制必须考虑的问题。

根据教育智力资源共享主体的类型、准入机制的构成和审核主体等之间的相互关系，构建如图5-21所示的教育智力资源共享准入机制。

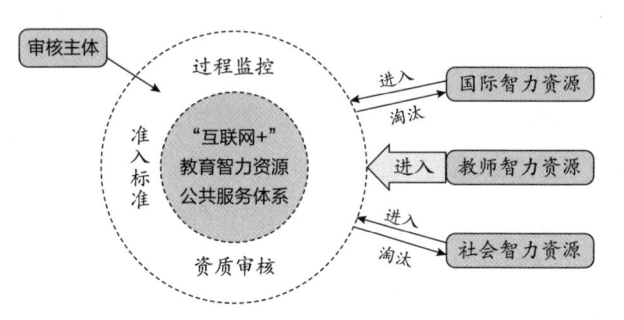

图5-21 教育智力资源共享准入机制示意图

从图5-21可以看出，教育智力资源主体准入机制包括共享主体进入和退出教育智力服务体系两个方面，由教育行政管理部门、教育机构等责任主体根据教育智力资源共享的需要制定准入标准，通过对共享主体的从业证书等证明材料的审核，以及其他辅助材料的审核，让通过资质审核的智力资源进入教育智力资源共享服务体系。通过审核主体对共享主体的服务过程进行监管和评价，根据服务过

---

① 鲍成中. 追寻教育的乌托邦[M]. 长春：吉林出版集团有限责任公司，2012.

程的监控情况实行优胜劣汰的竞争机制，对于服务态度差、服务质量较低的主体予以淘汰。这样做可以保持教育智力资源的活力，提高资源配置效率，保证教育智力资源共享的供给侧的优质。

（二）机制实现

准入机制的实现方可从以下三个方面考虑：

1. 优质教师智力资源的准入

由于教师具有教师资格证，其身份是教育机构认可的，对于体制内优秀教师的准入可以实现宽松政策，鼓励更多的优秀教师通过网络为学习者提供智力服务。教育行政管理部门应因教育需求和社会需求的变化，适当修改当前的公办教师管理制度，在教师人岗不动、完成本职工作的前提下，优质教师可以为区域内外的学习者提供力所能及的智力服务。

2. 社会智力资源的准入

社会智力资源具有与体制内智力资源不同的优势，如科研院所的科学家、政府机构部门的专业人士、各行各业的专业人士、非物质文化遗产携带者等都是优质智力资源，教育系统如何制定相应的准入制度，通过一定的审核或对接机制，将这部分优质智力资源通过网络进入学校教育或社会教育，让义务教育阶段的学生能够更好地学到情境性的知识，让社会民众得到公益性的智力资源服务。其实有些职业院校已经在尝试通过一定的机制创新在学校课堂教学或者实习实践活动中在线联通行业领域的专家，让学生能够得到校外实践专家的智力服务，弥补学校教师实践性知识不足的情况。部分地区已经尝试让校外教育机构进入中小学，解决课后的服务问题。

对于社会智力资源准入机制，还有需要考虑以下问题，如社会智力资源和学校智力资源如何融合起来？融合的方式是什么？融合之后各智力资源主体的职责是什么？社会智力资源如何与体制内的教师融合起来促进教育公共服务的改革？

3. 国际智力资源的准入

国际智力资源的引入，也存在两种情况，一是公办的学校引入国际教育智力资源，这种做法在高等教育中较为常见。高校根据人才培养的需要，自主引入国际智力资源或服务。基础教育领域中也出现了一些学校通过互联网引入国外的智力资源的案例,主要在学生外语学习方面,这种情景的国际智力资源准入和资质审核责任主体应该是学校。二是,在我国,近年来出现了如51talk、Vipabc等民办教育机构通过自身开发的共享平台,面向全球招募英语教师,这些互联网教育企业一般具有自己的审核机制。但是体制外的互联网教育企业对引入的教育智力资源应该符合我国《中华人民共和国教育法》《中华人民共和国教师法》和立德树人的标准,同时应该建立相应的监督机制,建立备案监管制度。

十一、监督机制

(一)机制简介

监督机制是指对管理系统中行为是否符合运行机制、动力机制和约束机制进行监督的功能与机理。加强对教育智力资源共享过程的监督管理是保证共享效果的重要手段。教育过程不同于娱乐活动,具有一定的特殊性,必须符合国家教育意志。教育智力资源共享与服务由于共享主体的多样性与复杂性、共享平台的多样性和共享与服务形态的复杂性,所以教育智力资源共享现象比较复杂。因此,对于游离于体制外的教育智力资源共享现象需不需要政府相关部门的监管?对其共享过程需不需要监督?监督主体由哪些组织担任?监督的具体措施是什么?这里还隐藏着一个问题,就是对于学生在社会教育机构学到的知识、得到能力提升之后,学校教育如何认可?所以,对教育智力资源共享的监督机制的建立是从组织管理视角最为核心的机制之一。

从监督主体、监督对象、监督方式等方面,以及各监督要素之间的相互关系构建如图5-22所示的教育智力资源共享监督机制框架图。

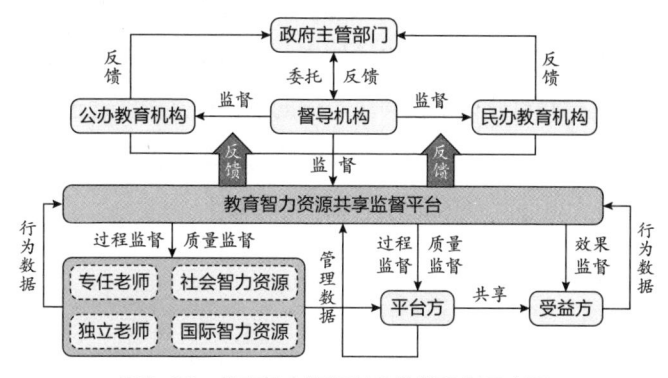

图5-22 教育智力资源共享监管机制示意图

从图5-22可以看出，教育智力资源共享监督机制以强化国家或地区教育督导，委托第三方机构开展评估监测。监督主体为政府主管部门，最高级别为教育部，还有各省级、市县及教育行政管理部门等。督导机构是第三方教育监管机构，一般可由政府委托通过监督平台对公办教育机构、民办教育机构及个体的教育智力资源共享活动的过程和质量进行监督，公办教育机构、民办教育机构也可以通过监督平台对自身所管辖的教育智力资源共享活动进行监督。监督的方式既可以是基于行为数据的阶段性督导管理，也可以是视频监控形式的全程督导管理，监管结果可以通过平台阶段性地反馈给各级督导主体。

（二）机制实现

由于体制内的教育智力资源共享活动一般是从学校到学校，共享主体以具有教师资格证的正式老师为主，所以此类共享活动的监管一般由项目主管机构或者项目学校负主要监督责任，如北京市中学教师在线开放辅导计划，监督主要由北师大未来教育高精尖研究中心通过智慧学伴平台中的双师服务功能模块完成。但是，体制外的教育智力资源共享相对复杂，是监督的重点对象，应该重点纳入教育行政管理部门的监管范围之内，同时建立对体制外教育智力资源共享活动的常态化监督机制，应该通过阶段性监督、全程监督、抽查监督等形式，分别从服务过程和服务质量两个方面对智力资源共享活动进行监督，规范独立教师、社会行业人士等独立个体智力资源共享行为，责成平台方加强对共享主体的共享行为、共享态度和共享效果进行监督，确保体制外教育智力资源共享的质量。另外，通过监督，保护共享主体的权益，确保提供了优质智力资源服务的主体能够得到应有的回报。对于监督过程中发现缺乏诚信、共享行为不端、共享活跃性不强等共享主体，责成相关责任部门给予警告或约束，甚至可以淘汰，让其退出教育智力资源共享服务体系，并将此记录在共享主体的信任档案中。通过监督机制的作用发挥，使优质的教育智力资源沉淀下来，对服务不到位的共享行为予以约束或者禁止，确保教育智力资源共享环境的纯净性和优越性。

十二、评测机制

（一）机制简介

质量是教育永恒的追求。"放管服结合"[①]和"推进管办评分离"[②]是国家对推进教育领域的体制机制改革的整体要求，教育智力资源共享机制的构建必须遵循这一基本准则。构建动态全面的评价机制是教育智力资源共享机制的重要组成部分，是教育智力资源共享和管理的重要依据。构建动态、全面的教育智力资源评价机制，通过对教育智力资源共享主体的评价，发挥评价的导向、激励、调控、引导等功能，激发共享主体的共享积极性。一般来说，评价系统由评价主体、评价工具和评价对象三部分组成，本研究根据"互联网+"教育智力资源共享的实情和评价机制基本构成，构建了如图5-23所示的教育智力资源共享的评价机制框架图。

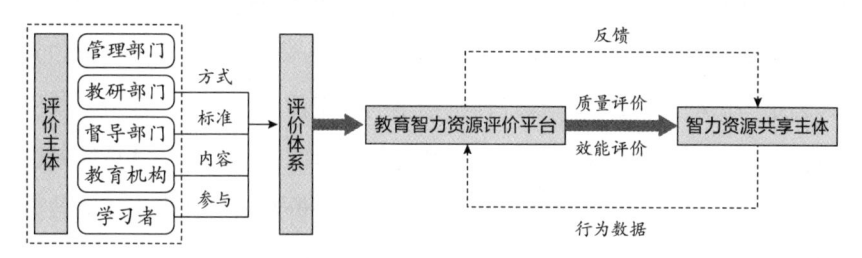

图5-23 教育智力资源共享评测机制示意图

如图5-23所示，教育智力资源共享的评价机制由评价主体、评价标准、评价平台、智力资源共享主体等部分组成。评价主体主要由管理部门、单位、教育督导部门学习者等多元主体组成。省级以上教育行政管理部门的职责是对评价工作的领导与组织，市（县）级以下的教育行政部门职责是加强对本地区相关人员的培训和宣传，教育督导部门的职责是制定评价标准、实施评价，教研部门的主要职责是与督导部门一起研制评价内容和评价方式。教育机构（民办机构）主要职责是配合上级管理部门和督导部门实施评价。评价标准是教育智力资源共享活动评价的主要依据，评价标准应包含教育智力资源服务过程、服务质量、服务品质等方面，制定面向不同评价对象的标准，如针对体制内教师共享智力资源的评价

[①] 新华社．中共中央办公厅国务院办公厅印发《关于深化教育体制机制改革的意见》[EB/OL]．（2017-09-25）[2023-01-20].http://www.gov.cn/xinwen/2017/09/24/content_5227267.htm.

[②] 新华社．中共中央关于全面深化改革若干重大问题的决定 [N]．人民日报，2013-11-16（1）．

标准与针对社会智力资源共享主体的评价标准等。评价工具主要为教育智力资源共享平台中的评价模块，评价方式主要采用基于大数据的动态评价。

（二）机制实现

教育智力资源评价侧重于"质量""过程""发展"的价值取向，在评价内容方面以服务质量代替结果定位，在评价方式方面以多维动态评价代替单一评价。针对教育智力资源共享活动的复杂性和评价的目标，建议从以下几个方面着手构建教育智力资源共享机制：第一，由于教育智力资源共享的主体类型多样，相对复杂情况应该针对不同的主体实施分类评价的方式，并且制定不同的评价标准：评价标准中除了服务过程、服务质量、服务方式等维度必要的指标之外，还要注重对智力资源共享主体的服务品德的评价，可以从服务品质、职业道德和诚信度等方面评价考核。第二，注重评价主体多元化，教育行政管理部门作为评价主体之外，将学习者、家长等人员作为主要评价主体之一，让不同主体从不同方面对教育智力服务过程进行评价，保证评价结果的公正性和合理性。第三，评价方式的动态性，充分利用大数据分析技术对教育智力资源共享主体的共享绩效进行评价，依据用户评价数据来探索智力资源共享效能评价方法，利用相关的教育资源配置理论等，构建科学合理的教育智力资源共享效能评价理论模型。从过程监控、度量测评等维度评测智力资源共享的效能，探索提高教育智力资源共享效能的方法。综合运用智力资源共享主体共享效能分析的结果，构建智力资源共享主体特征模型，动态搜集并分析智力资源需求者的服务需求，合理配置和集成优化个人智力资源，充分挖掘组织的智力资源，向需求者智能推荐合适的智力资源，实现教育智力资源共享效益的最优化。有效利用教育智力资源共享系统中的大数据分析功能，开展基于共享主体服务行为数据的动态评价，并将评价结果定期反馈给被评价对象，以便激励或者约束教育智力资源共享主体的行为，促进其改进服务方式、提高服务品质。另外，评价机制和监督机制、推荐机制、激励机制等可以组织联动作用，共同对教育智力资源共享行为进行优化或引导。

十三、推荐机制

（一）机制简介

"互联网+"教育智力资源共享活动是在技术环境下的资源共享活动，在"人人为师"的C2C共享模式和"直面客户"的B2C共享模式中，伴随着在共享平台上汇集的智力资源越来越多，对智力资源服务需求者来说，如何在短时间内找到自己所需的智力资源，是提升教育智力资源服务效果重要支撑之一。所以应该在教育智力资源共享平台内嵌智能推荐模块，使平台能够利用大数据技术、人工智能技术等连接智力资源服务主体与智力资源服务需求者，实现二者的完美匹配，这就是智能推荐机制，这一共享机制从本质上来讲是技术机制。

根据智能推荐机制的服务流程，构建了如图5-24所示的智能推荐机制模型。

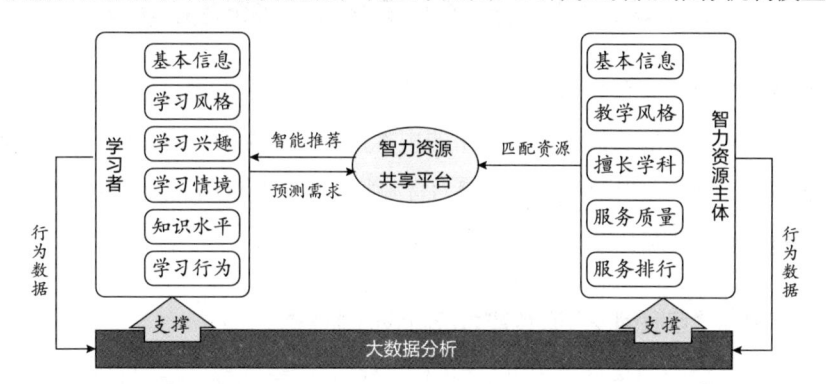

图5-24 教育智力资源共享智能推荐机制示意图

如图5-24所示，智力资源共享平台中的大数据分析是智能推荐机制的重要技术支撑，具体特征表现在3个方面。第一，智力资源共享平台中的大数据分析模块能够收集并分析共享系统中学习者学习相关的结构性和非结构性数据，对学习者进行数字画像，预测学习者的学习需求。第二，平台系统能够收集并分析智力资源服务主体服务过程行为数据，构建智力资源主体特征模型。第三，系统能够将学习者智力资源需求和智力服务主体的特征匹配起来，通过平台中的智能推荐模块为学习者推荐合适的智力资源。

（二）机制实现

智能推荐机制的适用情境是当在互联网中的教育智力资源数量达到一定程度

（也就是智力资源具有丰富性、多样性）的时候，或者当国家或者区域的教育智力资源库建立起来的时候，才能发挥作用。因此，对于"互联网+"教育智力资源共享系统的功能要进行改进，使得系统具有大数据分析和智能推荐功能，并将共享系统中学习者学习历史行为数据和共享主体的历史行为服务数据存储并进行实时分析。同时，智力资源共享活动的中介或管理者应和评测机制、监督机制形成互动关系，充分利用前两种机制的结果，为智力资源的智能推荐提供支撑。根据前面的实证分析，目前北京市智慧学伴平台和 Vipabc 的平台已经初步具备大数据分析和智能推荐资源功能，其余的绝大部分的智力资源共享平台还不具备大数据分析功能，因此，平台功能改进是智能推荐机制实现的前提与基础。

第五节　促进教育智力资源共享常态化的建议

教育智力资源共享是新时期我国教育信息化的特色发展，是实现信息技术助力教育优质均衡发展、促进教育公平的根本抓手，是构建信息社会现代教育体系的重要组成部分。但目前我国教育智力资源共享处于尝试与实践的初期发展阶段，为推动教育智力资源共享常态化，本研究形成以下建议。

一、创建"互联网+"教育智力资源服务新生态

党的十九届四中全会中指出：构建覆盖城乡的家庭教育指导服务体系。发挥网络教育和人工智能优势，创新教育和学习方式，加快发展面向每个人、适合每个人、更加开放灵活的教育体系，建设学习型社会。人工智能技术驱动的技术交叉融合即将打破传统封闭的学习空间，课堂、社会、家庭之间的联系更加紧密，社会智力资源能够舒畅地进入课堂，课堂的效率和效益极大提升，特别是智能终端的功能升级和5G技术的逐渐普及，智力资源服务将成为常态，社会各行各业的专业人员能够通过智能化学习环境以真实或虚拟的形式为学习者提供服务，构建全社会聚合优秀教师、社会专业人才与人工智能教师共同承担创新型人才培养的智力教育资源服务生态是智慧社会教育发展的需要[①]。

在国家智慧教育发展进程中，依托国家数字教育资源公共服务体系，构建教

---

① 郭绍青.教育信息化缔造教育新生态[N].学习时报，2019-12-13（02）.

育智力资源服务新生态是教育行政管理部门需要及时完成的任务。充分运用人工智能等技术及其相互交叉融合的功能，构建立足本地区教育实情、基于国家数字教育资源公共服务体系的基础教育智力资源共享与服务体系，促进多终端联通、多类智力资源联通、多平台联通、多需求主体联通，聚合教育部门、科研院所、企业行业、政府部门、民间组织等个体或群体的优质智力资源，形成区域教育智力资源云，利用大数据分析技术，促进教育基本公共服务的供给侧改革，创新教育体制机制、打破空间的限制、消解优质资源不足的问题，实现优质智力资源与服务与学习者需求之间的完美匹配，满足学习者的个性化、差异化学习需求，特别是让身处边远、农村地区的学生也能享受到优质的智力资源服务。为人民提供更便捷的教育智力服务、更精细的智力资源共享监管治理、更均衡的智力资源资源配置，进而不断提升教育基本公共服务普惠化与智能化水平，努力让每个孩子都能享有公平而有质量的教育，办好人民满意的教育。

二、构建教育智力资源共享机制体系

"互联网+"教育智力资源共享是顺应时代潮流和响应人民群众需求而出现的新教育现象，没有经验与前例可循，必须坚持教育体制机制创新，构建教育智力资源共享机制体系，立足教育智力资源服务需求，以确保教育智力资源共享服务的质量、规范教育智力资源共享过程。建立由微观层面、宏观层面立体化教育智力资源共享机制体系，宏观层面的共享机制应着眼于保障不同情境中教育智力资源共享相关主体的利益，从政府、中介、共享主体、需求主体之间的相关关系中构建教育智力资源共享机制；微观层面应着眼于为了促进宏观共享机制更好地运行并发挥作用，从主体利益、组织情境、中介支持三个维度层面构建微观共享机制。建立教育智力资源共享的准入机制，制定教育智力资源共享准入标准或制度，对教育系统内外的智力资源服务主体的资质进行审核，确保教育智力资源供给的优质性。建立教育智力资源共享的激励机制，鼓励优秀教师等教育智力资源共享主体主动利用智力资源共享平台为需求者提供在线智力服务，实现教育智力资源在互联网中的合理流动。各地区根据本地实情通过教育智力资源共享试点，构建区域内外教育智力资源共享主体的协同机制，让具备不同特色的共享主体通过协同工作，为学习者提供优质的智力服务。建立教育智力资源共享的信任机制，借鉴"互联网+"信任体系构建经验，构建基于共享主体、共享服务对象等共享行为数据的信任体系，让共享主体的信任档案成为服务对象选择智力服务的重要参考。建立教育智力资源共享的管理机制，逐步打破教师隶属于固定单位的束缚，促进教师人事管理制度的改革，制定网络教师管理办法，促进教师等主体在线智力共享行为管理的规范化；制定智力资源共享的有偿服务机制，鼓励教师在学校或区域内外提供高质量的智力服务，形成智力资源服务的长效运行机制。

三、重构教师管理体制与学生评价体系

遵照《中华人民共和国教育法》和《中华人民共和国教师法》，根据"互联网+"教育智力资源共享的实情和发展需要，适时制定《网络教师管理办法》，规范网络教师的主体、准入和服务过程，对教师利用"互联网+"为广大学习者提供的智力服务工作给予工作量认定。

在《关于分类推进人才评价机制改革的指导意见》和《教育部关于积极推进中小学评价与考试制度改革的通知》等政策文件的指导下，重建"教育信息化2.0"背景下学生学习的评价机制，鼓励学习者充分利用"互联网+"教育资源大平台获取智力资源服务，实现自身的个性化发展。形成学生学历发展水平认证体系；建立学生知识、能力、技能评测指标体系；构建面向全民的终身学习成果认证、积累与转换公共服务平台与智能化评测工具，对学生的知识、能力、技能发展水平进行统一认证与核算。促使对学生的评价走向学历、全流程管理和终身评价，依据评价结果为学习者提供智能化学习服务。

本章小结

基于前序理论研究、案例分析的研究结论，首先，分析了教育智力资源共享的障碍，从构建依据、构建原则和构建过程三个方面设计了共享机制的构建思路，并构建了由宏观层面和微观层面构成的教育智力资源共享的机制体系。将宏观共享机制归类为 EL-SS-LF 共享机制、GG-IL-SS-FS 共享机制、GL-SO-TS-SF 共享机制、GG-SL-TS-SF 共享机制、GS-IO-SS-SF 共享机制五类。其次，依据第四章案例分析对共享机制构建的启示，分别从组织环境、主体利益和中介支持三个维度构建了微

·第五章 "互联网+"背景下教育智力资源共享机制构建·

观层面的教育智力资源共享机制框架,经过两轮专家咨询,对教育智力资源共享机制进行修订,最终确定准入机制、激励机制、沟通机制、信任机制、协同机制、监督机制、管理机制、保障机制、评测机制和推荐机制等十种微观共享机制,从机制简介和机制实现两个方面对共享机制做了阐释。最后,从构建"互联网+"教育智力资源共享服务生态出发,建立智力资源共享的体制机制;重构教师管理机制和学习者评价体系,提出了促进教育智力资源共享常态化的政策建议。

第六章 结论与展望

第一节 研究结论

一、"互联网+"背景下教育智力资源共享是大势所趋

从文献分析中可以看出,企业管理学领域中对企业智力资源、智力资本及其管理的研究较为普遍,教育领域有大量对智力资源管理的研究,但对于"互联网+"教育智力资源共享这一现象系统梳理的研究较为少见。本研究通过广泛收集并优选教育智力资源共享的案例,对这些案例从三个维度进行系统分析,为教育智力资源共享的理论构建、共享机制构建提供了案例支撑。经过对教育智力资源共享的案例分析发现,伴随着"互联网+"这一时代潮流,教育智力资源共享的主体由单一走向多元、共享中介由简单变为复杂、共享渠道由单调走向丰富、共享情境由独立走向融合。尽管在具体的教育智力资源实践中仍然存在诸多问题,但是这种新型资源供给方式已逐渐被体制内、体制外的教育机构和教育服务需求者认可,教育智力资源共享呈现百花齐放的状态。因此,本研究认为"互联网+"教育智力资源共享是大势所趋,必须予以高度重视。

二、构建了教育智力资源共享的理论框架

在相关文献研究和理论梳理的基础上,系统分析教育智力资源共享的实际状态,归纳出教育智力资源的内涵、特征及教育智力资源共享的特征、原则和价值。教育智力资源是指对教育领域内外具有较强的信息素养和知识创造能力,从事知识创造、问题解决等高智力活动的个人、群体或组织等教育人力资源的一种特殊规定,其具有附着性、创造性、共享性、增值性、商品性、稀缺性、继承性、难测性、动态性等九大特征。教育智力资源共享实际上是一种以追求价值共创为取向的资源配置活动,其具有共享主体多元化、共享空间虚拟化、共享过程复杂性、

共享过程协同性、共享价值增值性等五大特征。教育智力资源共享应以合法性、公益性与盈利性相结合、互利共赢、自愿共享、供求自动匹配等五大原则为准绳，以获得促进共享主体、需求主体等个体层面的个性化发展、推动共享共同体内成员等团体层面的协同发展，助推省、县（区）等区域层面的教育均衡发展。

三、构建了教育智力资源共享的利益相关者模型

运用教育生态学、CAS、系统动力学理论、利益相关者等理论的思想和方法，将教育智力资源共享视为一个生态系统并初步构建了利益相关者模型，该模型由智力资源供给方、需求方、中介方和政府四大利益主体组成，其中供给方包括体制内的教师、体制外的科学家、行业专业人士、民间艺人、离退休职工、国际智力资源等社会智力资源，共享主体在共享过程中存在竞争和协同关系。需求方包括在校学生、行业专业人士或草根群体等，其间有合作和交流关系。中介方既包括肩负组织、管理与协调责任的教育行政管理部门、教育机构、互联网企业和民间组织等组织层面的实体，又包括提供共享渠道的融存储、管理、共享、数据分析和智能推荐为一体的技术平台。教育智力资源共享以满足需求主体的需求、保障供给方、中介方的利益追求为动力，同时受到主体因素、平台因素、情境因素和需方因素等综合影响。各方以共享机制为纽带，在不断共享、反馈、改进中促进智力资源生长。推动价值共创，通力协作推进教育智力资源系统良性发展，为促进教育优质均衡发展贡献力量。

四、构建了教育智力资源共享的机制体系

从保证供给质量、规划智力服务过程和融合共享形态的角度，借助共享案例分析对共享机制构建的启示，分别从宏观和微观两个层面构建了教育智力资源共享机制，由教育智力资源共享案例分析凝练宏观共享机制，并从案例涉及的区域和体制两个维度对所有案例及其中采用的宏观共享机制归类分析，最终凝练出由 EL-SS-LF 共享机制、GG-IL-SS-FS 共享机制、GL-SO-TS-FS 共享机制、GG-SL-TS-FS 共享机制、GS-IO-SS-SF 共享机制组成的宏观共享机制。依据教育智力资源案例分析的启示，初步构建出微观层面的教育智力资源共享机制，并经过两轮的专家咨询，最终确立了教育智力资源的微观共享机制体系。该机制体系由三大维度的10种共享机制组成，主体维度有激励机制、准入机制和沟通机制；情境（组

织环境）维度的机制有信任机制、监督机制和管理机制；中介支持维度有协同机制、评测机制、推荐机制和保障机制。这些机制是一个既相互独立又相互联系的有机系统，各机制在教育智力资源共享过程中协同工作，共同作用确保教育智力资源共享活动有序进行。

五、提出了促进教育智力资源常态化共享的建议

从推动教育智力资源共享常态化的角度，提出了三点建议：构建"互联网+"教育智力资源服务系统新生态；建立教育智力资源共享机制体系，推进教育智力资源常态化共享；重构教师与学习者评价体系，实现学习者综合素质统一认证，促进教师管理与评价体系的改进。

第二节　研究创新

本研究以教育智力资源共享的现象分析为基础，经过理论分析、实证调查和理论归纳，取得了以下几个创新点：

第一，构建了教育智力资源共享的理论框架。本研究基于文献梳理和案例分析，对教育智力资源共享的定义、本质、原则、价值等基础理论问题进行了系统阐释，并且从促进教育智力资源服务体系的角度构建了教育智力资源共享的利益相关者模型，这一研究是对教育智力资源共享现象的一次理论研究尝试和创新，是对"互联网+"背景下教育智力资源共享的理论框架与共享机制的一次有益的理论探索，这些研究内容会丰富"互联网+教育"与教育资源理论内涵。

第二，构建了教育智力资源共享的机制体系。在教育信息化2.0背景下，促进教育优质均衡发展的体制机制创新是重要的任务之一，同时也符合国家对深化教育体制机制改革的战略部署。本研究在现象分析、内涵界定和案例分析的基础上，分别从宏观和微观两个层面构建教育智力资源共享机制，这是对教育智力资源共享现象从理论层面的规律发现，对于国家构建教育智力资源服务生态，制定教育智力资源常态化和有质量的共享政策提供依据。

第三节 研究展望

经过理性分析，本研究还存在以下需要进一步完善的地方：

首先，案例分析部分的案例相对较少。虽然本研究已经选取了四种研究案例，但由于研究地域和本人的研究能力所限，案例的丰富程度和代表性还有必要进一步加强。案例资料收集主要以查阅相关文献和新闻报道，对案例资料的丰富程度和案例分析的深度有必要进一步加强。其次，虽然本研究已经初步构建出了教育智力资源共享机制体系，但是对共享机制本身的界定以及机制作用效果方法的研究还有必要进一步深入。

由一个研究问题引出另一个研究问题是科学研究的价值所在，教育智力资源共享在国内尚属于实践层面的经验探索阶段，对这一研究现象的研究尚属于从"实践到认识"的第一个阶段。经过近三年的研究和思考，虽然取得了一些理论研究成果，但随着实践的深入和研究的逐渐进行，许多新问题逐渐浮现出来：提出的教育智力资源共享机制如何指导实践？这些问题既促进了本研究的深刻反思和改进，又为笔者未来的研究指明了方向：

（1）深入分析并指导教育智力资源共享实践。继续深入教育智力资源共享实践的第一线，通过走访、参与式观察等方式，发现共享教育智力资源共享实践中存在的质量、利益、监管等方面的问题，系统分析问题的本质，从体制机制层面寻求解决办法，指导相关区域有序开展教育智力资源共享。

（2）完善教育智力资源共享理论研究。本研究虽然对教育智力资源共享的内涵和价值等做了初步的研究，但是对教育智力资源共享系统的研究有待在实践分析基础上，从构建现代教育体系的角度完善教育智力资源共享生态系统，为教育智力资源共享生态系统的改进及其纳入国家或地区数字教育资源公共服务体系提供理论支撑和建议。

（3）将已经构建的共享机制体系应用于共享实践。选取有一定实践基础的地区，建议本地区采纳并修缮教育智力资源共享机制，并指导一线智力资源共享实践，以整体提升教育智力资源共享的绩效。

附　录

附录1："互联网+"教育智力资源共享访谈提纲
（面向教育管理人员）

尊敬的××局长/主任：

您好！感谢您在百忙之中接受我的访谈。

咱们市（地区）是湖南省"网络联校"项目开展的示范区。本访谈是《"互联网+"教育智力资源共享的机制》研究的重要组成部分，为了了解本地区网络联校的具体开展情况，希望对您进行一次访谈。

访谈中的问题没有标准答案，请您如实地回答所有问题。由于您提供的信息对本研究很重要，所以我想对这一访谈进行录音，以便准确地记录您所谈到的内容。这次访谈的所有内容我们会严格保密，有可能出现在研究报告中的信息都是匿名的。如您对记录内容有任何意见，欢迎与我联系。

谢谢您的合作！

1. 请您简要介绍一下本地区的网络联校项目开展情况。
2. 请您介绍一下本地区此项目中的设备、共享平台情况。
3. 请问有哪些部门参与此项目？具体分工是什么？此项目开展的工作机制是什么？
4. 教育局有没有相关的专项资金（配套）或政策？
5. 教育局是如何选择主校和远端学校的？
6. 学校参与此项目的积极性如何？教育局有没有相关制度规定学校必须参加？
7. 教育局是如何评价学校项目开展的情况？对表现比较突出的单位或个人有没有表彰奖励？

8. 教育局对开展此项目的学校或老师有没有相应的监管措施?
9. 教育局支持老师在业余时间利用互联网平台开展课外辅导或网络教学并获取相应的收入吗?
10. 您觉得制约本地区教师开展智力资源共享的体制和机制障碍是什么?

再次感谢您接受我的访谈,研究形成的阶段成果将报送您审阅!

附录2:"互联网+"教育智力资源共享访谈提纲
(面向校长、主任)

尊敬的××校长/主任:

您好!感谢您在百忙之中接受我的访谈。

本访谈是《"互联网+"背景下教育智力资源共享的机制研究》的重要组成部分,贵校是湖南省"网络联校"的示范学校,为了了解贵校网络联校的具体开展情况,希望对您进行一次访谈。

访谈中的问题没有标准答案,请您认真、如实地回答所有问题。由于您提供的信息对本研究很重要,所以我想对本次访谈进行录音,以便准确地记录您所谈到的内容。这次访谈的所有内容我们会严格保密,有可能出现在研究报告中的信息都是匿名的。如您对记录内容有任何意见,欢迎与我联系。

谢谢您的合作!

1. 请您简要介绍一下贵校网络联校项目开展情况。
2. 请介绍一下贵校的硬件和网络平台情况。
3. 贵校是自主开展智力资源共享活动,还是以项目驱动形式开展的?资金问题怎么解决?
4. 在"网联学校"项目中,贵校和哪些学校合作?怎么合作(关系如何)?贵校的主讲老师和远端学校的老师在教学过程中是如何分工的?
5. 贵校有哪些学科的老师参加了"网联学校"项目?对主讲教师没有要求?
6. 老师们参与此项目的积极性如何?学校有没有采取什么激励措施?
7. 老师在课外有没有利用相关的网络平台对学生进行课外辅导或答疑?您赞

·附 录·

成老师这样做吗?

8. 贵校如何评价老师在此项目中的绩效（物质或精神方面的奖励，年终考评适当地考虑此项目开展的情况）?

9. 您对本校网络联校项目开展满意吗？您觉得最大障碍是什么？

10. 如果有骨干教师、教学名师愿意通过互联网给本校一定的智力支持，如针对教研教改、课题研究、教师专业发展等，贵校愿意接受吗?

再次感谢您接受我的访谈，研究形成的阶段成果将报送您审阅!

附录3："互联网+"教育智力资源共享访谈提纲
（面向教师）

尊敬的××老师:

您好！感谢您在百忙之中接受我的访谈。

本访谈是《"互联网+"背景下教育智力资源共享的机制研究》的重要组成部分，您是贵校网络联校项目中的主讲教师，为了了解你在网络授课中的真实感受，希望对您进行一次访谈。

访谈中的问题没有标准答案，请您认真、如实地回答所有问题。由于您提供的信息对本研究很重要，所以我想对本次访谈进行录音，以便准确地记录您所谈到的内容。这次访谈的所有内容我们会严格保密，有可能出现在研究报告中的信息都是匿名的。如您对记录内容有任何意见，欢迎与我联系。

谢谢您的合作!

1. 请您简要介绍一下您参与网络联校的情况。
2. 您对共享平台的使用感受如何？
3. 您觉得这种课和普通课有什么不同？
4. 在网络授课中，你和远端的老师是如何分工的？你们的关系如何？
5. 您是自愿参加的还是学校要求参加的？您参加此项目的最大收获是什么？
6. 你的同事参与此项目的积极性如何？学校对老师参加此项目有没有相关的激励措施（物质层面或者精神层面的）？
7. 您参加这个项目对自己的年终考核、评价评优、职称晋升有没有帮助?

8. 您觉得影响网络联校效果的最主要因素是什么？

9. 如果有机会，你愿意利用业余时间通过网络和学生进行课外辅导或答疑吗？

10. 如果有同行或专家愿意通过互联网给您提供一定的智力支持，如针对教研教改、课题研究等，您愿意接受吗？

再次感谢您接受我的访谈！

附录4：教育智力资源共享机制专家咨询问卷（第一轮）

尊敬的专家：

您好！

首先非常感谢您拨冗参加本次调研，不胜感激。教育智力资源共享是一种融合信息技术手段的新型资源共享趋势，常见的在线辅导、答疑、远程同步教学、网络直播课等都属于教育智力资源共享的范畴。本人目前正在进行《"互联网+"背景下教育智力资源共享的机制研究》撰写工作，前期已在共享案例分析的基础上初步拟定了共享机制，为了保证共享机制体系的科学性和合理性，特邀请您对初步构建的共享机制进行指导。请您为诸题作答并多提宝贵意见，感谢您的帮助！

本问卷将共享机制的必要性程度按照从小到大分为1到5区间，请您根据自己对每个机制的必要性的赞同程度在该题最末勾出一个数值。如果您认为"指标"有需要修改补充的，则在修正意见中注明。若认为指标尚不全面的，请在"建议新增的指标"内补充。若对本卷有其他修改建议事项的，请在问卷最后的"其他建议事项"中建议。

维度	机制名称	机制内涵	必要性程度
主体维度	准入机制	从合法的角度，对教育智力资源共享主体的资质审核	1 2 3 4 5
	激励机制	从主体利益角度，通过一定措施激励更多的主体参与智力资源共享	1 2 3 4 5
	竞争机制	共享主体按照共享贡献程度大小获得优先共享权	1 2 3 4 5

修改意见：

建议新增机制：

· 附　　录 ·

维度	机制名称	机制内涵	必要性程度
情境维度	信任机制	共享受益者与共享主体之间建立信任关系是共享活动得以顺利进行的关键	1 2 3 4 5
	协同机制	在智力资源共享过程中，不同共享主体协同工作	1 2 3 4 5
	沟通机制	不同共享主体之间在共享过程中的有效沟通	1 2 3 4 5
	交互机制	共享主体之间、共享受益者之间的相互沟通	1 2 3 4 5

修改意见：

建议新增机制：

维度	机制名称	机制内涵	必要性程度
中介维度	监督机制	教育智力资源共享活动在教育行政管理部门的监督管理	1 2 3 4 5
	评测机制	利用技术手段对教育智力资源共享主体的共享过程和效果进行评价	1 2 3 4 5
	管理机制	指教育智力资源管理系统的结构及其运行机理	1 2 3 4 5
	质量监控机制	对教育智力资源共享活动进行全流程监控，确保质量	1 2 3 4 5
	技术保障机制	保证共享平台的稳定性、安全性和易用性	1 2 3 4 5
	资金保障机制	通过多元资金筹措方式，为教育智力资源共享活动提供足够的资金保障	1 2 3 4 5
	制度保障机制	制定相关制度，以规范各管理主体的责任和义务	1 2 3 4 5
	智能推荐机制	系统利用智能推荐技术，为学习者推荐合适的教育智力资源	

修改意见：

建议新增机制：

其他建议事项：

问卷到此结束，谢谢您的指导与帮助。

附录5：教育智力资源共享机制专家咨询问卷（第二轮）

尊敬的专家：

您好！

感谢您再次参加本项目第二次调研！第一轮共收到40份专家咨询意见，根据第一轮专家对教育智力资源共享机制的名称、机制的必要性和机制内涵的打分和提出的修改意见和建议，笔者对专家的打分进行了统计，对专家的意见和建议做了总结。对共享机制做了归纳，对共享机制的内涵做了修改，形成第二轮专家咨询问卷。

本次咨询的重点在于征询您对共享机制的结构、名称和内涵的合理性的意见。请您多提宝贵意见，感谢您的帮助！

本问卷将共享机制的合理性程度按照从小到大分为1到5区间，请您根据自己对每个机制的必要性的赞同程度在该题最末勾出一个数值。如果您认为教育智力资源共享机制其他修改建议事项，请在问卷最后的"建议事项"中建议。

维度	机制名称	机制内涵	合理性程度
主体维度	准入机制	对教育智力资源共享主体的资质审核与淘汰	1 2 3 4 5
	激励机制	对共享主体的参与共享积极性的物质或精神激励	1 2 3 4 5

维度	机制名称	机制内涵	合理性程度
情境维度	信任机制	共享受益者与共享主体之间、共享主体之间的信任关系的建立与提升	1 2 3 4 5
	协同机制	在智力资源共享过程中，共享主体、共享中介协同工作	1 2 3 4 5
	沟通机制	共享主体之间、与共享受益者之间在共享过程中的沟通	1 2 3 4 5

维度	机制名称	机制内涵	合理性程度
中介维度	监督机制	教育行政管理部门等中介对教育智力资源共享活动过程和质量的监督管理	1 2 3 4 5
	评测机制	教育智力资源共享主体的共享过程和效果的评价	1 2 3 4 5
	管理机制	教育智力资源管理系统的结构及其运行机理	1 2 3 4 5

续表

维度	机制名称	机制内涵	合理性程度
	保障机制	保障机制由技术保障、资金保障、制度保障三部分组成,保证共享平台安全性,多元筹措以保障资金,规范各相关方的责任和义务的制度等	1 2 3 4 5
	智能推荐机制	为学习者推荐合适的教育智力资源	1 2 3 4 5

修改建议事项:

后 记

光阴似箭,日月如梭,弹指一挥间,已然四个春秋,本书终于在博士论文的基础上完稿并将付梓。学术是条清苦但幸福的路,工作二十余载,已过不惑之年的我,心底里总有一种声音:"要出版一本属于自己的著作。"但是从博士毕业之后,静下心来阅读文献、从事学术研究甚至成了忙碌工作之余的福利,每当坐在书桌前,阅读文献、思考问题、撰写文章成了我最幸福的时刻。在本书即将出版之际,自己感觉到些许幸福与释然,正所谓"宝剑峰从磨砺出,梅花香自苦寒来"。

经师易遇,人师难遇。经常教育自己的学生要常怀感恩之心,回顾自己艰辛而又曲折的求学之路,五年博士生涯不仅考验了我的毅力、坚守和心胸,"读博士如读人生"。我首先要感谢恩师郭绍青教授,郭老师是教育信息化领域的知名学者,郭老师以博大的胸怀收我为徒。在读博期间,郭老师敏锐的眼光、渊博的学识、严谨的学术态度和务实的工作作风让我受益匪浅。无论在项目研究、论文选题还是论文写作,郭老师都注入了大量的心血。郭老师经常牺牲晚上和周末的休息时间,指导我们撰写项目研究报告与论文,特别是郭老师单独指导我撰写网络学习空间系列论文,现在回想起来成了一笔学术财富。在博士论文撰写过程中郭老师不断帮我理清思路、指出论文的不足与改进方向,这些训练让我受益匪浅,也坚定了我对科学研究的热爱与信心。在项目研究和博士论文撰写过程中不断思考学术与人生,促成了学术成长与人生历练的相得益彰,严格的学术训练提升了自己的工作和研究能力,不断地思考人生让我更加明确自己未来的人生方向。在此,我以最诚挚的心,表达对郭老师深深的谢意。同时还要感谢教育技术学院的南国农先生、杨改学教授、杨晓宏教授、张筱兰教授、郭炯教授、俞树煜教授、王卫军教授、赵健教授、李泽林教授等老师对我学习和科研方面的帮助,他们的严谨踏实的学术态度、积极乐观的生活态度感染并激励着我。

三人行,必有我师焉。感谢师兄姐弟妹们的相互勉励和支持,使我从迷茫中走出来。感谢大师兄赵健老师对我的开导帮助，感谢贺相春师兄陪伴我度过最艰难的岁月，感谢高海燕、雷虹、李运福、董晓辉博士在读博期间的相互鼓励与支持，感谢周效章、郑晓俊、沈俊汝博士的支持，"吃喝玩乐"群，为我博士生活增添了不少乐趣。感谢王雄、王家阳博士等的支持与鼓励，感谢火烨博士校对英文摘要，感谢北京师范大学王阿习博士在案例分析阶段的支持与帮助。也要非常感谢在调研期间给予我支持与帮助的翁可立主任、周方苗校长、余剑波主任以及长郡中学、湘潭十八中、长沙市芙蓉区育英学校、大同二小、湘潭风车坪小学、金庭小学、红霞小学、湘机小学等学校的领导和老师，感谢魏立鹏博士协助开展问卷调查，也感谢所有接受问卷调查与访问调查的老师们。感谢在我读博期间湖南科技大学教育学院领导和同事给予的莫大支持与帮助。

岁月催人老，不老是亲情。无论身在何地，干什么事情，亲情永远是我最坚实的精神支柱。父母之爱，为诸德之基。感谢父母一致以来对我学习和工作的支持，我永远忘不了母亲用卖小鸡、卖麦瓣的钱供我上学的情景。儿子因工作客观原因，回家照顾二老的次数太少，也因工作原因未能送母亲最后一程而落下终身遗憾。感谢姐姐、哥哥在我读书期间对我的支持与鼓励。特别感谢我的爱人张克敏女士，在我读博期间及工作期间，你一个人扛起家里的所有事情，既要工作，还要辅导女儿功课，其中的艰辛可想而知，没有你的理解和支持，我的生活不会这么幸福，我的工作也不会这么顺利。最后要特别感谢我的女儿彤彤，你聪明、好学、独立让我能够安心读书、安心工作，你是爸爸奋斗的坚实动力。

千淘万漉虽辛苦，吹尽狂沙始到金。"互联网+"背景下教育智力资源共享机制构建，促进教育智力资源常态化共享是一项复杂的系统工程，对促进教育数字化转型和构建终身化教育体系具有重要的价值。由于本人学疏才浅、精力不济等因素，本书在案例分析和共享机制的应用方面还需要进一步加强，本书定稿略显仓促，也许存在疏漏和错误之处，恳请各位专家学者批评指正，我将吸收各位专家的宝贵意见，坚定信心，慎终如始，潜心耕耘，砥砺前行，系统而深入地继续开展研究，以不辜负老师和专家的厚望，为促进我国义务教育优质均衡发展做出自己应有的贡献。

2022年初秋于湖南科大敏行楼